Karl Lukan

Alpen-spaziergang

Durch die Alpen
von Wien bis Nizza

Bruckmann München

Einbandmotiv:
Am Fuße des Monviso

Alle Fotos im Buch stammen
von Fritzi Lukan.

CIP-Titelaufnahme der Deutschen Bibliothek

Lukan, Karl:
Alpenspaziergang: durch d. Alpen von Wien bis Nizza/
Karl Lukan. –
München: Bruckmann, 1988
(Bergsteiger-Bibliothek)
ISBN 3-7654-2186-3

© 1988 F. Bruckmann KG, München
Herstellung: Bruckmann München
Printed in Germany
ISBN 3-7654-2186-3

Inhalt

Der Traumweg

Rodaun – einst ein Vorort von Wien, heute eine Endstation der Wiener
Straßenbahn und Ausgangsort für Wanderungen in den Wienerwald. Wor-
über boshafte Leute sagen: »Der Ausflug des Wieners in den Wienerwald
ist eigentlich nur ein größerer Umweg zum Heurigen!«

Der »Heurige« gehört zu Wien wie das Riesenrad und der Stephansturm.
Standort ist ein kleines, meist schon recht altes Haus am Stadtrand, in dem
der Weinbauer seinen Wein verkauft – den vom heurigen Jahr oder noch
vom Vorjahr.

Bei Rodaun beginnt auch die Hochstraße (sie ist nur ein etwas breiterer
Wanderweg), die in den Wienerwald führt, und – wenn man will – sogar
noch weiter. Wie weit? Diese Frage hatte mich, seit ich Bergsteiger geworden bin, schon immer fasziniert.

Ich begann mit dem Bergsteigen im Jahre 1939, also in jenem Jahr, in dem
der Krieg alle Grenzen geschlossen hatte. Für mich Sechzehnjährigen wurde diese Hochstraße zur Traumstraße. Wenn ich auf ihr weiterginge – so
dachte ich –, könnte ich nicht nur zum Peilstein (unserem Klettergarten)
kommen, sondern über die Berge noch viel weiter bis in die Dolomiten,
zum Matterhorn, zum Montblanc, bis zum Ende der Alpen. Ein
Traumweg.

Nach dem Krieg ging ich meinen Traumweg einmal etwa 80 Kilometer
weit bis zum Wiener Schneeberg. Eine andere Zeit war gekommen…

Auf dem Schneeberggipfel waren Bekannte entsetzt, als ich sagte, daß ich
von Rodaun zu Fuß bis daher gegangen war. »Ja, warum hast du uns nicht
angerufen? Wir hätten dich doch gern mit dem Auto mitgenommen?«

Die große Motorisierung hatte begonnen, und die Grenzen waren wieder
offen. Ich fuhr in die Dolomiten, zum Matterhorn und zum Montblanc.

Aber sooft ich auf der Hochstraße dahinwanderte, war auch der Jugend-
traum wieder da… einmal diese Straße weitergehen bis zum Ende der Alpen! Sogar einen Partner hatte ich dafür schon gewonnen – meine Frau
Fritzerl.

Johann Gottfried Seume, der im Jahre 1801 seinen berühmt gewordenen
»Spaziergang nach Syracus« angetreten hatte, wurde unser Vorbild. Er
wollte von Dresden bis nach Syracus gehen – und das ist ihm gelungen. Wir
wollten von der Donau über die Alpen bis ans Mittelmeer gehen – und das
erschien uns nicht als unmöglich.

Es gab nur ein Problem: Welcher arbeitende Mensch hat dafür soviel
Urlaub?

Aber wie so vieles im Leben, löste sich auch dieses Problem von selbst.
Ich wurde älter; 1983 stand fest, daß ich zum 1. Januar 1984 in Frühpension
gehen konnte. Also wollten wir am 1. Mai 1984 – am »Tag der Arbeit« –
von Wien-Rodaun nach Nizza losziehen.

Schon in der Schule hatten wir gelernt, daß der Alpenbogen rund 1200
Kilometer lang ist – Luftlinie. Wie viele Kilometer sind das aber für einen

Fußgänger? Wir hätten das so ungefähr vorher errechnen können, haben aber darauf verzichtet. Wir wollten ja nicht durch die Alpen marschieren, sondern spazieren, und dabei möglichst viel sehen und erleben.

Am dritten Tag unseres »Alpenspazierganges« begegneten wir in Rohr am Gebirge in den Niederösterreichischen Voralpen einer Frau, bei der wir im Vorjahr in einem Privatzimmer übernachtet hatten.

»Seid's wieder unterwegs? Geht's wieder auf den Unterberg?« fragte sie.

»Diesmal ein bisserl weiter. Durch die Alpen bis nach Nizza!«

»Ach so... bis Nizza...«, sagte sie. Und dann nach einigem Nachdenken: »Da werdet ihr aber schon gut zwei Wochen lang unterwegs sein!«

Titelzeichnung des 1803 erschienenen Buches »Spaziergang nach Syracus«. Der Verfasser Johann Gottfried Seume stellte darin zum Schluß fest: »Wer in neun Monaten meistens zu Fuß eine solche Wanderung macht, schützt sich noch einige Jahre vor dem Podagra.«

Der erste Tag:
Bis zum Peilstein kennen wir den Weg...

Der 1. Mai ist kein Tag wie jeder andere, am 1. Mai fährt in Wien vormittags keine Straßenbahn. Also brachten uns Freunde mit dem Auto bis zur Straßenbahnendstelle Rodaun und gingen dann noch mit uns weiter bis zu unserem ersten Tagesziel, dem Peilstein.

Diesen Weg sind wir schon unzählige Male und zu jeder Tages-, Nacht- und Jahreszeit gegangen, und wir wußten genau, welcher Ausblick oder Tiefblick nach jeder Wegbiegung kommt. Diesmal aber war alles anders. So wie ich diesmal jeden wohlbekannten Baum oder jede Wegtafel anschaute, so müssen wohl einst auch die alten Seefahrer bei ihrer Ausfahrt ins große Abenteuer noch lange ihrem Hafen nachgeschaut haben.

Auch Fritzerl machte manchmal ein Gesicht wie der große Weltschmerz in Person.

»Ist was?« fragte ich sie in einem Augenblick, als wir zwei allein waren.

»Nix ist!« sagte sie. »Ich denk nur scharf nach, ob wir nix vergessen haben!«

Einige Tage vor Weihnachten 1983 hatte mein Chef vom Österreichischen Bundesverlag alle Mitarbeiter, die ab 1. Januar 1984 in den »wohlverdienten Ruhestand« treten sollten, zu einem Abschiedsessen eingeladen.

Mit dem Abschied vom Arbeitsplatz beginnt für jeden Menschen ein ganz neuer Lebensabschnitt. Und jeder Abschied macht traurig. Das wußte der Chef und versuchte die Stimmung zu lockern. Er fragte also jeden, wie er diese nunmehr unendliche Freizeit nützen wolle.

Nun ja, der eine wollte sich noch mehr seinem Schrebergarten widmen, die anderen Ordnung in ihre bisher gemachten Fotos bringen...

»Und Sie, Herr Lukan?«

Ich sagte: »Für mich ist das Dolce vita am Schreibtisch zu Ende. Ich wandere jetzt einmal durch die ganzen Alpen von Wien bis nach Nizza!«

Der erste Tag meines »wohlverdienten Ruhestandes« war Sonntag, der 1. Jänner des Jahres 1984. Sonntag ist Feiertag. Aber am Montag, dem 2. Jänner, begann dann wirklich der Ruhestand für mich.

So wie immer (an Arbeitstagen) wurde ich um 5 Uhr 30 munter. »Charly, heut kannst du noch weiterschlafen, solange du willst!« sagte ich zu mir.

Ich konnte nicht weiterschlafen.

6 Uhr: Da hatte ich immer meinen Tee mit Zitrone getrunken.

6 Uhr 20: Da war ich von zu Hause weggegangen.

6 Uhr 30: Da war ich in den Autobus gestiegen.

7 Uhr: Da saß ich bereits am Schreibtisch im Büro (im Österreichischen Bundesverlag gibt es gleitende Arbeitszeiten. Ich war einer der Frühbeginner gewesen).

8 Uhr: Jetzt waren alle Bundesverlagsleute an ihren Schreibtischen angekommen. Und ich lag noch immer im Bett. Charly...!

Wanderstab »MONTE CHARLIE RALLYE«

Pat. nicht angem.
Vor unbefugten Nachahmungen wird ausdrücklich gewarnt.

Dieser vorzügliche, nach neuesten wandertechnischen Erkenntnissen entwickelte Wanderstab stellt ein unentbehrliches Instrument für jeden Wien–Nizza-Wanderer dar. Dank seiner überkompletten technischen Ausstattung vermag er jeden Schritt zu verdoppeln. Die superleichte Ausführung (echt Fichte) und die sicherheitstechnischen Einrichtungen stellen einen Höhepunkt in der Entwicklung des Wanderwesens dar.

1. *Kilometerzähler.* Vor Gebrauch Wanderstab umdrehen, Anzeige auf 0 stellen, geplante Route auf der plano aufgelegten Wanderkarte nachfahren (Generalstabsverfahren).

2. *Kleiderablage.* Ein in elegantem Weiß gehaltener Kleiderhaken ermöglicht die Ablage von Rock, Hose usw., auch im unwegsamen Gelände, am oberen Ende des Stabes. Besonders praktisch vor allem bei Benützung der Position 11.

3. *Winker.* (Ganzleinenausführung). Ist rechtzeitig(!) vor dem Abbiegen zu betätigen. Einhandbedienung durch pat. Drehscheibe. Die aufgedruckten Richtungsangaben »LINKS« bzw. »RECHTS« erleichtern das Nachvollziehen von Wegangaben in Führer und Wegbeschreibungen etc.

4. *Warnglocke.* Laut StVO nur bei Gefahr zu betätigen. Verscheucht lästige Tiere wie Stiere, Karawankenbären, wilde Rehe etc. Durch einfachen Druck mit dem Daumen der rechten Hand zu bedienen.

5. *Integrierter Scheinwerfer.* Der netzunabhängige, manuell schaltbare Schmalstrahlscheinwerfer macht jede Nacht- zur Tagwanderung. Ein Erlebnis der griffgerechte Schalter. Durch Neigungswinkelverstellung auch als Suchscheinwerfer zu benützen (wenn ein Knopf abreißt usw.).

6. *Chronometer.* Der eingebaute Chronometer (Swiss made in Hongkong) geht viel schneller als vergleichbare ähnliche Produkte und spornt dadurch den Wanderer zu immer größeren Leistungen an. Auf dem sinnigen Zifferblatt ist ständig zu erkennen, daß es in Tokyo halb so spät ist wie in New York. Im Normalfall zeigt ein kleiner Zeiger die Stunden und ein großer die Minuten an. Extra lautes Werk mit täglicher Aufziehmechanik.

7. *Obstlerbottle.* Integrierte Ausführung. Gibt Kraft und Mut vor schwierigen Anstiegen. Macht Verirrungen in Nebel, Schneesturm etc. erträglicher. Bei Gebrauch Stab neigen. Nachfüllbar. Vor Wasser schützen.

8. *Eiserne Zigarettenration.* Ist nur im Notfall zu öffnen (versiegelt!) und für einmaligen Gebrauch bestimmt. Beinhaltet eine österreichische Qualitätszigarette, zwei Streichhölzer und eine Reibfläche. (Vor Nässe schützen!)

9. *Selbstverteidigungsrevolver.* Kann bei der Geldbeschaffung auf langen Wanderungen sehr nützlich sein. Ist von einer echten Waffe auch vom Fachmann nur durch die Größe zu unterscheiden. Vorsicht! Ist auch in geladenem Zustand nicht zur Selbstverteidigung geeignet. (Waffenscheinfrei)

10. *Landesfarben.* Die rot-weiß-rote Markierung des Stabes erleichtert die Kommunikation mit entgegenkommenden Wanderern ungemein. Verwechslungen bei der Nennung von »Austria« mit »Australia« werden unterbunden.

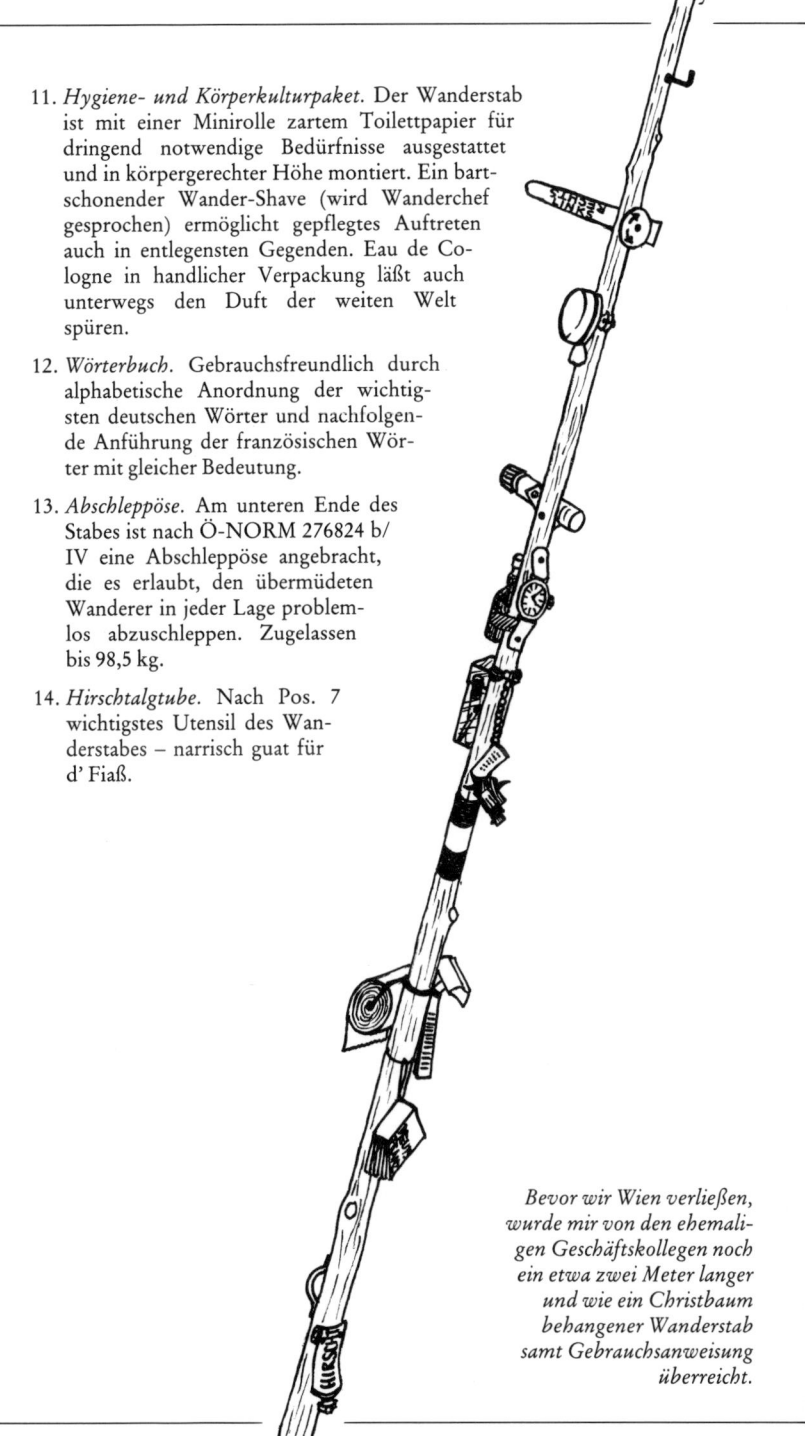

11. *Hygiene- und Körperkulturpaket.* Der Wanderstab ist mit einer Minirolle zartem Toilettpapier für dringend notwendige Bedürfnisse ausgestattet und in körpergerechter Höhe montiert. Ein bartschonender Wander-Shave (wird Wanderchef gesprochen) ermöglicht gepflegtes Auftreten auch in entlegensten Gegenden. Eau de Cologne in handlicher Verpackung läßt auch unterwegs den Duft der weiten Welt spüren.

12. *Wörterbuch.* Gebrauchsfreundlich durch alphabetische Anordnung der wichtigsten deutschen Wörter und nachfolgende Anführung der französischen Wörter mit gleicher Bedeutung.

13. *Abschleppöse.* Am unteren Ende des Stabes ist nach Ö-NORM 276824 b/IV eine Abschleppöse angebracht, die es erlaubt, den übermüdeten Wanderer in jeder Lage problemlos abzuschleppen. Zugelassen bis 98,5 kg.

14. *Hirschtalgtube.* Nach Pos. 7 wichtigstes Utensil des Wanderstabes – narrisch guat für d' Fiaß.

Bevor wir Wien verließen, wurde mir von den ehemaligen Geschäftskollegen noch ein etwa zwei Meter langer und wie ein Christbaum behangener Wanderstab samt Gebrauchsanweisung überreicht.

11

»Charly!« sagte da Fritzerl zu mir. »Ich fang heute an!«

»Mit was?« (Ich war noch immer mit meinen Gedanken im Büro.)

»Mit dem Einkaufen der Ausrüstung für unseren Alpenspaziergang!«

So ein Alpenspaziergang ist natürlich auch von der Kondition des Spaziergängers abhängig.

Im Frühling 1982 hatte ich mit einigen Kollegen vom Bundesverlag eine Kletterfahrt auf den Peilstein gemacht und am Einstieg des Hahnenkammgrates (Schwierigkeitsgrad III) sagte ich: »Seilt euch schnell an, Buam, ich klettere schon das Wandl hinauf!«

In der Nacht hatte es geregnet, und die Felsen waren noch feucht. Ich hatte diese modernen Reibungskletterschuhe an den Füßen, und als ich an dem kleinen Überhang des Einstiegswandls höherspreizen wollte, glitt plötzlich der rechte Fuß ab... so wie auf Seife...

Nun: Ich hatte den Hahnenkammgrat schon mindestens hundertmal in meinem Bergsteigerleben erklettert, und ich war von diesem Ausrutscher so verblüfft, daß ich aus den Felsen fiel wie ein nasser Sack und etwa acht Meter tiefer vor meinen leicht erstaunten Bürokollegen auf den Boden klatschte.

Große Gaudi im Wiener Unfallkrankenhaus (in dem viele Wiener Bergsteiger beschäftigt sind): »Der Lukan Charly ist am Hahnenkamm abgestürzt und liegt jetzt bei uns!«

»Wieso? Warum?« fragten mich dann die besuchenden Freunde.

»Aus Überheblichkeit!« mußte ich antworten. Mir selber war klar, daß es mich an diesem Tag an einer wesentlich schwierigeren Route, wie es der Hahnenkamm ist, ganz bestimmt nicht geschleudert hätte, weil ich da konzentrierter geklettert wäre. Einem großen Prozentsatz von Bergsteigern wurde schon das angeblich leichte Gelände zum Verhängnis.

Ich hatte einen komplizierten Knöchelbruch und den Gipsverband am Bein. Erster Ausflug in den Lainzer Tiergarten am Stadtrand von Wien. Urtümlicher Wald, ebene Wege.

Ich humpelte auf meinen Stock gestützt 100 Meter in dieses Waldparadies hinein. Dann wurde ich müde, der Fuß schmerzte, ich setzte mich auf eine Bank. An mir gingen Leute vorbei, alte Leute, junge Leute, für die jeder Schritt nach vorne überhaupt kein Problem war.

»Jetzt ist's aus, Charly!« sagte ich zu mir selber auf dieser Bank im Lainzer Tiergarten. »Wenn du nimmer auf deinen eigenen Füßen gehen kannst, wohin du willst, dann ist alles aus... aus... aus...«

Ich nahm Abschied von allen Gedanken um meine Traumwanderung durch die Alpen und auch vom Bergsteigen. Vielleicht werde ich mit diesem Haxen mit Ach und Weh noch auf den Kahlenberg hinaufkommen, vielleicht...

Im nächsten Sommer kletterten wir schon wieder im Steilfels der Dolomiten... an der Pordoi- und Fünffingerspitze, an der Fermeda und am Ciavazes. Der Fuß? Ich hatte schon vergessen, daß der einmal gebrochen war.

Vor unserem Alpenspaziergang traf ich in der Straßenbahn, die nach Grinzing fährt, einen Bekannten. Wohin ich unterwegs sei?

»In die Nationalbibliothek!«

Die Österreichische Nationalbibliothek befindet sich bekanntlich nicht in Grinzing, sondern in der Inneren Stadt. Der Bekannte war etwas irritiert.

Aber für mich war es eine liebe Gewohnheit geworden, bevor ich in die Nationalbibliothek ging (um Landkarten zu studieren oder Bücher zu entlehnen), vorher noch auf den Kahlenberg und Leopoldsberg zu wandern und dann von Nußdorf in die Innere Stadt zu fahren.

Mir war aber von Anfang an bewußt, daß bei unserem Alpenspaziergang gar nicht so sehr die Kondition das Wichtigste ist, sondern das Miteinanderauskommen von uns zwei. Beste Freunde sind sich schon auf Expeditionen so auf die Nerven gegangen, daß sie sich zerstritten. Und wir zwei hatten ja nur uns zwei, wenn uns einmal etwas nerven sollte. Das sagte ich Fritzerl am Abend vor unserem Weggehen.

Am 14. Oktober flogen wir um 15 Uhr 30 von Nizza nach Wien zurück. Ankunft 17 Uhr in Wien. Wiedersehen mit der Familie. Vollschläfrig sanken wir um Mitternacht ins Bett. Ich schlief schon so halb. Da murmelte Fritzerl: »Du Charly, du hast doch gesagt, daß wir auf dieser Wanderung bestimmt einmal streiten werden...«

Streiten... das hatten wir glatt vergessen!

Von Wien sind schon einige Leute zu großen Alpenwanderungen ausgezogen...

Im Jahre 1825 war es ein Herr Joseph Kyselak, der zu einer Fußreise durch Österreichs Alpenland aufbrach und dabei allerlei Abenteuer erlebte. Begleitet wurde er von seinem Wolfshund Duna, und sein Gepäck bestand aus einem Gewehr samt Vorrat an Pulver und Blei, aus Hemden und Schuhen zum Wechseln, einem Fernrohr, einer blechernen Feldflasche, Steigeisen, Feuerzeug, Windlichtern und Wachskerzen etc., wie er in seinem nachher veröffentlichten Buch »Skizzen einer Fußreise durch Österreich« genau anführt und dabei doch etwas schamhaft verschweigt: Farbtopf und Pinsel! Herr Kyselak hatte diese Alpenwanderung nämlich vor allem auch deswegen unternommen, um seinen Namen – wegen einer Wette – an möglichst vielen Orten zu verewigen.

Von dem »berühmten Autogrammisten« – wie man ihn damals nannte – erzählt man auch, daß ihn sogar der Kaiser wegen der Sucht, seinen Namen überall anzubringen, in Audienz befohlen hatte. Majestät waren allerhöchst ungnädig. Und als sie nachher wieder zu den Akten auf dem Schreibtisch griffen, stand auf dem obersten Blatt groß ein Name geschrieben: KYSELAK.

Herr Kyselak ist nur durch Österreichs Alpenland gewandert. Erst mehr als hundert Jahre später wurde Wien wiederum Ausgangspunkt für eine Wanderung zu einem fernen Ziel...

»Wie Tausende andere Skiläufer fuhren wir am 28. Dezember 1933 mit der Wiener Straßenbahn nach Mauer. Vielleicht unterschieden wir uns von der Masse der Brettlfahrer durch die gewichtigen Rucksäcke, die wir über die Hochstraße hinaufbuckelten...« – so beginnt Sepp Brunhubers Bericht über seine Alpenhauptkamm-Überschreitung von Wien bis auf den Montblanc mit Skiern. Brunhuber und seine Partnerin Julia Huber erreichten am 23. Mai 1934 den Weißen Berg und fuhren dann mit Fahrrädern in sechs Tagen (!) wieder nach Wien zurück.

Drei Jahre später durchkletterten Brunhuber und Fritz Kasparek im Winter bei minus 18 Grad die Nordwand der Großen Zinne. Das war damals eine Sensation. Heute und in der Rückschau sieht Brunhuber in der Montblanctour wie in der Durchsteigung der winterlichen Zinnenwand gleich große Erlebnisse. Am Abend vor dem Aufstieg zum Montblancgipfel – dem Höhepunkt und zugleich Ende des langen Weges – waren Brunhuber und seine Kameradin recht melancholisch. »Jeder Tag des letzten Halbjahres war erfüllt von der großen Aufgabe, und morgen wird die ganze Idee, die uns fünf Monate in ihrem Bann hielt, zur Erinnerung. Wehmut beschlich mich, denn nun hatten wir keine Aufgabe mehr. Eine Leere tat sich auf: Was nun? Und seltsam – Julia mochte gleiche Gedanken tragen, denn sie sagte: ›Jetzt wäre es gut zu sterben!‹«

Der erste, der von Wien aus durch die ganzen Alpen bis zum Mittelmeer wanderte, war der junge Maler Lothar Wanko. Er war von Mai bis Oktober des Jahres 1952 unterwegs. Damals gab es noch nicht den Begriff Weitwandern, gab es auch noch keine Weitwanderwege; damals wanderte man fast überhaupt nicht, weil die Männer alle im Krieg viel zu weit marschiert waren. Selbst seine besten Bergkameraden konnten es zu dieser Zeit nicht begreifen, warum Wanko »das getan hatte« (man sagte das wirklich so, als hätte er silberne Löffel gestohlen!). In der »Österreichischen Touristenzeitung« erschien nachher nur eine kurze Notiz, in der Otto Steiner schrieb: »Die Unbilden der Witterung und viele Entbehrungen hatte Wanko ertragen sowie materielle Nöte überwinden und manchen Kampf mit sich selbst bestehen müssen, um den einmal gefaßten Plan restlos durchführen zu können. Unvergeßliche Eindrücke und ein abenteuerliches Erleben voll Ungebundenheit und Freiheit sind ihm zum Lohne geworden.«

Lothar Wanko ist heute ein sehr vielseitiger Künstler, und schon immer war er auch ein begeisterter Hobby-Geograph. Eine Abhandlung über die Einteilung der Alpen hält ihn heftiger in Spannung als ein Kriminalroman mit einem Toten pro Kapitel, und mehr als von den Kurven einer Frau kann er von den exakten Höhenlinien einer guten Landkarte schwärmen...

Selbstverständlich hat Wanko seine Alpendurchquerung auch nicht am Rande Wiens angetreten. Nur Laien glauben, daß die Alpen bei Wien enden. In Wahrheit ist der 366 Meter hohe Eichleitenberg bei Höflein an der Donau die nördlichste und letzte Erhebung des Alpenbogens. Das ist eine wenig markante Waldkuppe ohne Aussicht und ohne Reiz, die nicht einmal ein Vermessungszeichen trägt. Wer wirklich auf der letzten Erhebung der

Alpen stehen will, der muß sich vorher auf den Bauch legen, um diese genau zu fixieren. Wanko begann seine Alpendurchquerung mit dem Eichleitenberg.

Wir waren nicht so korrekt. Wir waren auch nicht sehr konkret in der Planung unseres Alpenspazierganges. Es steckte sogar ein Körnchen Wahrheit darin, wenn wir allen Leuten, die uns vorher nach dem genauen Wegverlauf fragten, einfach sagten: »Bis zum Peilstein kennen wir den Weg – und nachher fragen wir uns durch!«

Lothar Wankos Alpendurchquerung war im wahrsten Sinne des Wortes noch ein »bloßfüßiges Unternehmen«: Er ist in diesen Notzeiten nach dem Krieg noch weite Strecken des Weges barfuß gegangen, um seine kostbaren Bergschuhe zu schonen...

Erst einige Jahre später zog man in großem Stil zu dieser Wanderung los.

Am 14. März 1956 brachen die italienischen Bergsteiger Walter Bonatti, Alfredo Guy, Lorenzo Longo und Luigi De Matteis bei Tarvis zu einer Ski-Alpenüberschreitung auf, die sie nach 66 Tagen (1795 Marschkilometer, 146 386 im Auf- und Abstieg überwundene Höhenmeter, 496,45 Marschstunden) auf dem Colle di Nava (nördlich von Imperia) beendeten. Obwohl dies die »erste offiziell anerkannte Längsüberschreitung der Alpen auf Skiern« war, wurde nachher an diesem Unternehmen kritisiert, daß »für den Italiener Bonatti alle Berggebiete, die nicht wenigstens zu 50 Prozent auf italienischem Staatsgebiet liegen, nicht mehr zu den Alpen zählen« (Erich Vanis).

Am 20. März 1971 zogen die österreichischen Bergsteiger Hansjörg Farbmacher, Klaus Hoi, Robert Kittl und Hans Mariacher zu einer Skidurchquerung der Alpen los, die am Fuß der Raxalpe begann und bei Nizza endete. Sie überwanden dabei in 44 Tagen 85 000 Höhenmeter im Auf- und Abstieg.

Beide Unternehmen waren sorgfältig geplante Expeditionen mit Troßfahrzeugen und vorbereiteten Material- und Proviantdepots. Die sportliche Leistung stand im Vordergrund; jeder zurückgelegte Kilometer und Höhenmeter im Auf- und Abstieg wurde genau registriert, die Zeit dafür genau festgehalten.

Wir wollten durch die Alpen *spazieren*...

Der alte Ortlerführer Peter Dangl hat einmal gesagt, daß man zu einer Bergtour so losziehen soll, als ob man nirgendwohin gehen würde. Dangl hat damit das Gehtempo gemeint. Aber weil sich dieser Ratschlag für das Gehen als so gut erwiesen hat, habe ich ihn bald aufs ganze Bergsteigen übertragen... man ist viel lockerer, wenn man nur den nächsten Schritt oder die nächste Stunde gelten läßt...

Auf unserem Weg zum Peilstein haben wir keine Sekunde lang daran gedacht, wo wir wohl in einer Woche oder in einem Monat sein werden.

Der Weg zum Peilstein führt auch am Jagdschloß Mayerling vorbei. Kronprinz Rudolf, einziger Sohn und Thronfolger von Kaiser Franz Joseph I., beging hier mit seiner Geliebten, der Baronesse Mary Vetsera, in einer kalten Winternacht des Jahres 1889 Selbstmord. Seither wurden über das »Drama von Mayerling« unzählige Reportagen und Bücher geschrieben und auch etliche Filme gedreht. Das (jetzt umgebaute) Jagdschloß ist an sich ein eher langweiliges Gebäude. Aber trotzdem gilt es als eine große Sehenswürdigkeit für Besucher aus aller Welt.

In der Saison gibt es für die großen Reisebusse Parkplatzprobleme und am Eingang des Alten Jagdschlosses stauen sich die Massen...

Wir sind noch nie drinnen gewesen, sind immer nur daran vorbeigegangen.

Wir hatten uns vorgenommen, auf unserem Alpenspaziergang auch möglichst viele Sehenswürdigkeiten aufzusuchen, an denen wir bisher vorbeigegangen waren. Sollten wir nicht gleich am ersten Tag damit anfangen und auch endlich einmal das berühmte Mayerlinger Jagdschloß besichtigen?

Kurz vor Mayerling fragte ich einen der Freunde, ob er schon in dem Jagdschloß war. Er war. Was man darin sehe? »Nicht viel!« sagte er, »eine alte Zigarettendose vom Kronprinzen, ein Schneuztüchl von der Vetsera. Da mußt du schon ein Fremder sein, daß dir der ganze Plunder was gibt...«

Ein Fremder? Tausend Kilometer weiter wären wir es gewesen...

So zogen wir auch diesmal am Jagdschloß von Mayerling vorbei. Und damit war für uns wohl für alle Zeit die Chance vertan, es jemals zu betreten.

Im Peilsteinhaus waren wir keine Fremden. Und dort inmitten unserer Freunde fühlten wir uns noch wie daheim...

Einer schrieb in Fritzerls Tagebuch auf die erste Seite:

Zum 1. Mai:
Arbeit adelt.
Wir bleiben bürgerlich!

Doch dann begann die Sonne langsam zu sinken. Unsere Freunde machten sich fertig für den Heimweg. Der »Tag der Arbeit« ging zu Ende, der nächste war wieder ein Arbeitstag. Wir zwei blieben allein zurück in dem großen Gastraum vom Peilsteinhaus.

Wir hatten die ersten dreißig Kilometer hinter uns und waren leicht, aber angenehm müde. Ich hätte Fritzerl eigentlich sagen wollen, wie glücklich ich nun sei, daß ein alter Wunschtraum wahr zu werden begann. Aber ich sagte dann doch nur: »Also, die ersten dreißig Kilometer hätten wir – und die lumpigen restlichen Kilometer bis Nizza, die packen wir auch noch leicht!«

Mariazeller Weg

Beim Aufstieg zum Kieneck in den Niederösterreichischen Voralpen riß der Morgennebel auf, und da sahen wir den Wiener Schneeberg noch winterlich weiß vor uns. Wir hatten für unseren »Alpenspaziergang« kein gutes Jahr erwischt, der Winter wollte nicht vergehen. So kamen wir aber zu unserem Bad im Villacher »Maibachl«.

Dieses »Maibachl« bei Warmbad Villach ist eine alpine Kuriosität. Jedes Jahr zur Zeit der Schneeschmelze schwellen die Wassermassen im Innern des Dobratsch so an, daß auch oberhalb des berühmten Warmbades in einer Mulde heißes Wasser aus dem Boden quillt. Für die Villacher werden diese ersten Maitage, in denen das »Maibachl wieder rinnt«, zu einem Volksfest, und keine Kärntner Zeitung versäumt es, Fotos von den Badenden zu bringen, die vergnügt in dem heißen Wasser herumplanschen, während rundum oft noch der Schnee liegt. Und alle sagen, daß das Wasser des »Maibachls« noch hundertmal gesünder wäre als das im berühmten Warmbad.

Natürlich hatte mich dieses »Maibachl« schon lange interessiert, und als ich in Villach erfuhr, daß in diesem verrückten Jahr das »Maibachl« erst Ende Mai zu rinnen angefangen hatte, war ich glücklich. »Siehst du, Fritzerl!« dozierte ich, als ich in dem warmen Wasser lag, »so bringt alles Schlimme auf dieser Welt auch etwas Gutes!«

Allerdings war ich dann am nächsten Tag nicht mehr ganz dieser Meinung. Bei strömendem Regen wanderten wir über die alte Römerstraße ins Gailtal hinein, und ich dachte daran, was gestern neben mir im »Maibachl« ein alter Villacher gesagt hatte. »Das wird heuer ein so lausiger Sommer werden, daß wir wahrscheinlich auch noch ein Augustbacherl haben!«

»Da hat man sein Leben aufgebaut... mindestens zwanzigmal hab i mei Leben auf'baut im Lauf von mein' Leben...« sagt Helmut Qualtingers »Herr Karl« in der berühmt gewordenen Satire. Auch ich fühlte mich auf unserem Alpenspaziergang sehr oft als ein »Herr Karl«, wenn ich infolge der schlechten Verhältnisse immer wieder eine neue Route suchen mußte.

Eigentlich hatten wir von Wien über Schneeberg, Rax, Hochschwab bis zum Alpensüdkamm gehen wollen. Aber nachdem vier Tage vor unserem Abmarsch im Wiener Stadtgebiet noch zehn Zentimeter Neuschnee gefallen waren, mußten wir schleunigst umdisponieren und entschlossen uns, den »Mariazeller Weg« zu gehen, der von Wien durch die Voralpen nach Mariazell bringt und weiter über niedrigeres Bergland nach Graz und bis Klagenfurt führt. Fritzerl war begeistert von dieser Änderung. »Fein! Da kann ich in Mariazell ein Lichtl anzünden für das gute Gelingen unserer Wanderung!«

Solange Menschen Bitten an höhere Mächte haben (und solche hatten sie schon in der Steinzeit), solange werden sie auch zu besonderen Stätten ziehen, wo sie diese Bitten deponieren können. Mariazell ist einer der bedeutendsten Wallfahrtsorte Europas, es war aber schon in vorchristlicher Zeit

eine Kultstätte, an der eine Muttergottheit verehrt wurde. Und eine Wallfahrt nach Mariazell war für die Menschen bis in unser Jahrhundert hinein
sogar noch ein wenig mehr als nur eine Wallfahrt. Es war seinerzeit die
einzige Möglichkeit – wenn auch nur für kurze Zeit –, aus den vier Wänden
des Lebensraumes auszubrechen, etwas zu erleben, von dem man nachher
noch lange erzählen konnte.

Dabei vollbrachte man respektable Marschleistungen. So gingen z. B. die
Wiener Wallfahrer des 19. Jahrhunderts in drei Tagen den ca. 135 Kilometer langen Weg nach Mariazell. Und nach einem Tag Aufenthalt ging man
in drei Tagen wieder zurück nach Wien. Rucksäcke gab es damals noch
keine, man trug die Habseligkeiten in einem Stoffbündel. Das »Verkösti-
gen« in einem Gasthaus war den Leuten nicht nur zu zeitraubend, sondern
auch meist zu teuer; man hatte den Proviant für die ganze Reise mit. Gebra-
tenes oder gesottenes Fleisch wurde in mit Essig getränkte Tücher gewik-
kelt, um es vor dem Verderben zu schützen (und wie dieses Fleisch im
Hochsommer nach fünf oder sechs Tagen geschmeckt hat, kann man sich
vorstellen!). Niemand dachte daran, Reservewäsche mitzunehmen. Alles,
was für das rauhe Klima im Bergland nötig war, trug man auf dem Leib.
Wanderer von heute würden sich in der rauhen Leinenwäsche und in dem
schweren Tuchzeug wie in einer Ritterrüstung fühlen. Nasse Schuhe behiel-
ten die Leute auch beim Schlafen lieber an, weil sie fürchteten, am nächsten
Tag die geschwollenen Füße nicht wieder hineinzubringen. Und anstatt
Socken hatten sie Fußlappen. Gegangen wurde sehr schnell, als Rast dienten nur die kleinen Andachten in den bedeutenderen Kirchen. Und unterwegs wurde gebetet und gesungen, aber das war zugleich auch ein anfeuern-
des Marschstimulans.

Freilich: Für manchen wurden dann die Anstrengungen einer solchen
Fußwallfahrt doch zu groß. So wie für den bürgerlichen Handelsherren zu
Wien, Paul Panckl, der am 26. Juli 1765 in Mariazell gestorben ist und auf
dessen Grabstein wir die Inschrift lasen:

Von Wien bin ich alhier ankommen,
Zu danken dieser Gnadenquell.
Nach meinem Wunsch hat aufgenommen
Zu Maria Cell Gott meine Seell.
Solt dise vielleicht annoch leiden,
Gedenk durch etlich Ave mein,
Die bittere Quallen bald zu meiden.
Gott wird gewiß der Zahler sein.

Diese Fußwallfahrten nach Mariazell wurden nach Eröffnung der Maria-
zellerbahn (im Jahre 1907) immer weniger und mit dem Beginn der großen
Motorisierung nach dem Zweiten Weltkrieg hörten sie überhaupt auf. Für
immer?

Es waren dann Studenten, welche in den sechziger Jahren erstmals wieder
zu Fuß von Wien nach Mariazell gingen. Eine Sensation in jener Zeit, in der
noch jeder Herr Müller mit seinem neuen Wagen sogar nur die drei Häuser

weiter um die Zeitung fuhr. Und man war nachher sehr verwundert, weil die jungen Leute diesen Fußmarsch nicht nur überlebt haben, sondern auch recht begeistert davon waren. Diese Studenten! »Wie kann man beim Zufußhatschen auch eine Andacht finden?« fragte man.

Heute ziehen alljährlich etliche tausend Wallfahrer zu Fuß nach Mariazell und es gibt die gut markierten und beschilderten »Mariazellerwege« durch das Bergland und abseits der vielbefahrenen Straßen. Am Wiener »Mariazellerweg« liegt jetzt bei der »Kalten Kuchl« sogar ein Wallfahrerbuch in einer Kassette. Wir haben längere Zeit darin geblättert.

Es haben sich Leute in das Buch eingetragen »bei Sonnenschein« wie auch »bei starkem Schneeregen«. »Bin noch nicht müde!« schrieb eine achtjährige Susi, während ein Herr Josef N. aus Wien X. etwas geschmerzt gedichtet hat:

»Hab schon viel Blasen auf den Füßen,
    tu trotzdem alle nach mir grüßen!«

Und von zwei Frauen stammt die Eintragung: »Liebe Mariazellermutter, Du machst es bestimmt möglich, daß wir den noch langen Weg bis zu Dir schaffen!« Soviel Vertrauen kann die Mariazellermutter bestimmt nicht enttäuscht haben.

Als wir in Mariazell ankamen, war man gerade dabei, auf dem Hauptplatz den Maibaum aufzustellen. Das war eine Schwerarbeit. Darum hatten sich die wackeren Männer vorher noch gestärkt, manche so sehr, daß auch der Maibaum einmal heftig ins Schwanken kam...

»Um Gottes willen! Die können den Baum nimmer halten! Jetzt g'schieht gleich ein Unglück!« rief aufgeregt ein Mann neben uns.

»Red' nicht so dumm daher!« wies seine Frau ihn zurecht. »Wie kann denn in Mariazell ein Unglück geschehen?« – Das Vertrauen in die Mariazellermutter!

»Nichts Nervenerfrischenderes weiß ich, als in weißer Winterdämmerung dahinzuwandeln im wirbelnden Geflocke. Es ist Natur, die gleichsam vom Himmel fällt – still und rein, wie es nichts Reineres gibt auf Erden« hatte der Dichter der »Waldheimat«, Peter Rosegger, einmal geschrieben.

Als wir von Alpl über den Teufelsstein weiter zur Schanz zogen, versanken wir oft bis zum Bauch im Schnee, und außerdem gab es ein »wirbelndes Geflocke«, in dem man kaum mehr als fünf Meter weit Sicht hatte. Wir empfanden das eigentlich nicht als »nervenerfrischend«. Und außerdem nagte eine herbe Enttäuschung in mir...

Peter Rosegger ist 1843 in Alpl als armer Waldbauernsohn geboren worden und 1918 in Krieglach gestorben – als einer der meistgelesenen deutschsprachigen Schriftsteller. Und seit ich lesen gelernt habe, las ich immer wieder und lese immer noch gerne diese Geschichten vom Peterl, dem Waldbauernbuben... »Als ich das erstemal auf dem Dampfwagen saß«, »Als ich zur Drachenbinderin ritt«, »Wie ich mit der Thresel ausging und mit dem Maischel heimkam«...

Roseggers Waldheimat ist für mich Stadtkind zu einer Art Sehnsuchtsheimat geworden. Aber ich habe sie nie aufgesucht. Jeder von meinen Freunden und Bekannten war schon einmal dort... auf einem Schulausflug oder Betriebsausflug oder Saunarundenausflug oder Familienausflug. Ich kannte das Waldbauernhaus und die Hochwälder dahinter bis dahin nur aus Roseggers Erzählungen... »Es lag fast wie Dunkelheit über den Waldbergen, so unsäglich klar und leer war der Himmel, es war, als ob die Sonne zu klein werden wollte für die unendliche Weite.«

Natürlich war mir bewußt, daß sich zwischen anno dazumal und dem Jahr 1984 auch in der Waldheimat einiges geändert haben dürfte. Als wir nach Alpl wanderten, erwartete ich dort ein auf lieb-herzig-urtümlich zurechtgemachtes Rosegger-Disneyland vorzufinden...

...und stand dann vor einem großzügig – wie man das heute nennt – ausgebauten Fremdenverkehrsort mit einem Großgasthof und vielen Kleingasthöfen, mit einem Monstrum von Tennisplatz und mit Skiliften und brutal aus dem Wald geholzten Pisten (und das in einem Gebiet, das für den Skilauf eigentlich gar nicht geeignet ist!).

»Zur Waldschule« lasen wir auf einem der vielen Schilder in dem Schilderwald. Rosegger und seine Freunde und Verehrer hatten die Schule im Jahre 1902 erbauen lassen, um den Kindern von Alpl den täglichen Zwei-Stunden-Schulweg nach Krieglach und zurück zu ersparen. Bei der Eröffnung hatte eines der Schulkinder dem Dichter einen Blumenstrauß überreicht und gesagt: »Mir danken dir tausendmal schön für die Schule. Mir geben dir die Blumen, sonst hab'n mir nix...«

Jetzt ist die »Waldschule« keine Schule mehr; in Alpl gibt es zu wenig Kinder für sie. Es wurde ein »Wandermuseum« in ihr eingerichtet. Dafür sind recht interessante Objekte gesammelt und zusammengetragen worden. Doch etwas betroffen standen wir davor. Wir sahen als Museumsstücke Bergschuhe, Rucksäcke, Landkarten und anderes ausgestellt, das noch für uns seinerzeit als das Neueste und Beste vom Besten gegolten hatte und für das wir mühsam unsere Groschen gespart hatten, um es zu kaufen...

»So ist's schon auf unserer Welt!« tröstete uns der Gestalter dieses »Wandermuseums«, Prof. Dr. Bertl Petrei. »Wenn Sie jetzt gleich Ihre neuen Anoraks und Bergschuhe ausziehen und wir geben sie ins Depot, dann wird mein Nachfolger in fünfzig Jahren herzlich froh darüber sein!«

Nicht froh war aber auch Bertl Petrei darüber, daß man Roseggers Waldheimat so verschandelt hatte. Und er erzählte uns einen etwas makabren Witz:

Im Jahre 2050 ziehen zwei Wanderer durch die öde Karstlandschaft über Krieglach.

Fragt der eine: »Wo sind wir hier eigentlich?«

»In der Waldheimat!«

»Warum Waldheimat?«

»Ein Dichter hat die Gegend einmal so benannt.«

»Also, eine Phantasie haben sie – diese Dichter!«

Schon im Vorwort seines 1898 erschienenen Buches »Idyllen aus einer untergehenden Welt« hatte Peter Rosegger geklagt: »Wo ist das Volk mit dem starken, frohen Herzen, wo ist das Leben, das Jahrhunderte lang so glücklich die Waage gehalten hat zwischen ursprünglicher Natur und menschlicher Zivilisation?«

»Zur Raabschlucht« lasen wir in Arzberg auf einer Wegtafel. Wir waren etwas erstaunt, weil uns mit dem Namen Raab ganz andere Vorstellungen verbanden: ein träge durch die ungarische Pußta dahinschleichender Fluß, kleine Orte an seinen flachen Ufern mit für uns nur schwer aussprechbaren Namen, schwermütige Zigeunermusik...

In der Raabschlucht rauschte der noch junge Fluß – angeschwollen durch die Regen- und Schneefälle der letzten Tage – zwischen hohen Felsmauern dahin. Sein Getöse übertönte jedes Wort von uns. Noch nix Zigeunermusik...

Wir waren in Luftlinie zwar nur etwa 100 Kilometer von Wien entfernt, aber für uns war das Steirische Bergland östlich von Mürz und Mur bisher ein weißer Fleck auf der Landkarte gewesen. Jetzt fühlten wir uns wie Columbus vor der Haustür.

Als wir am nächsten Tag beim Aufstieg zum Grazer Schöckl auf einigen Baumstämmen rasteten, kamen drei Wanderer vom Berg herab. »Laßt's uns ein wenig mitrasten?« fragte die Frau.

Mitrasten – ist das nicht ein schönes Wort?

Mann, Frau und Tochter waren aus der Umgebung von Stainz und zu Fuß unterwegs nach Mariazell. Sie hatten unförmige Rucksäcke aus der Steinzeit des Bergsteigens und ihren Proviant nicht etwa in einer Dose oder in einem Plastiksackerl, sondern, wie die Wallfahrer von einst, in ein Tuch eingewickelt. Ihre Bergschuhe waren noch mit Nägeln beschlagen, und als Schutz gegen den Schnee hatten sie Plastikstreifen oben um die Ränder gewickelt. Das war ihre einzige Konzession an die Moderne.

Die Frau erzählte, daß es in der Familie schon immer üblich war, einmal im Jahr nach Mariazell eine Wallfahrt zu machen. Bisher seien sie immer mit dem Bus gefahren, aber weil in diesem Jahr die Schwägerin auf das Vieh aufpassen kann und weil auch die Schwester von der Schwägerin auf das Kind von der Schwägerin aufpassen kann – deshalb hätten sie sich heuer zu einer Fußwallfahrt entschlossen...

In einer Atempause der Frau kam auch der Mann zu Wort. »Zu Fuß kommt man halt wohin, wo es viel schöner ist« sagte er.

»Schilcher, ein steirischer Wein von eigenartiger lichtroter Farbe, bes. aus dem Gebiet von Stainz (z. B. im Engelweingarten), wo der Weinbau seit dem 13. Jh. heimisch ist« – so steht es im Österreich-Lexikon zu lesen.

»Wenn ihr nach Stainz kommt, dann vergeßt nicht, einen Schilcher zu trinken!« hatten uns die Stainzer Wallfahrer beim Verabschieden noch geraten.

Man erzählt zwar, daß französische Gäste in Erzherzog Johanns Schloß Stainz beim Kosten des Schilchers voll Bewunderung gesagt haben: »Wie beneidenswert ist doch ein Land, in dem sogar der Essig so gut schmeckt!« Aber die Steirer haben zu ihrem Schilcher trotzdem eine ganz eigenartige Beziehung. Sie tun so, als wäre dieser ein »steirisches Geheimnis«, eine Besonderheit, von der nur wenige Eingeweihte wissen, und empfehlen gleichzeitig dieses »Steirische Geheimnis« jedermann als Geheimtip.

Ich hatte für Fritzerl, die Fotografin, ebenfalls einen Geheimtip, und der hieß Klapotetz. So werden in der Südsteiermark jene originellen Windräder in Weingärten genannt, die auf einem Schallbrett Krawall schlagen zur Vertreibung der Vögel. Ein Weingarten mit einem Klapotetz im Vordergrund war ein wunderbares Fotomotiv.

Wir näherten uns dem »Schilcherzentrum Stainz«, gingen über Wiesen und durch Wälder, an Getreidefeldern und Krautäckern vorbei – und standen vor einem Klapotetz. Aber das war vor Schloß Stainz vom Fremdenverkehrsverband aufgestellt worden, und wenn es geklappert hätte – das tat es aber nicht –, hätte es höchstens Autos und Mopeds vertreiben können.

Wir verließen das »Schilcherzentrum Stainz«, ohne einen einzigen Weingarten gesehen zu haben. Aber dann kamen wir um eine Ecke, und Fritzerl rief: »Du... da... i glaub, i träum!« Auch ich glaubte zu träumen, als ich tatsächlich vor uns einen Weingarten sah, sogar den »Engelweingarten«, wie wir auf einer Tafel lasen. »Engelweingarten« wahrscheinlich deswegen, weil er so klein und so herzig wie ein Engerl ist. Unter den Riesenweinfeldern des Burgenlandes würde dieser Mini-Weingarten nur als der eines armen Kleinhäuslers gelten. Und eigentlich dürfte man diesen kostbaren Schilcher gar nicht aus einem Glas trinken, sondern nur tropfenweise aus einer Ampulle...

Die Sonne schien, und wir wanderten durchs Steirische Hügelland weiter.

Wenn diese Japaner nicht gekommen wären, dann hätte ich wahrscheinlich alles über das Steirische Hügelland gewußt...

Der »Mariazellerweg« führt durch Graz – der »Mariazellerweg-Wanderer« fährt durch Graz. Nachdem er vom Schöckl kommend Maria Trost erreicht hat, bringt ihn die Straßenbahnlinie Nummero 1 ohne Umsteigen nach Eggenberg, wo ihn bald wieder der Wald aufnimmt.

Wir nächtigten in Graz. Am nächsten Tag (Rasttag) machte Fritzerl einen Stadtbummel (»Ich hab schon eine Ewigkeit lang keine Auslagen gesehen!« – diese Ewigkeit waren 14 Tage!).

Ich pflegte weiter die alpine Note und erstieg den Grazer Schloßberg (473 m über dem Meer). Ohne Rucksack fühlte ich mich dabei wie ein schwereloser Adler.

Auf einer Bank saßen zwei ältere Herren, ich setzte mich dazu. Bald waren wir im Gespräch. »Ins Steirische Hügelland wollen Sie? Das kennen wir zwei wie unsere eigene Hosentasche!«

Zwei Minuten später waren die zwei auch schon im heftigen Streit darüber, wohin so ein fremder Wiener im Steirischen Hügelland wandern soll und wohin nicht. In Graz galt ich Wiener also bereits als Fremder...

Und da kam diese Gruppe Japaner mit ihrem Führer. Dessen Erklärung der Aussicht ging zunächst unter im Klicken der Fotoapparate. Erst nach der Fotozeremonie hatte eine zarte, bildhübsche Japanerin doch noch eine Frage...

Tja, und diese Frage hatte dann meine zwei Grazer so empört und so wütend gegen alle Fremden und Nichtgrazer gemacht, daß ich es vorzog, gleich mit dem Haufen Japaner vom Schloßberg wieder abzuziehen.

Die zarte, bildhübsche Japanerin hatte den Führer gefragt, ob man auch das »Mozarthouse« sehen kann. Worauf ihr der Führer antwortete, daß man es nicht sehen kann, weil Mozarts Geburtshaus bekanntlich in Salzburg steht.

Worauf Madame Butterfly ganz erstaunt fragte: »Oh... wir sind hier nicht in Salzburg?«

Nachdem wir in dem Berggasthof auf der Sobot unsere Nächtigung bezahlt hatten, schaute uns die Wirtin triumphierend an und sagte: »Aber ohne mich, Leute, hättet ihr jetzt etwas glatt vergessen!«

???

»Den Stempel!« rief Frau Wirtin. »Ihr braucht doch euren Stempel!«

»Wir brauchen keinen Stempel!« sagte ich. »Wir wandern nur so zu unserem Vergnügen.«

Frau Wirtin war etwas enttäuscht von uns. »Ach so... Ihr braucht keinen Stempel... Ihr wandert nur zum Vergnügen... das ist natürlich etwas ganz anderes!«

Unser »Mariazeller Weg« hatte uns auch nach Eibiswald gebracht, das heute als ein Weitwandererzentrum gilt, weil dort außerdem noch der »Südalpenweg« vorbeiführt und der »Nord-Süd-Weitwanderweg« endet. In dem Ort gibt es sogar ein »Weitwandererdenkmal« – vor dem ich allerdings etwas fassungslos stand. Denn als ich mit dem Bergsteigen begonnen hatte und von einer schwierigen Wand zu einer noch schwierigeren losgezogen bin, da war für mich jeder Wanderer eine Idealgestalt. Ein Mensch ohne Ehrgeiz, ein Mensch, dem es genügte, einfach nur so in der Natur unterwegs zu sein.

Einer von diesen Wanderern war Schriftsetzer in der Druckerei, in der ich zu tun hatte. Wenn ich mit meinen von der Sonntagskletterei noch zerschundenen Händen am Montag in die Druckerei kam und er mir dann erzählte, was er bei seiner Sonntagswanderung in den Wienerwald alles gesehen und erlebt hatte, dann kam ich mir oft ein bisserl arm vor.

Aber dann hat man bei uns auch das Wandern organisiert mit Urkunden und Teilnehmerabzeichen und sogar Pokalen und mit Kontrollstellen und Kontrollstempeln, und jetzt frage ich mich oft, ob Wandern wirklich noch für viele Müllers eine Lust ist?

Im »Gasthof Simperl« in Eibiswald blätterten wir im Gästebuch und in den Fotoalben. Die Familie Simperl hält engen Kontakt mit ihren Gästen, und viele davon schicken ihr dann Fotos zur Erinnerung... auch Ansichten der Trophäensammlung zu Hause. Ganze Zimmerwände sieht man da, die mit Wandernadeln und Wanderabzeichen gespickt sind. Das Sammeln von Wandertrophäen ist heute Herrn Müllers Lust. Und die Bergsteiger erscheinen nun als die Idealgestalten, weil sie noch keine »Matterhornnadel« oder ein »Totenkirchlabzeichen« brauchen.

Das Gruseln kam mir beim Durchblättern des Gästebuches. Nachdem die Organisatoren des »Nord-Süd-Weitwanderweges« diesen in 18 Tagesetappen geteilt haben, fühlen sich die meisten Begeher verpflichtet, diesen ca. 500 Kilometer langen Weg auch in 18 Tagen zu »schaffen«. Nun: Zu »schaffen« ist der Weg wohl in 18 Tagen, aber man kann dabei kaum noch interessante Kirchen und Klöster, Burgen und Heimatmuseen besichtigen, oder sich dort, wo es schön ist, hinhauen und schauen. Es bleibt nachher nur die stolze Befriedigung, in Simperls Gästebuch eintragen zu können, den Weg in 18 Tagen geschafft zu haben (und wahrscheinlich sich selber auch). Der Alltagsstreß hat im Urlaubsstreß seine Fortsetzung gefunden.

Natürlich gibt es schon ganz Gute, die den Weitwanderweg in 17 und 16 Tagen bezwangen und noch Bessere, die sogar nur 15, 14 Tage dazu brauchten. Und ein Rekord wurde auch schon gelaufen... in siebeneinhalb Tagen!

Gerade als wir uns von den liebenswürdigen Wirtsleuten verabschieden wollten, wurde ein Plakat angebracht, eine Einladung zu einem Bierzeltfest. Attraktion der Veranstaltung war ein Herr Soundso... »Europameister im Weitwandern«. Ob der Europameister dann im Bierzelt eine Ehrenrunde gewandert ist oder nur seine Wadeln gezeigt hat, weiß ich nicht.

Ab St. Paul ist der »Lavanttaler-Siebenhügelweg« eine Teilstrecke des »Mariazeller Weges«.

Beim Aufstieg zum Johannisbergkircherl – das auf Fundamenten eines keltischen Tempels stehen soll – kamen wir an einer Grotte vorbei, von der man uns erzählte: Einst entsprang darin eine heilsame Quelle, die von einem Einsiedler gehütet wurde, aber als die Menschen dieser Welt immer schlechter wurden, war eines Tages der Einsiedler spurlos verschwunden und die Quelle versiegt. Was heute noch in der Grotte deutlich zu erkennen ist, das ist ein von Menschenhand geschaffener Steinsitz mit Lehne. Die ganze Anlage schaut recht urtümlich aus. Diese Höhle mit dem Steinthron unterhalb eines vermuteten Keltentempels begann uns zu interessieren...

Die Dolomitengipfel der Langkofelgruppe (von der Seiser Alm aus) sind noch verschneit, der nur 2000 Meter hohe Gipfel des Großen Reisch (unten) in den Sarntaler Alpen ist schon schneefrei. Auf ihm steht nicht ein Gipfelsteinmann, sondern unzählige Steinmänner und Steinmännchen – darum ist dieser einmalige Alpengipfel auch unter dem Namen »Stoanerne Mandln« bekannt und berühmt geworden.

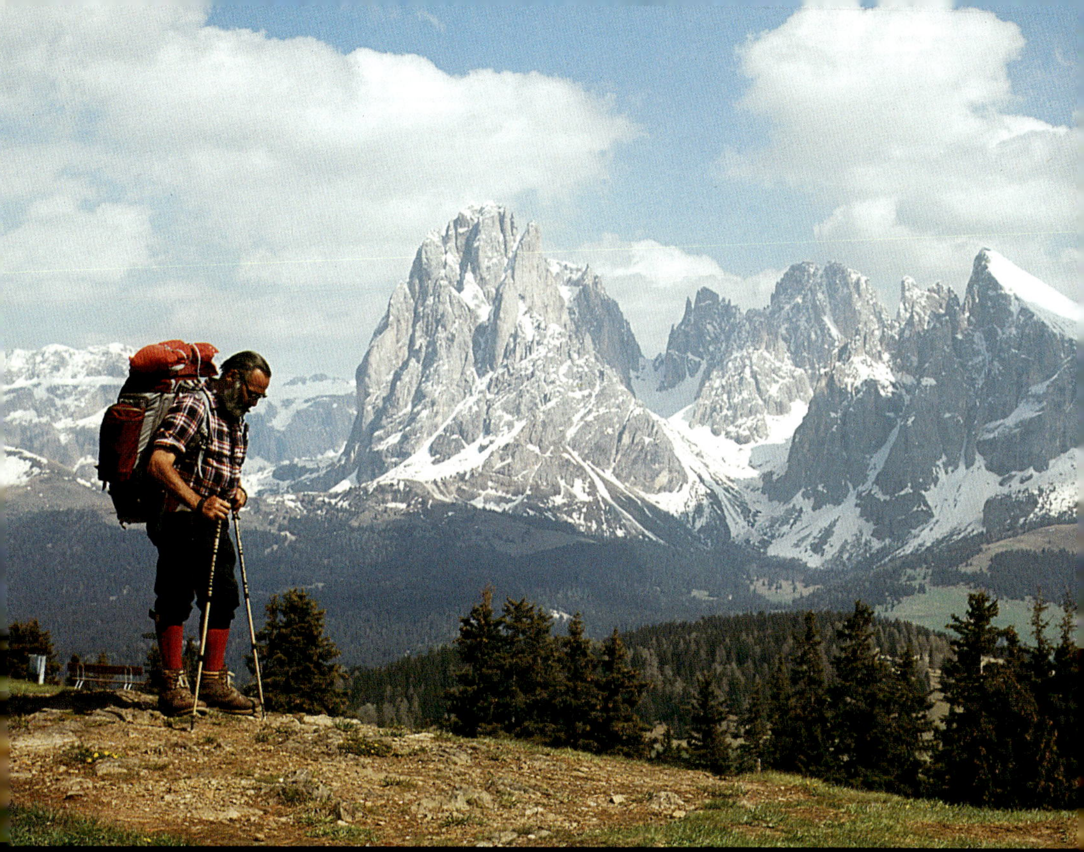

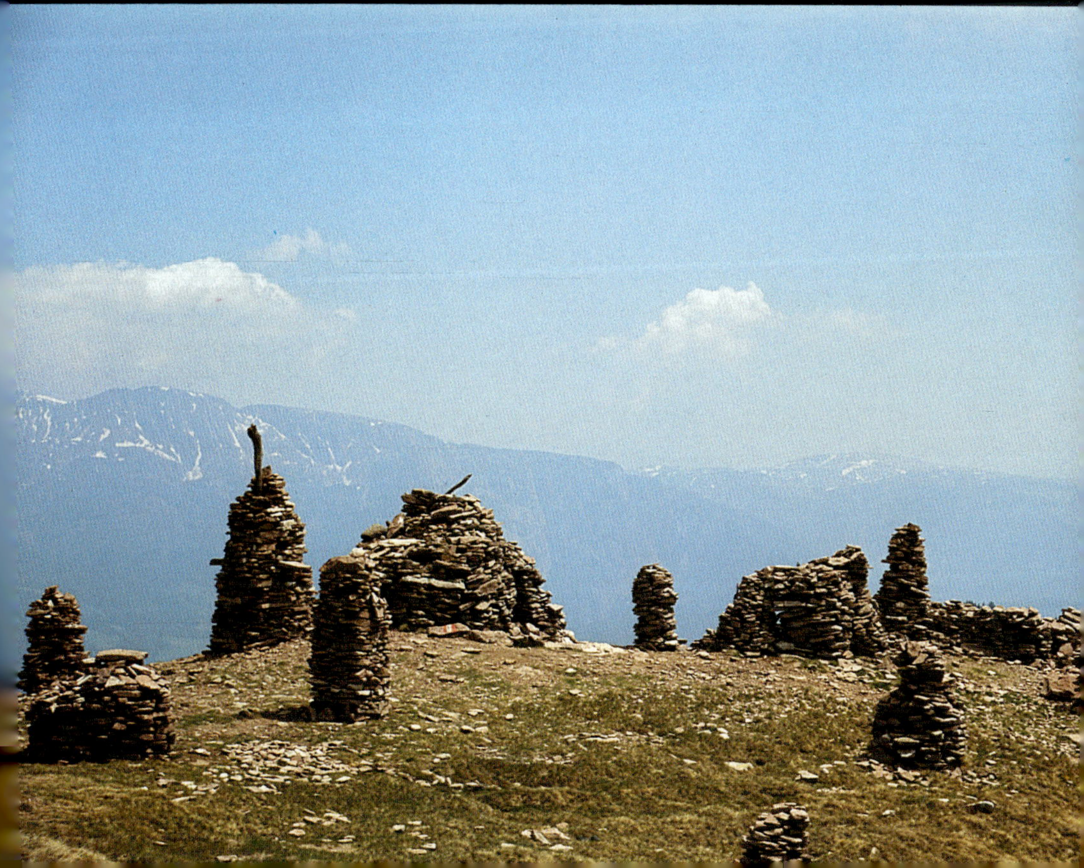

Wir begannen in ihrer Umgebung nach prähistorischen Tonscherben zu suchen. Wir fanden keine. Wir fanden auch keine in der Umgebung des Johanniskirchleins.

Es war ein wunderschöner Tag, und das auf einer Kuppe stehende Kirchlein war hell vom Sonnenlicht umflutet. Die Leute von dem Bauernhof neben dem Kirchlein arbeiteten auf dem Feld und beobachteten etwas mißtrauisch unsere Scherbensuche... »Suchen die vielleicht einen Schatz?« hörte ich die Bäuerin fragen.

Und mir fiel wieder ein, daß wir ja eigentlich an diesem Tag die Berg- und Talbahn des Siebenhügelweges packen wollten. Es ging bereits auf Mittag, der Friede in dieser Landschaft hatte uns zeitlos gemacht. Wir hatten viel Zeit verloren, aber es war keine verlorene Zeit.

Wir hatten auch immer Zeit für ein Gespräch mit Leuten, die wir unterwegs trafen...

Oberhalb von Griffen kamen wir mit einem Bauern ins Gespräch, der seine Kühe auf die Hauswiese brachte. Ein Riesenwolfshund sprang bellend um die Herde, und so oft eines der Rindviecher nur etwas auf die Seite trottete, wurde der Hund zum Choleriker.

»Der Rexl ist ein scharfer Hund!« sagte der Bauer stolz. Und der Rexl hatte auch einen Stammbaum wie der Graf Bamsti.

Aber was nützt ein Stammbaum dem schärfsten aller Hunde, wenn einer Kuh das Gebelle und Gekläffe zu dumm wird? Mit Staunen sahen wir eine Kuhindividualität stur und mit gesenkten Hörnern auf den Rexl lostrotten, und plötzlich war alles anders – ängstlich jaulend wich der Rexl zurück, und als dann die Kuh noch zornig brüllte, da war's um ihn geschehen. Er machte einen mächtigen Satz nach hinten und anstatt in Sicherheit sprang er hinein in einen Stacheldrahtzaun. Wau!

Rexl war auch sehr wehleidig. Beim Anblick der paar Tropfen Blut auf seinem Fell wurde aus dem scharfen Hund eine winselnde, zitternde, armselige Kreatur. Fassungslos sagte der Bauer: »Warum hat die Scheckl das dem Rexl antun müssen?«

Viele Wanderer bezeichnen sich selbst stolz als »scharfe Geher«. Und es gibt auch »scharfe Hunde« als Polizisten und als Vorgesetzte beim Militär. Ich habe (außer beim Gulasch!) eine stille Abneigung gegen das Beiwort »scharf«.

Vor Klagenfurt führte uns der Weg noch auf den Magdalensberg hinauf. Dort hatte in diesem Jahr der »Vierbergelauf« ohne uns begonnen...

Man sagt vom »Vierbergelauf«, daß er die älteste Wallfahrt der Welt sei

Bis zum Jahr 1984 hatten wir elfmal den »Vierbergelauf« in Kärnten mitgemacht, von dem gesagt wird, daß er »die älteste Wallfahrt der Welt« sei. In dem Jahr unseres Alpenspazierganges waren wir nicht dabei; auf dem Magdalensberg haben wir nur noch die Spuren der Vierberger gesehen.

und bis in die Keltenzeit, also bis in das erste Jahrtausend v. Chr. zurückgehe. Er beginnt um Mitternacht des zweiten Freitags nach Ostern mit einer Messe in dem Kirchlein auf dem Magdalensberg (1058 m) und führt dann über den Ulrichsberg (1015 m) und den Veitsberg (1175 m) bis zum Lorenziberg (966 m), wo die Wallfahrt unbedingt vor Sonnenuntergang beendet sein muß. Dieser Rundlauf soll ein Nachvollziehen der Sonnenlaufbahn sein, die Wegstrecke beträgt fast 50 Kilometer.

Ich hatte von diesem alten Volksbrauch gehört, und als ich Material für mein Buch »Herrgottsitz und Teufelsbett. Wanderungen in die Vorzeit« sammelte, haben wir 1973 erstmals den »Vierbergelauf« mitgemacht.

Man sagte uns: »Solange die Vierberger gehen, solange geht es gut auf der Welt. Aber wenn einmal die Vierberger nimmer gehen, dann kommt der Weltuntergang!«

Man sagte uns: »Ihr müßt dreimal den Vierbergelauf machen, dann kommt ihr nach dem Tod sofort ins Paradies. Wenn ihr aber nur ein- oder zweimal dabei wart, dann müßt ihr den Lauf in der Ewigkeit nachholen!«

Eine alte Bäuerin erzählte: »Ich hab drei Töchter und acht Enkerl. Ich komme das ganze Jahr lang nicht vom Haus weg. Meine einzige Erholung ist der Vierbergelauf!«

Bevor Fritzerl und ich zu unserem ersten Vierbergelauf antraten, waren wir eine Woche zuvor auf den Wiener Schneeberg gewandert, 80 Kilometer über Berg und Tal. Als wir dann auf dem Magdalensberg diese alten Bergbäuerinnen sahen, waren wir recht zuversichtlich... »Also, wenn die mitgehen, dann packen wir das leicht!«

Irrtum! Nach unserem ersten Vierbergelauf waren wir beide so groggy wie schon lange nicht.

Schon in alten Berichten wird das »wüste Laufen« der Vierberger erwähnt. Und man meint, daß einst vor der Wallfahrt in dem Keltentempel auf dem Magdalensberg ein Menschenopfer dargebracht wurde und man dann dem Geist des Opfers davonlief. Oder auch, daß der zuletzt Ankommende (»Den letzten beißen die Hunde!«) geopfert wurde. Jedenfalls: das Rennen gehört zum Brauch. Und wenn man dann immer wieder erhitzt in eiskalte Kirchen einzieht, ergibt das als Folge einen prachtvollen Muskelkater.

Er ist schon einmalig in Europa, dieser Vierbergelauf, und wir waren von ihm so fasziniert, daß wir ihn bis zu diesem Jahr 1984 bereits elfmal gemacht hatten. (Das Paradies ist uns also sicher!)

An dem Tag, an dem 1984 der Vierbergelauf stattfand, waren wir zwar auf dem »Mariazeller Weg« unterwegs, aber in Gedanken die ganze Zeit bei den »Vierbergern«... »Jetzt gehen sie den Veitsberg hinauf!« – »Jetzt werden sie bald auf dem Lorenziberg sein!«

Als wir auf unserem Alpenspaziergang auf den Magdalensberg kamen, sahen wir nur noch die Spuren der Vierberger, die sie bei ihrem Querfeldeinlaufen über die Äcker hinterlassen hatten (was die Grundbesitzer durchaus nicht als Flurschaden empfinden, sondern als Segen für ihren Boden).

Wir schauten vom Magdalensberg auch zum fernen Veitsberg hinüber. Eine kleine Kapelle steht auf ihm, und darin findet nur einmal im Jahr eine kurze Andacht statt – am Tag, an dem die Vierberger kommen. Aber ein Jahr ist kurz und lang zugleich...

»Nächstes Jahr sehen wir uns wieder!« sagen die Vierberger beim Verabschieden.

»Wenn wir gesund sind!« antworten die Jüngeren.

»Wenn wir noch leben!« sagen die Alten.

Wir stiegen am nächsten Tag vom Magdalensberg nach Klagenfurt ab. Für uns war der »Mariazeller Weg« zu Ende.

Das Kirchlein von Hochmonten

Am Samstagabend fand in Maria Luggau (Lesachtal) ein Theaterabend statt. Man spielte »Das Kirchlein von Hochmonten« – ein Stück »mit ein bisserl Liab, mit ein bisserl Eifersucht und natürlich auch mit ein bisserl Wildern«, wie die Leiterin der Theatergruppe bei der Begrüßung sagte.

Im Verlauf des Stückes wurde dann von einem Wilderer ein Jäger erschossen. Und als im nächsten Akt der Vorhang wieder aufging, sah man den Wilderer wie besessen auf einen am Boden liegenden Holzklotz draufloshacken.

»Ja, was machst’ denn da?« fragte ihn das Dirndl.

»I hab einen Jager erschossen. Jetzt bau ich da eine Kapell’n... wia’s bei uns so Brauch ist!«

Jetzt hatten wir auch eine Erklärung dafür, warum es in Kärnten und Osttirol so viele Kapellen gibt... »O je, da haben s’ schon wieder einen Jager erschossen!« sagten wir, sooft wir an einer vorbeigingen.

Zwei Wochen vorher hatten wir die Benediktinerabtei St. Paul im Lavanttal besichtigt. Die Saison hatte noch nicht begonnen, die Führung bestand nur aus zwei Personen. Pater Christophorus – nicht nur ein sehr gescheiter, sondern auch ein Mann mit viel Witz – zog mit uns plaudernd durch die Schauräume.

Sankt Paul ist reich an Handschriften aus dem Mittelalter und an Wiegendrucken. Pater Christophorus zeigte uns eine Weltkarte aus dem Jahre 1486. Bei einer Führung suchte ein Amerikaner vergebens darauf sein Land... »Damals wart ihr Gott sei Dank noch nicht entdeckt!« wurde er vom Pater aufgeklärt.

Wir kamen in den Gemäldesaal. Vor kurzem war eine Schulklasse dagewesen, und Pater Christophorus hatte den Kindern die Bilder erläutert. »Und die Rehe und die Hasen, die kennt ihr ohnedies... Übrigens: Wer von euch war schon einmal mit seinem Vater wildern?«

Worauf vier Hände hochflogen. Die Frau Lehrerin im Hintergrund bekam einen roten Kopf.

»Und seid ihr nachher gleich in die Schule gegangen?«

Einer der Buben beruhigte den Pater: »Nana, mir san ja schon um Viere hoamkemma. Da haben sich der Vater und i noch ein bisserl niedergelegt!«

Gewildert wird also auch jetzt noch in diesem Land. Wir fragten uns aber nach dem Theaterabend in Maria Luggau, warum ausgerechnet im deutschsprachigen Ostalpenraum – und nur dort! – die Bewohner eine so große Vorliebe für das sogenannte Bauerntheater haben? Womit nicht das alte und echte Volksschauspiel gemeint ist, sondern diese (meist von Stadtleuten verfaßten) Stücke, in denen die Berglandbewohner nur als naive Tölpel auftreten. Und warum auch dort – wie die Verleger behaupten – die billigen Bauernromanheftln den stärksten Absatz finden?

Kommt das davon, daß im Ostalpenraum zuallererst der Massentourismus einbrach und mit dem grausigen Gift »Folklore« die Bewohner so stark infizierte, daß deren Eigenleben bald immer mehr und mehr verkümmerte?

Das wirkliche Leben der Berglandbewohner war und ist jedenfalls auch dort nicht so simpel, sondern gleich gut oder schlecht wie anderswo und die Natur ebenfalls unberechenbar…

Im Gailtal hatte uns der Weg gleich zu Anfang in ein unheimlich wirkendes Geröll- und Blockgewirr geführt – in das 15 Kilometer lange und ca. 30 Quadratkilometer umfassende Gebiet der einst vom Dobratsch (2166 m) herabgestürzten Gesteinsmassen.

Man weiß heute, daß es am Dobratsch zwei große Bergstürze gegeben hat. Einer fand in prähistorischer Zeit (nach der letzten Eiszeit) statt, der zweite im Jahre 1348, verursacht durch ein am 25. Jänner beginnendes und angeblich 40 Tage lang dauerndes Erdbeben. Damals sollen 17 Dörfer und Weiler, drei Schlösser und neun Kirchen verschüttet worden sein. Und nach dem Bergsturz schwoll die durch die Gesteinsmassen aufgestaute Gail zu einem See an, der zehn Dörfer überflutete. Aus den Klüften des Dobratsch strömten (nach den alten Berichten) auch giftige Dämpfe aus, die viele Menschen krank machten. Der Weltuntergang schien gekommen zu sein. Etwa 3000 Menschen starben bei dieser Katastrophe.

20 bis 30 Meter hoch sind allein die verbliebenen Gesteinsmassen von diesem letzten Bergsturz. Darüber führt heute ein gut markierter Wanderweg in vielen Windungen dahin. Wir haben in ihm einen »Naturlehrpfad« besonderer Art gesehen.

Im Lesachtal haben wir auch begriffen, warum dort fast an jeder Kirche ein Fresko von Christophorus angebracht ist. Christophorus, der Christusträger und auch Nothelfer für gefahrvolle Flußübergänge…

Von Kötschach-Mauthen wollten wir dem »Fußweg nach St. Jakob« folgen. Ein Richtungspfeil vom Femdenverkehrsverband zeigte einladend zu einem schönen Weg, der zuerst durch Wiesen führt und dann hinein in den Wald. Ein wunderschöner Weg.

Als wir uns in Sittmoos an einem Hausbrunnen die Feldflaschen füllten, kam die Bäuerin aus dem Haus mit zwei Gläsern Milch für uns. Sie erzählte, daß der vergangene Winter schrecklich gewesen sei. Acht Tage lang war der Weiler infolge der Schneemassen von der Außenwelt abgeschnitten. Kein Strom! »Und damit der Milch nix passiert, hat halt das alte Butterfaßl wieder hermüssen. Gott sei Dank haben wir unseres noch gehabt. Die jüngeren Leut, die sich zu sehr auf den Fortschritt verlassen haben, konnten mit ihren Maschinen nix machen!«

Wir gingen weiter und kamen zum Weiler Nischlwitz. Dort erfuhren wir, daß der »Fußweg nach St. Jakob« hier zu Ende sei, weil die Brücke über die Gail nach St. Jakob hinüber vom Hochwasser weggerissen worden sei.

Ob an diesem Ufer ein Weg weiter flußaufwärts führe? Kein Weg!

Bumsti! Jetzt schauten wir sparsam drein. Keine Brücke, kein Weiterweg, also wieder mehr als zehn Kilometer zurück nach Kötschach-Mauthen und dann auf der anderen Seite der Gail (auf einer Betonstraße!) wieder mehr als zehn Kilometer hinauf nach St. Jakob, von dem wir jetzt kaum einen Kilometer weit entfernt waren. Wir hörten sogar das Bimmeln der Kuhglocken von drüben...

Eine Bäuerin sagte dann, sie glaube, daß der alte Katschnig auch jetzt noch immer seinen Geheimweg (flußaufwärts) nach Aigen ginge, von wo aus man mit einer Seilbahn über die Gail nach St. Jakob hinüberfahren könne.

Josef Katschnig, 76 Jahre alt und noch immer ein stämmiges Mannsbild, sagte uns, daß sein Weg so verwickelt und verzwickt sei, daß es unmöglich wäre, ihn zu beschreiben.

»Wir sind Bergsteiger. Wir können uns schon zurechtfinden. Zeigen Sie uns nur, bittschön, wo der Weg anfängt!«

Herr Katschnig schaute mich so an, als hätt' ich ihn gefragt, wie man am besten den Mond auf die Erde herunterholen könne.

Vor dem Haus saß seine Frau und flickte Wäsche.

»Du!« sagte Herr Katschnig zu ihr. »Zeit hätt' i ja! I glaub, es is am besten, i geh mit denen!«

»Wann'st glaubst, ist's guat!« sagte die Frau.

Herr Katschnig ging also mit uns. Und er führte uns einen Weg, den wir unser Leben lang nimmer vergessen werden. Weg? Es war nicht einmal eine Pfadspur. Vier Schluchten waren zu queren, deren Wände aus glitschigem Schieferbruch bestanden, in dem man die Füße fest hineinhauen mußte, um einen Halt zu finden, und schnell wieder herausziehen mußte, um nicht mit der in Bewegung geratenen Masse abzurutschen. Entscheidend war aber das Wissen, wo man am besten diese Schluchten queren kann.

Manchmal suchte Herr Katschnig sogar selber seinen »Geheimweg«. Er bog im dichtesten Gestrüpp Zweige auseinander und sagte: »Da is nit!« Ging zehn Meter weiter, bog wieder Zweige auseinander und sagte: »Da is!« Tatsächlich konnte man dann an dieser Stelle durchs Gehölz brechen.

Allein hätten wir diesen »Geheimweg« nie und nimmer gefunden. Herr Katschnig war ihn bisher immer allein gegangen, weil kein Nischlwitzer diesen »enterischen Weg« zu gehen wagte. Mit seinen 76 Jahren hatte er noch die Kondition eines jungen Stiers. Und er machte uns ein Kompliment: »Hätt' i mir eigentlich nicht gedacht, daß Sie und die Frau so gut steigen können!«

Nach einer Stunde Abenteuer waren wir in Aigen angekommen. Das ist eine der originellsten Siedlungen des ganzen Alpenraumes: Seine vier oder fünf Häuser, in denen heute nur etwa ein Dutzend Menschen leben, sind bis jetzt noch von keinem Auto erreicht worden! Aigen ist mit St. Jakob und der ganzen übrigen Welt nur durch eine 800 Meter lange und 120 Meter über der Gail dahinführende Seilbahn verbunden. Milch und Holz, Kühe und Hühner, Waschmittel und neue Suppenteller... »alles geht durch die Luft hinüber und herüber!« (wie die Aigner sagen). Mit der Seilbahn kommt zwei- bis dreimal in der Woche der Briefträger herüber und mit der Seilbahn schweben auch die verstorbenen Bewohner hinüber zur letzten Ruhe im Friedhof von St. Jakob.

Herr Katschnig übergab uns dem Seilbahnwärter, und wir fragten, was wir für seine Führung schuldig wären. Er sah uns erstaunt an... »Leut! I bin ja gern mit euch gegangen!«

Dann schwebten wir in der kleinen Gondel über der Gail dahin, und als wir auf die Schaumkronen der Wassermassen hinabschauten, war uns bewußt, was ein Nothelfer in diesem Land der wilden Wasser bedeutet.

Als wir in St. Jakob angekommen waren, winkten wir noch lange Herrn Katschnig am anderen Ufer. Er winkte ebenfalls – unser Christophorus von Nischlwitz!

Auf dem Kartitscher Sattel (1523 m) zwischen den Lienzer Dolomiten und den Karnischen Alpen entspringt die Gail. Eigentlich entspringen dort zwei Gail, die Kärntner Gail (welche bei Villach in die Drau mündet) und die Tiroler Gail (welche schon bei Tassenbach in Osttirol der Drau zufließt). Der Kartitscher Sattel ist also eine Wasserscheide.

Die originellste Wasserscheide glaubte ich bisher in Großschönau im niederösterreichischen Waldviertel gefunden zu haben. Dort hat der langgestreckte Gasthof auf dem Hauptplatz von Schönau zwei Abflüsse. Einen (über Lainsitz–Moldau–Elbe) zur Nordsee, und einen anderen (über Zwettl–Kamp–Donau) zum Schwarzen Meer. Wo noch in ganz Europa hat ein Kosmopolit für seine Notdurft solche Entscheidungsschwierigkeiten?

Die Wasserscheide am Kartitscher Sattel ist noch spektakulärer. Man steht auf dem höchsten (und mit einer Stange markierten) Fleck einer Sumpfwiese und kann im Umkreis von kaum zwei Metern (!) deutlich sehen, wie sich zwei dünne Wasserrinnsale nach verschiedenen Richtungen hin entfernen. Der eine Wasserfaden wird zur Tiroler und der andere zur Kärntner Gail...

Hier hätte ich den Lauf der zwischen Nischlwitz und St. Jakob als bedrohlicher Fluß dahinrauschenden Gail noch mit einer Hand zumindest kurz aufhalten können!

»Unergründlich tiefes Meerauge« – so wird in einem Gedicht der Wolayersee in den Karnischen Alpen genannt. Vor einigen Jahren durchforschten Taucher den See. Als größte Tiefe des »unergründlich tiefen Meerauges« konnten sie lumpige zehn Meter messen! Und sie fanden keinen Wassermann und keine Nixe auf seinem Grund, sondern nur viel Zeugs aus dem Ersten Weltkrieg.

Spähtrupps sind in diesem Gebiet allerdings auch heute noch unterwegs, »Steineklopfer« aus aller Welt! Denn die Karnischen Alpen sind berühmt wegen ihrer Versteinerungen: Korallen, die verschiedensten Muscheltiere, Seelilien, Fische in allen Größen sind dort zu finden.

Einmal saß ich mit einigen Freunden in der Eduard-Pichl-Hütte am Wolayersee, und der Hüttenwirt erzählte uns Wundergeschichten von den Riesensteinfischen, die in diesem Gebiet schon gefunden worden waren, erzählte auch von einem Inder, der zwei Monate lang hier gesucht und gearbeitet und nachher einige Rucksäcke Fossilien ins Tal geschleppt hatte, die so wertvoll waren, daß er – wenn er nicht inzwischen gestorben ist – von deren Verkauf noch heute lebt. Bei diesen Erzählungen ist einer meiner Freunde immer unruhiger geworden.

»Und wo findet man solche Sachen?« fragte er schließlich den Wirt.

»Da müssen Sie nur die 700 Meter auf die Seewarte aufiklettern!« sagte dieser.

Auf der Seewarte waren wir an diesem Tag. Und nicht einmal das winzigste versteinerte Goldfischerl haben wir da oben gesehen!

Meine Erzählung wiederum hatte die Sammlerin seltener Steine, Fritzerl, unruhig gemacht, und so hatte sie auf unserem Alpenspaziergang auch eine Besteigung dieser Seewarte fest eingeplant.

Und noch etwas! Eine Wulfenia wollte sie sehen, diese blaue Wunderblume, die im Kaukasus und im Himalaya gedeiht und sonst nur noch auf einem einzigen Berg Europas, dem 2195 Meter hohen Gartnerkofel am Naßfeld in den Karnischen Alpen.

Sie sah eine Wulfenia, sogar eine Riesenwulfenia, allerdings nur eine Wulfenia aus Eisen bei einem Kunstschmied in Jenig. Diese Eisenblume war für ein Kriegerdenkmal auf dem Naßfeld bestimmt. Die echten Wunderblumen da oben lagen noch unter einer ein bis zwei Meter hohen Schneedecke begraben.

Der ganze Hauptkamm der Karnischen Alpen war noch tief verschneit, und so konnten wir auch nicht den »Südalpenweg« begehen, sondern nur brav durchs Gailtal wandern. Und statt der Riesensteinfische auf der Seewarte mußten uns die originellen Riesenungeheuer genügen, die ein Holzschnitzer in Podlanig aus mächtigen Baumwurzelstöcken geschnitzt hatte.

Wegen dieser Steinfische auf der Seewarte hatte es zwischen uns daheim in Wien etliche Debatten gegeben... Ich sagte, daß ich nicht daran dächte, bei der Suche nach einem solchen Fisch auf der Seewarte Wurzeln zu schlagen. Fritzerl sagte, daß man dort mit Augen im Kopf keineswegs Wurzeln schlagen müsse.

Ich sagte, daß man einen solchen Steinfisch nicht mit einer Brotrinde erwischen könne, sondern ein Werkzeug dafür brauche. Fritzerl sagte, daß man einen Hammer leicht irgendwo ausborgen könne.

Mir waren die Steinfische piepschnurzegal, Fritzerl nicht. Und alle beide hatten wir nicht an eine solche Kleinigkeit wie die Altschneemassen des vergangenen Winters gedacht. Wir hatten über etwas lange debattiert, was sich dann von selbst erledigt hatte.

Was hatte doch das fesche Dirndl in dem Theaterstück »Das Kirchlein von Hochmonten« gesagt? »Es kimmt auf dera Welt doch immer ganz anderscht, als man denkt!«

Das Frankfurter Würstl

Das letzte Mal war ich in Sexten im Jahre 1948. Da hat es noch etwas anders ausgesehen. Es war das erste Jahr nach dem Krieg, in dem man nach Italien reisen konnte – aber unter welchen Bedingungen! In Österreich gab es keine Lire, und für unseren österreichischen Schilling gaben die Italiener nicht einmal eine halbe Lira her. Wir mußten also den ganzen Proviant (hauptsächlich Erbsen und Haferflocken) für drei Wochen mitnehmen. Gehaust haben wir dann in einem Kuhstall unterhalb der Dreizinnenhütte (und nach Kuhdreck stank dann noch wochenlang das ganze Zeug, das wir mithatten).

Es war unsere erste Dolomitenfahrt und ich wollte unbedingt die Nordwand der Großen Zinne durchklettern. Diese zählte damals noch zu den schwierigsten Wänden der Alpen. Ich hatte vorher viel trainiert, doch als ich dann am Fuß der Wand stand, habe ich mich vor ihrer Steilheit richtig gefürchtet. Außerdem war vor unserer Ankunft ein Innsbrucker am 27-Meter-Quergang abgestürzt, und der Vorbau der Wand war bedeckt mit Fleischfetzen. Aber gemacht haben wir die Wand dann doch!

Damals war es noch sehr still um die Drei Zinnen. Man stelle sich das vor: Mitten im August waren wir die einzigen Kletterer in diesem Gebiet!

Einmal kamen wir von der Westlichen Zinne und siehe da... auf dem Paternsattel stand ein Wanderer. Wir waren unrasiert, und jeder von uns hatte in der Hand einen riesigen Holzprügel – Trockenholz aus Kriegsstellungen für unseren Herd in der Almhütte.

Unser Franz ging auf den Italiener zu und sagte: »Signore, bittschön, quanto oro?«

Worauf der Italiener zitternd die Hände hochhob.

Unser Franzl (der oro = Gold mit ora = Stunde verwechselt hatte und eigentlich nur wissen wollte, wie spät es sei) zeigte auf die Uhr des Italieners. Der löste sie vom Handgelenk und drückte sie dem verdutzten Franzl in die Hand. Jetzt wußte auch der Franzl, was es geschlagen hatte...

30 Jahre später – 1978 – waren wir wieder an den Drei Zinnen. Mit dem Autobus waren wir von Cortina bis zur Auronzohütte gefahren, und als wir dann noch einen kleinen Nachmittagsspaziergang zum Paternsattel unternahmen, bewegten wir uns in einer endlosen Menschenschlange. Am Paternsattel machte ein Eisverkäufer ein blendendes Geschäft.

Als »30 Jahre Dolomiten-Jubiläumskletterei« packten wir am nächsten Tag die Dibonakante an der Großen Zinne. Fritzerl hatte die Kante vor 30 Jahren barfuß gemacht, und barfuß war sie dann auch noch den Normalweg abgestiegen und durch das Kar bis zum Paternsattel gegangen, wo die Bergschuhe deponiert waren. Kletterschuhe (mit den schnell abgenützten Filzsohlen) waren damals Mangelware, und das eine Paar, das Fritzerl mithatte, wollte sie für eine zünftigere Tour sparen.

Ich zeigte Fritzerl auf dem Gipfel den Felsblock, auf dem ich damals nach der Nordwand gesessen bin. Und ich hatte dabei das Gefühl, als ob das erst gestern gewesen sei.

Die beiden jungen Tiroler, mit denen wir unser Vierbettzimmer in der Auronzohütte teilten, kamen zum Gipfel herauf. Im Vergleich mit diesen tipptopp auf dem modernsten Stand der Technik ausgerüsteten Kletterern hatten wir zwei das Gefühl gehabt, nun doch schon Oldtimer geworden zu sein.

»Schnell seid's gewesen, Burschen. Gratuliere!« sagte ich, weil ich natürlich annahm, daß sie aus der Nordwand kämen.

Die Burschen schauten uns ganz entgeistert an... »Ja, wie seid denn ihr da heraufgekommen? Wir haben doch unterwegs keinen Menschen gesehen!«

»Über die Dibonakante!«

»Über die Dibonakante! Da legst dich nieder!« sagte dann einer der beiden und tat es auch.

Die zwei Tiroler waren den Normalweg heraufgekommen. Die Dibonakante hatten sie wohl auf dem Programm gehabt, aber am Morgen waren ihnen Zweifel gekommen, ob die Tour für sie nicht doch zu schwer wäre, ob sie die Route finden würden?

»Warum, Leut, habt ihr uns das nicht gesagt? Ihr hättet doch hinter uns nachgehen können!« sagte ich.

Jetzt wurden die zwei verlegen. Schließlich sagte einer: »Nit bös sein, aber wir haben gedacht, daß Ihr höchstens Bergwanderer seid!«

Als wir nach dem Abstieg wieder aus den Felsen waren, setzten wir uns ein bisserl nieder und schauten hinunter auf den Weg mit den vielen Menschen. 30 Jahre lang hatte ich von den Drei Zinnen die Vorstellung von stillen Bergen gehabt. Und das saudumme Jubiläum hatte diesen Traum zerstört...

Auf unserem Alpenspaziergang wollten wir von Sexten über die Dreizinnenhütte und den Paternsattel nach Misurina und dann weiter nach Cortina. Auf das Wiedersehen mit den Drei Zinnen hatten wir uns schon sehr gefreut.

Doch im Fischleintal war die letzte Lawine vor zwei Wochen niedergegangen, und die Berge rundum waren noch weiß. Kein Mensch in Sexten konnte uns sagen, wie es oben aussah. Die Wintersaison war vorbei, die Sommersaison hatte noch nicht begonnen. Ob wir mit unserem schweren Gepäck durch den tiefen Schnee über den Paternsattel kommen konnten, war eine offene Frage.

Wir entschlossen uns, zunächst einmal ohne Gepäck eine Erkundungswanderung in die noch weiße Welt der Drei Zinnen zu unternehmen.

Seinerzeit – 1948 – war ich unter der Last eines Vierzigkilorucksackes den Weg hinaufgekeucht, diesmal – am 5. Juni 1984 – versank ich oft bis zum Bauch in dem Alt- und Neuschnee. Es fing zu schneien an. Zuerst waren es einige schwebende Schneeflocken, dann wurden es immer mehr...

Als wir bei der Dreizinnenhütte angelangt waren, tobte bereits ein Schneesturm. Vier, fünf Meter hohe Schneewände umgaben das dichtverschlossene Haus. Und unser Almhüttl, in dem wir 1948 gehaust hatten, war ebenfalls ein Opfer dieses Winters geworden: Sein Dach hatten die Schneemassen so plattgedrückt, als ob eine Straßenwalze darübergefahren wäre.

Für einige Sekunden wurde es heller. Ich sah, daß den Weg zum Paternsattel einige Neuschneelawinen überdeckt hatten. Und ich sah...

»Fritzerl, schau schnell! Das Frankfurter Würstl!«

Das Frankfurter Würstl ist eine etwa zehn Meter hohe Felssäule nahe der Dreizinnenhütte. Es ist ein markantes Felsgebilde, ein oft erkletterter und fotografierter Hüttenzapfen – aber eben nur ein Zapfen und nicht mehr.

Aber da war das Frankfurter Würstl bereits wieder in dem Schneesturmvorhang verschwunden. Und für uns war es höchste Zeit geworden, die Aufstiegsspur für den Abstieg wiederzufinden. Sie war bereits vom Wind verweht.

Weiter unten fetzte uns eiskalter Regen ins Gesicht. Unser sogenannter »Regenschutz« ließ das Wasser durch wie ein Sieb; wirklich bis auf die Haut naß erreichten wir wieder Sexten.

An dem Elektroofen in unserem Zimmer trockneten wir das nasse Zeug. Ich hatte vorher noch eine Flasche Rotwein gekauft, und den tranken wir zu den Broten mit Mortadella und Käse.

Fritzerl: »Ich hab mich so darauf gefreut, das alles da oben wiederzusehen... die Drei Zinnen... und überhaupt die ganze Gegend, in der wir damals herumgestrolcht sind...«

Ich sah uns noch immer unter dem Vordach der Zinnenhütte stehen... weit und breit die einzigen Menschen. Jetzt gehörten sie mir wieder, die Drei Zinnen, auch wenn sie für uns unsichtbar geblieben waren. Ich tröstete Fritzerl: »Immerhin haben wir das Frankfurter Würstl gesehen!«

Dolomitenland

Mein Freund Zinto hatte Sorgen...

Als Bürger von Cortina d'Ampezzo genießt Dr. Zinto Ghedina wohl viele Begünstigungen, andererseits muß er auch etwas für die Allgemeinheit tun. In diesem Jahr hatte er (Diplomkaufmann und Verleger) die Oberaufsicht über das gesamte Rindvieh und die Schafe der Gemeinde.

Zintos Problem: Kitty und John. Vor ungefähr 20 Jahren hatte sich die Amerikanerin Kitty – Tochter reicher Leute – beim Skilaufen in Cortina das Bein gebrochen und lag im Spital. John – ebenfalls Amerikaner – hatte von dem Unfall gehört und besuchte seine Landsmännin (oder: Landsfrau?) im Spital.

Kitty und John wurden ein Liebespaar. Es war die große Hippiezeit, und in einem uralten Volkswagen gammelten sie kreuz und quer durch Europa. Als sie kein Geld mehr hatten, kamen sie nach Cortina zurück. John lernte Kühe melken und wurde Kuhhirte der Gemeinde. Kitty blieb das Hippiemädchen, das den ganzen Tag lieber zu den Wolken am Himmel hinaufschaute als etwas zu tun. Bis das John schließlich zu dumm wurde und er im Vorjahr eine Italienerin fand, die ebenfalls arbeitete.

Jetzt, im Juni 1984, hauste Kitty in einer Almhütte unterhalb des Tre-Croci-Passes, wußte aber, daß sie die Hütte bis 10. Juni verlassen mußte, weil an diesem Tag John mit seiner Italienerin und dem gesammelten Rindvieh von Cortina heraufkam. Am 9. Juni fuhren wir mit Zinto hinauf zur Alm. Die Hippiefrau hatte es verstanden, die Hütte in einen Saustall zu verwandeln, in dem man keinen Schritt tun konnte, ohne auf ein Kleidungsstück oder eine leere Konservendose zu treten.

Zinto hatte einen Brief der Eltern von Kitty bekommen, in dem diese die Bewohner der Gemeinde Cortina baten, ihre Tochter nicht zu unterstützen, damit sie endlich nach Hause zurückkehre.

Kitty, eine sehr zarte und irgendwie hilflos und verloren wirkende Frau: »Ich werde morgen von hier fortgehen. Aber ich bleibe in Cortina. Ich kann woanders nicht mehr leben.«

Auf dem Fußboden lag auch ein aus Holz geschnittenes Herz mit der eingebrannten Inschrift: »Kitty + John«.

Nachher besuchten wir noch den Schafhirten der Gemeinde, den Kalabrier Domenico Caruso. Es gibt so gewisse Vorstellungen: Die Amerikaner sind sauber, die Süditaliener sind schmutzig. Der Fußboden in Signor Carusos Almhütte war so blitzsauber, daß man auf ihm ohne weiteres Polenta essen hätte können.

Der 10. Juni war der Pfingstsonntag. Die Wintersaison war schon zu Ende, die Sommersaison hatte noch nicht begonnen – Cortina d'Ampezzo gehörte ganz den Einheimischen, den Ladinern.

Auch mein Freund Zinto ist Ladiner. Ich hatte ihn kennengelernt, als er in Wien studierte. Er war der erste Ladiner, mit dem ich näher bekannt wurde, und natürlich wollte ich von ihm alles über die Ladiner erfahren. Ob auch er glaube, daß seine Urahnen von den Römern ins Bergland verdrängte Italiker seien? Ob in der ladinischen Sprache tatsächlich noch vorrömische Wortstämme stecken? Zinto hatte damals nur gelächelt und gesagt: »Genau weiß ich eigentlich nur, daß ich ein Ladiner bin!«

Die Ladiner sind ein sehr selbstbewußtes Volk. Mitte des 19. Jahrhunderts wollten die Cortinesen neben ihrer Pfarrkirche einen Campanile erbauen, und dieser sollte noch höher werden als der auf dem Markusplatz von Venedig. Die Behörde war jedoch dagegen, fand den Baugrund nicht fest genug dafür. Und wie man jetzt an dem dann gebauten, nur 76 Meter hohen Campanile sehen kann, hatte eine Behörde ausnahmsweise einmal recht gehabt – der Turm ist schief!

An diesem Pfingstsonntag sahen wir noch viele Frauen in der Tracht. Und nach der Messe sahen wir eine Frau in einem besonders schönen Kleid durch eine blühende Wiese bergauf gehen, und diese Frau wollte Fritzerl fotografieren. Aber das war gar nicht einfach, denn diese Frau zog so zügig den Wiesenweg hinauf, daß wir fast rennen mußten, um sie einzuholen…

Es war Signora Emma Lacedelli, die wir schließlich doch noch eingeholt hatten – eine Tante des berühmten Lino Lacedelli, der im Himalaya als erster den K 2 erstiegen hat. Und diese Frau, die flott wie ein junges Mädchen den Berg hinaufspazierte, war 86 Jahre alt!

Als Frau Lacedelli tatsächlich noch ein junges Mädchen war, hatte es ein Ereignis gegeben, das sie jetzt noch in der Erregung der Erinnerung rot werden ließ – sie hatte in Cortina mit dem österreichischen Kaiser Karl Arm in Arm getanzt!

Wir fragten sie nach dem Geheimnis ihres blühenden Aussehens und ihrer Vitalität. Frau Lacedelli lachte und sagte: »Kein Geheimnis! Man muß nur viel arbeiten und viel gehen!«

An diesem wunderschönen Pfingstsonntag waren alle Berge rund um Cortina klar zu sehen, und ich dachte an meinen alpinen Lehrmeister Hans Schwanda, der seit meinem 17. Lebensjahr auch mein Freund und Bergkamerad war. Zuletzt waren wir gemeinsam in Cortina gewesen, als wir die Croda rossa (3139 m) ersteigen wollten…

Fritzerl und ich waren schon einmal an diesem Berg abgeblitzt, weil noch zuviel Schnee lag und wir in der beinhart gefrorenen Schlucht zur Scharte hinauf ohne Pickel und Steigeisen keine Chance gehabt hatten.

Als wir zwei Jahre später mit Schwanda und Ernst wiederum zur Biwakschachtel Pia Helbig dall'Oglio aufstiegen, waren die Dolomitenberge aper. Zu aper! Wir hatten kein Wasser mitgenommen, weil wir fest daran geglaubt hatten, in dem Kar noch Schneefelder zu finden. Und da standen wir nun mit heraushängenden Zungen vor der Biwakschachtel, und weit und breit war kein Fleckerl Schnee zu sehen, das wir auf unseren Gaskochern hätten schmelzen können. Voll Grausen sah ich mich schon noch einmal ins Tal hinunterlatschen, um Wasser zu holen.

38

Doch da sagte Schwanda: »Kinder, ich glaub', der alte Petrus im Himmel will uns helfen!« Tatsächlich, hinter der Tofana wurden Gewitterwolken sichtbar.

Das war dann auch das erste Mal in unserem Bergsteigerleben, daß wir ein Gewitter sehnsüchtig näher und näher kommen sahen. Und beim ersten Blitz und Donnerschlag wurde Schwanda fast hysterisch vor Freude... »Jetzt wirds Gewitterl gleich richtig losgehen!«

Alles, was es in der Biwakschachtel an Gefäßen gab, hatten wir rund um die Biwakschachtel aufgestellt, um das Regenwasser aufzufangen, und nachdem sich das Gewitter wieder verzogen hatte, waren wir wasserreiche Leute.

Ich kochte eine Minestrone (natürlich eine Suppe aus dem Beutel), welche Schwanda hellauf begeisterte: »Diese italienischen Suppen sind einfach um Klassen besser als die unseren. Die Italiener müssen dazu ganz spezielle Gewürze verwenden. Solche Gewürze sind das A und O für jeden Gourmet!«

Schwanda war dann weniger begeistert, als er feststellen mußte, daß auch der original Ceylontee diesen »speziellen Gemüsesuppengewürzge-schmack« hatte. Es war das Aroma des vom Regen abgewaschenen Schutz-anstriches der Biwakschachtel!

Schon zeitig am Morgen des nächsten Tages stiegen wir über die Gratrippe rechts von der großen Schlucht höher. Wir hatten einen unbändigen Auftrieb. Steilere Felsen über uns; wir begannen in die Schlucht zu queren. Und da pfitschte weit weg von uns ein Steinchen durch die Luft, schlug auf, schnellte als Querschläger durch die Luft und traf Fritzerl am Kopf.

Die blutende Platzwunde war schnell verbunden, aber bleich und mit Schädelbrummen hockte Fritzerl auf dem Boden. »Also, Burschen, wir zwei gehen zurück. Grüßt den Gipfel von uns!« sagte ich zu Schwanda und Ernst.

Doch Schwanda schaute mit unruhigen Augen in die Gegend. »Ich weiß nicht, was das ist – aber ich mag heut auch nicht mehr auf den Gipfel ge-hen!« sagte er.

»Wegen dem blöden Steinchen?«

»Net wegen dem blöden Steinchen! Mich freut's jetzt einfach nicht mehr!«

Wir blieben noch fünf Minuten sitzen, dann begannen wir die Gratrippe wieder abzusteigen. Plötzlich ein lauter Knall und gleich darauf ein schreckliches Getöse... ein Stück Croda rossa war abgebrochen, und Wa-genladungen von Steinen polterten und schlugen durch die große Schlucht herab... Wir wären inmitten dieser Schlucht gewesen, wenn nicht das klei-ne Steinchen Fritzerl getroffen hätte!

»Die größte Kunst beim Bergsteigen ist, daß man dabei auch alt wird!« war einer von Schwandas Aussprüchen. Seinen 75. Geburtstag haben wir noch am Mittellegigrat des Eiger gefeiert; 1983 ist er im Alter von 79 Jahren gestorben.

Am Pfingstmontag verließen wir wieder Cortina.

Leider gibt es zum Falzaregopaß hinauf keinen durchgehenden Fußweg. Und als wir wieder einmal ein Stück auf der Straße dahinzogen, hupte ein Autobus, und der Chauffeur rief uns zu: »Wollt ihr mitfahren?«

Natürlich wollten wir. Kaum hatten wir Platz genommen, fragte mich der Chauffeur, ob ich mich in dieser Gegend ein wenig auskenne. Der Reiseleiter sei nämlich krank geworden und jetzt fahre er mit einem halben Hundert Schwaben durch die Landschaft und weder er noch ein anderer wisse, wie die Berge alle hießen, die es da so gebe.

Ich schnappte mir also das Mikrofon und begann zu erzählen. Was mir nicht schwerfiel, weil ich in den Dolomiten nicht nur viel geklettert bin, sondern auch Bücher über die Dolomiten geschrieben habe.

Am Falzaregopaß bekam ich dann bereits ein konkretes Angebot: Ich solle als Reiseführer bei der Gruppe bleiben, Unterkunft und Verpflegung wären frei.

Hinten im Bus sagte eine Frau zu ihrem Mann: »Dieser Wiener weiß wirklich viel!«

Der Mann wußte auch warum: »Ich glaube, der hat vorher schon einmal ein Buch über die Dolomiten gelesen!«

Von Andraz stiegen wir zum Col di Lana auf. Er war im Ersten Weltkrieg ein heißumkämpfter Berg, und als ihn die Italiener im Sturmangriff nicht erobern konnten, bohrten sie von unten her einen Stollen und sprengten die österreichische Gipfelbesatzung in die Luft.

Von allen Seiten haben wir bei unseren Dolomitenklettereien immer wieder den Col di Lana gesehen, und irgend etwas ist an dem Berg, das ihn unheimlich erscheinen läßt. Ist das nur das Wissen um seine blutige Geschichte?

Jedenfalls: Auch die Ersteigung des Berges war anders als die jedes anderen Berges. Ich war im letzten Krieg Soldat gewesen, hatte auch die Monte-Cassino-Schlacht als Gebirgsjäger überlebt, und da am Col di Lana spürte ich – und ein solches Gespür kann nur ein Frontsoldat haben – noch immer den Tod.

Und auf dem Weg zum Gipfel schaute ich weniger auf den Weg, sondern sah nur gute oder weniger gute Deckungsmöglichkeiten. Ich ging einen markierten Weg und dachte wie ein Alpinsoldat im Jahre 1916 vor einem der wieder vergeblichen Gipfelangriffe.

Der Gipfel des Col di Lana ist eigentlich nur der Rand eines riesigen Sprengkraters.

Ein Ehepaar aus Bayern mit seinen Kindern kam nach... »Bergheil!«

Mir war nicht nach »Bergheil!« zumute. Da ist nämlich etwas, was ich bis zum heutigen Tag noch nicht begriffen habe. Damals im April 1916 schlugen die Frontoffiziere vor, den Gipfel vor der Sprengung zu räumen und verpflichteten sich, diesen nach der Sprengung sofort wieder zu besetzen. Doch das österreichische Oberkommando lehnte das Angebot ab, ließ bewußt 110 Menschen von der Sprengung zerfetzt in die Luft fliegen, um am Kartentisch das Prestige zu bewahren.

Diese armen Soldaten mußten den sogenannten »Heldentod« erleiden. Die Generäle haben den Krieg überlebt, sind als ehrenwerte Männer in den Ruhestand gegangen und in Frieden gestorben.

Bis nach Pralonga war die Welt noch in Ordnung. Aber dann begann es...

Liftstützen auf den Wiesen, zu Pisten ausgebaggerte Trassen, in deren Schlamm unsere Bergschuhe tief einsanken, Dosen, Plastikbecher überall.

»Hat es da geschneit?« – Nein, es hatte nicht geschneit, wir waren nur auf einer Lifttrasse unterwegs, und der »Schnee« waren die achtlos fallengelassenen Papiertaschentücher der Liftbenützer, die nun im Frühsommer mit dem herausbrechenden Gras zu einer undefinierbaren Masse verschmolzen waren.

Wir waren in einer gigantischen Müllhalde unterwegs nach Corvara.

1955 hatte ich in meinem Buch »Dolomitenland« über Corvara geschrieben: »Es ist ein kleiner Ort mit einer schönen Kirche aus dem 15. Jahrhundert, der inmitten eines weiten Wiesenbeckens liegt und über dem in edler Form der Riesenklotz des Sass Songher aufstrebt. Weite Wiesen und ein Berg, dessen Anblick immer wieder aufs neue fasziniert – mit Recht wird Corvara als einer der schönsten Wintersportplätze der Dolomiten gerühmt.«

In Colfuschg trafen wir Mathias wieder. Er war einmal Pächter eines Bauernhofes von Zinto Ghedina in Cortina gewesen. Und was ich nie vergessen werde, war das: Wenn der Mathias um fünf Uhr früh auf die Felder ging, da sang er ein Lied, und wenn er um neun Uhr abends müde nach Hause kam, da sang der Kerl noch immer oder summte zumindest ein Lied.

Später hatte sich Mathias selbständig gemacht und einen Gasthof in Colfuschg gepachtet. Jetzt ist der Gasthof ausgebaut, und der Mathias ist ein richtiger Hotelchef geworden...

»Mathias«, fragte ich ihn, »singst du noch immer von morgens früh bis spät am Abend?«

»Singen?« sagte er und kniff seine Augen zusammen, als ob er in eine helle Sonne schauen würde, »nein... singen tu ich schon lang nicht mehr!«

Im Sellajochhaus hörte ich einmal einen Bergsteiger sagen: »Das Schönste an den Dolomitenkletterreien ist, wenn man nach der Tour die Tour von unten anschaut... da schaut alles so kühn aus!«

Diesmal konnten wir alle die kühnen Dolomitenkletterreien nur von unten anschauen... auch den hellen Fleck an der Großen Tschirspitze über dem Grödnerjoch, wo einmal der Adangkamin war.

Er zählte einst zu den berühmten Modetouren, und bis zum Ersten Weltkrieg galt sein Überhang als eine der schwersten Kletterstellen der Dolomiten. In seinem Buch »Alpinismo acrobatico« beschreibt Guido Rey, wie im

Jahre 1910 der große Dolomitenführer Tita Piaz diese Stelle bezwang: »Piaz steigt auf Joris Schultern, packt mit der rechten Hand den Felsen und hängt plötzlich an ihm, einen Ellbogen an die Wand gepreßt, ein Knie im Riß. Man sieht nicht, daß er weiter kommt. Schon krümmt sich sein Rücken und er droht auszufallen. Einen Augenblick habe ich geglaubt, der Überhang ist stärker als er. Doch plötzlich hat er mit der anderen Hand einen hoch oben verborgenen Griff, den nur er kennt, gepackt und mit einem blitzschnellen, katzenartigen Ruck ist er droben.«

1960 erschien Walter Pauses Alpinbestseller »100 Genußklettereien in den Alpen«. Eine davon war der Adangkamin, der »Muster-Turnkamin«. Er bekam bald viel Besuch. Denn mit Pauses Buch in der Hand begannen nun viele Bergsteiger mit dem Sammeln der »100 Genußklettereien«. (Wir Wiener Bergsteiger waren anfangs etwas verwundert, als auf unseren Lieblingswegen – Richterweg am Schneeberg und Preinerwandplatte an der Rax – mit einem Mal auch Kletterer aus Deutschland anzutreffen waren. Neue Freunde unserer Hausberge? Es waren Sammler von Pause-Touren, die mit den zwei letzten Genußklettereien im Osten der Alpen ihre Sammlung vervollständigen wollten!)

Im Adangkamin zeigte sich zu dieser Zeit bereits ein sonderbares Phänomen. Nach einem Regen quoll nachher noch tagelang Wasser und feiner Schlamm aus den Ritzen und Spalten des Kamins, so daß er dann fast unbegehbar war. Das hatte es früher nicht gegeben. Das waren Vorzeichen...

...denn bald kam der große Krach und die rechte Wand des Kamins löste sich vom Berg und rumpelte in die Tiefe. Der Adangkamin war dahin.

Unter den Pausetouren-Sammlern ist dann der in die Tiefe gerumpelte Kamin zu etwas Ähnlichem geworden wie die Blaue Mauritius unter den Briefmarkensammlern... »55 Pause-Genußklettereien hab ich bereits – und der Adangkamin ist auch noch dabei!«

Der 2174 Meter hohe Puflatsch ist ein Randgipfel der Seiseralm, und die Aussicht zählt zu den schönsten des Dolomitenlandes. Einige Schritte unterhalb des Gipfels ist eine Art Steinpflasterung, die jedoch nicht von Menschenhand stammt, es sind die Köpfe von basaltsäulenähnlichem Augitporphyrit. Und am Rande dieses seltsamen »Naturpflasters« sind zwei schöne Sitze mit Armlehnen in den Fels geschnitten – die »Hexensessel«. Von ihnen kann man – wie der Südtiroler Heimatforscher Georg Innerebner schrieb – »in fürstlicher Weise das ganze Land zu Füßen überschauen«.

Der »Hexensessel« auf dem Puflatsch (2174 m) am Rande der Seiseralm.
Dieser alte Kultsitz ist auch ein Beweis für das Naturgefühl der
Berglandbewohner vergangener Zeiten.

Aber auch am Fuße des Puflatsch gibt es mitten im Wald über Kastelruth einen Steinthron mit zwei Sitzen – die »Hexenstühle«. Diese »Hexensessel« und »Hexenstühle« gehören zu den eindrucksvollsten Steindenkmälern der Vorzeit in den Alpen. Und mögen sie auch nicht so monumental sein wie die Pyramiden Ägyptens, so haben auch sie ihre scheinbar unlösbaren Geheimnisse.

Fritzerl war happy, als sie sich in den »Hexensessel« setzte. Denn knapp zuvor hatte sie sich auf dem Weg über die Seiseralm (der an schönen Tagen von etlichen tausend Dolomitenwanderern begangen wird) kurz gebückt und eine prachtvolle steinzeitliche Pfeilspitze aus dem Boden gezogen. Sie hatte damit im wahrsten Sinn des Wortes einen Beweis in der Hand, daß schon der Steinzeitmensch auf der Seiseralm war. (Übrigens: Eine solche Pfeilspitze wurde auch bei den Ausgrabungen 1945/1947 auf dem Schlernplateau gefunden.)

Bleibt die Frage, was diese »Hexensessel« und »Hexenstühle« einmal bedeutet haben. Noch einmal der Heimat- und Urgeschichtsforscher Innerebner: »Alle die vielen in unserem Lande vorkommenden Hexenplätze erweisen sich früher oder später als ehemalige Vorzeitstätten.« Für unsere »Hexenstühle« und »Hexensessel« findet sich vielleicht ein Schlüssel für eine Lösung des Rätsels in dem sogenannten »Herzogstuhl« im Gebiet der alten Keltensiedlung und späteren Römerstadt Virunum bei Klagenfurt.

Dieser »Herzogstuhl« ist ebenfalls ein Doppelsitz, der aus Steinfragmenten der antiken Stadt im 9. Jahrhundert zusammengefügt wurde. Dazu gibt es aus dem 14. Jahrhundert einen schriftlichen Bericht über den damals schon »uralten Brauch«, dem sich jeder Landesherr von Kärnten zu unterwerfen hatte, um wirklich Landesherr von Kärnten zu werden: Er mußte sich auf dem »Herzogstuhl« niedersetzen, und erst dann, wenn er das getan hatte, galt er als rechtmäßiger Herrscher über das Land.

Solch ein Thron oder ein ganz bestimmter Sitz hatte einst ja eine weit größere Bedeutung als in unserer Zeit, in der die meisten der noch vorhandenen Throne schon etwas wanken. So kann man sich vor dem »Hexensessel« hoch oben auf dem Puflatsch recht gut vorstellen, daß hier einst ein Stammesfürst bei speziellen Anlässen Platz nahm, um sein Land zu überschauen. Anders ist dagegen die Situation bei den »Hexenstühlen« im Wald oberhalb von Kastelruth. Diese stehen an einer keineswegs markanten Stelle, und so hat auch die andere Hypothese ihre Berechtigung, daß diese »Hexenstühle« und »Hexensessel« einst religiöse Kultsitze waren.

Schnappschüsse von uns Alpenspaziergängern.
Oben: *In den Meeralpen, schon ziemlich am Ende unserer Wanderung (aber nicht der Begeisterung für dieses Abenteuer!).*
Unten links: *Im »Maibachl« bei Villach.*
Unten rechts: *Im Lesachtal.*

Lange saßen wir in dem Hexensessel und überschauten »in fürstlicher Weise« das Land. Noch vor einigen Tagen hatte es am Puflatsch eine geschlossene Schneedecke gegeben, jetzt kamen bereits die ersten Spitzen von Kuhschellen zum Vorschein.

Tiefer unten fanden wir dann die Wiesen bereits übersät von blauem Enzian.

Und ganz tief unten im Eisacktal hingen schon die ersten roten Kirschen an den Bäumen.

Die »Stoanernen Mandlen«

In Oberbozen faulenzten wir zwei Tage. Wir waren dort wohl auch von früh bis abends unterwegs, aber ohne unsere Rucksäcke hatten wir das Gefühl, wie Englein durch die Gegend zu schweben...

»Roarer Windspiel« heißt eine Kuppe nahe von Wolfsgruben, auf der sich einst eine prähistorische Wallburg befand. Und nahe von ihr steht im Wald der »Heidnische Opferaltar«. War es einer? Neben einem liegenden Felsblock mit ziemlich ebener Oberfläche steht ein aufrechter Stein, der möglicherweise auch von Menschenhand aufgerichtet worden sein kann. Ein darin eingeschlagenes Kreuz beweist jedenfalls, daß man auch schon früher in dieser Anlage etwas Mysteriöses sah, das mit dem Kreuzzeichen gebannt werden mußte. In Wolfsgruben promenierten die Sommerfrischler in Scharen dahin, da oben am »Roarer Windspiel« war eine Stille weit aus der Zeit.

Und natürlich zog es uns immer wieder zu den Erdpyramiden. Bilder von ihnen hatten wir schon unzählige gesehen. Doch als wir dann aus dem Waldpfad ins Freie kamen und unter uns diese bizarren rotgelben Nadeln mit den schweren Felsbrocken darauf sahen, hatten wir das Gefühl, in einem Disneyland zu sein.

Es gibt Erdpyramiden bei Oberbozen und Erdpyramiden bei Klobenstein. Und die Oberbozener wie die Klobensteiner stehen nun in einem kleinen Konkurrenzkampf über die Frage, welche Erdpyramiden die schöneren seien...

Die Erdpyramiden bei Oberbozen sind bizarrer und bunter. Die Erdpyramiden bei Klobenstein sind interessanter, weil dort die alte »Kaiserstraße« – einer der ältesten Wege nach Rom – an einem Abbruch über einem Erdpyramidenfeld endet. Woraus man ersehen kann, daß diese großen Naturwunder nicht in einem Zeitraum von Jahrtausenden, sondern in wesentlich kürzerer Zeit entstanden sind.

Als Fremde haben wir die Frage nach den »schöneren Erdpyramiden« immer salomonisch beantwortet... in Oberbozen waren es die von Oberbozen, in Klobenstein die von Klobenstein.

Als wir in Klobenstein einen Espresso schlürften und uns dann so nebenbei die freundliche Kellnerin fragte, welche Erdpyramiden uns besser gefallen hätten, antworteten wir gleichzeitig und wie aus einem Munde: »Die von Klobenstein!«

»Ach so... glaubt ihr?« sagte die Kellnerin etwas weniger freundlich.

Am Abend sahen wir sie wieder. Sie war eine Oberboznerin, die nur in Klobenstein arbeitete.

Das schönste am Rittner Horn (2260 m) ist der Name... Rittner Horn! In Wirklichkeit ist es ein Kuhberg. Wirklich!

Schon beim Aufstieg zum Unterhornhaus hatten wir einen Slalom durch Hunderte von Rindviechern ziehen müssen. Und am späten Nachmittag kamen sie uns nach...

Wüstes Peitschenknallen und Geschrei der Hirten. Und immer wieder Rindviecher, die eine jähe Kehrtwendung machten und dann zurück und talwärts trotteten.

Das Jahr 1984 war eben ein lausiges Jahr und da oben am Rittner Horn gab es noch kein frisches Gras, sondern nur von den Schneemassen niedergedrückte gelbe und garstig harte Botanik vom Vorjahr. Und bis zu diesem Tag hatte ich immer geglaubt, daß nur Behörden unsagbar dumm und stur sein können. Aber das – so mußte ich an diesem Tag feststellen – können die Berglandbewohner auch.

Weil man schon immer das Vieh Mitte Juni auf die Hochalm getrieben hatte, so trieb man es auch in diesem Jahr hinauf. Mit Gewalt...

Die Wirtin vom Unterhornhaus schaute eine Weile dem Treiben und den ausbrechenden Tieren zu und sagte dann: »Da sieht man halt wieder, daß das Viech instinktmäßig viel gescheiter ist als der Mensch!«

Er ist genau 2000 Meter hoch, der Große Reisch, und er ist einer der seltsamsten Alpengipfel. Auf ihm steht nicht ein Steinmann – auf und um ihn stehen Hunderte Steinmänner in allen Größen! Wir haben sie zählen wollen... bis 200 sind wir gekommen, dann haben wir es aufgegeben. Unter dem Namen »Stoanerne Mandlen« ist der Berg im ganzen Land bekannt.

In vergangener Zeit galten die »Stoanernen Mandlen« als ein Versammlungsort von Hexen und Unholden. Er scheint auch in den heute noch erhaltenen Prozeßakten der berühmten Pacherzottl auf, die im Jahre 1540 im Sarntal verbrannt wurde. Unter der Folter gestand die arme Frau, bei den »Stoanernen Mandlen« mit anderen Hexen getanzt und mit dem Teufel gebuhlt zu haben.

In seiner 1936 erschienenen Studie »Erdmutter und Hexe« versucht Anton Mayer den alten Erdmutterglauben als Element des Hexenglaubenkomplexes herauszustellen. Ursprünglich trat der Glaube an die Erdmutter als Vegetationskult in Erscheinung, dessen Zeremonien von Frauen vollzogen wurden. Nach Erlöschen des offiziellen Kults wurde er von manchen Frauen trotzdem noch fortgeführt, wobei er aber immer mehr absank, und aus den Priesterinnen im Volksglauben die Zauberinnen und Hexen wurden. So könnte unser Berg schon in der Vorzeit ein Kultberg gewesen sein, den man dann später zum Hexenplatz verteufelte.

Der Südtiroler Heimatforscher Luis Oberrauch meint: »Der tiefere Grund für den Ruf dieses Hexenberges ist wohl im Dunkel der Vorzeit zu suchen, denn der Vermutung nach dürfte es sich bei den Steinernen Manndlen um eine uralte Schicksalsbefragungsstätte handeln. Es ist im Sarntal heute noch so, daß, wenn die Kinder recht ›mure‹ sind, das heißt, ständig fragen: ›Muatar, was kriag miar denn heint zin essn?‹, die also Angeredete antwortet: ›Geaths aufi und fragts die Stoanernen Manndlar!‹ Aus diesem Bescheid weht ein vorzeitlicher Brauch in unsere Zeit herein und so ist es wohl erklärlich, daß so mancher Geschichtsfreund diesem Berg mit seinen versteinerten Gestalten besondere Aufmerksamkeit widmet.«

Schon vor mehr als 100 Jahren schrieb der Völkerkundler und Geograph Richard Andree: »In der Errichtung von Steinehaufen haben wir die älteste und ursprünglichste Form aller Monumente zu erblicken. Sie sind zunächst Erinnerungszeichen an irgendeine auf ihrer Stätte vorgefallene That, gleichviel ob gut oder böse, ein Zeugniss für dieselbe zur Überlieferung an künftige Geschlechter. Aber nicht bloss Thaten sollen durch diesen Brauch verewigt werden, sondern auch Personen, und so werden denn Gräber mit diesen Steinhaufen geschmückt, wobei das allmähliche, opfernde Herzutragen der Steine durch verschiedene Personen zu verschiedenen Zeiten das Charakteristische bleibt. Auch als Male der Dankbarkeit treten uns diese Steinhaufen entgegen, errichtet von Wanderern, welche, nach zurückgelegter, gefahrvoller Reise, sei es in Wüsten, sei es im Hochgebirge, sie als Ausdruck des Dankes der Localgottheit widmen, zugleich aber als Zeichen für ihre Nachfolger auf mühevollem Wege, der dadurch erleichtert wird, so dass hiermit der Steinhaufen gleichsam als Wegweiser erscheint. An sich ist er jedoch stets als Opfer aufzufassen und zwar als das billigste, einfachste und bequemste, welches sich darbietet, indem der Wanderer nur einen Stein vom Wege aufhebt, um ihn, frommen Sinnes, zu bereits vorhandenen hinzuzufügen. Je länger der Brauch durch Geschlechter hindurch fortgesetzt wird, desto mehr verdunkelt er sich; der ursprüngliche Sinn und Inhalt geht verloren, wenn auch die mechanische Ausübung noch fortgesetzt wird.«

Uns faszinierte an den »Stoanernen Mandlen«, daß sie fast so etwas wie Lebewesen sind. Sie wurden weiß Gott wann errichtet, wurden später vom Blitz zerschlagen oder vom Sturmwind umgeworfen; ein anderer Mensch kam, nahm die Steine, baute ein neues Mandl, und wenn auch dieses zerfallen war, kam wieder ein anderer Mensch und so weiter und so weiter... ein Kreislauf!

Als der Heimatforscher Oberrauch vor Jahren einen älteren Hirten auf der am Südfuß des Berges liegenden Möltner Alm fragte, warum die »Stoanernen Mandlen« immer wieder neu aufgerichtet werden, erhielt er die Antwort: »Weils immer so g'wösen ischt!«

Wir hatten gelesen, daß die Sarntaler noch sehr an ihrem Brauchtum hängen und auch heute noch gerne ihre alten Trachten tragen. Wir waren um die Zeit des Fronleichnamsfestes in den Sarntaler Alpen und wollten eigentlich bei einer Fronleichnamsprozession dabei sein. Schon in Oberbozen hatten uns die Urlauber gesagt, daß wir die besonders schöne Fronleichnamsprozession von Durnholz nicht versäumen sollten.

Nachdem uns das auch noch unterwegs einige Dutzend Urlauber geraten hatten, stellten wir uns die Fronleichnamsprozession von Durnholz so vor: Etwa 200 Sarntaler in ihrer Tracht und rundherum 2000 Fremde mit Fotoapparaten, die knipsen, knipsen, knipsen...

Wir haben auf die Fronleichnamsprozession verzichtet und gingen schnurstracks nach Meran.

Wenn ich das Wort Folklore höre, dann denke ich immer an so Dinge wie ein Plastikedelweiß »Made in Hongkong«...

Einmal trafen wir beim Aufstieg zu einer Schutzhütte einen Musikstudenten aus dem Rheinland, der seine Ferien in dem Sommerfrischenort unten im Tal verbrachte. So hoch wie an diesem Tag war er noch nie in seinem Leben »aufgestiegn«.

Ganz begeistert war er dann auf der Alm von dem weidenden Vieh. »Wenn man diesen Kühen zuschaut, wie sie das saftige Gras fressen, dann versteht man, warum hier die Milch so gut ist!« – Diese Kühe waren allerdings Jungstiere!

Als wir die »grünen Büsche« (der Weg führte durch ein Latschenfeld) hinter uns hatten, begeisterte sich unser junger Freund sehr an der Aussicht. Ob die Berge hier alle schon von Menschen erstiegen worden seien?

Gerne wäre er dann noch in der gemütlichen Schutzhütte länger geblieben, um »einmal einen richtigen Sonnenuntergang und Sonnenaufgang im Gebirge zu erleben«, aber er mußte schon am Nachmittag wieder ins Tal absteigen, weil... unten ein Mädchen wartete?

Kein Mädchen! Aber da der Rheinländer sich in den Ferien auch ein wenig Geld verdienen mußte, wirkte er an Samstagabenden immer trompetenblasend und als sakrisch schneidiger Älpler kostümiert beim »Großen Heimatabend« des Fremdenverkehrsvereines mit.

Auf unserem Alpenspaziergang waren wir am Fronleichnamstag in Dorf Tirol bei Meran. Ein echter Tiroler in seiner »schmucken Tracht« (mit einem Andreas-Hofer-Hut und einem breiten Gurt um den mächtigen Bauch) hielt wacker den Kameras der fotografierenden Fremden stand. Bevor er jedoch zum Festplatz ging, verdrückte er sich noch schnell in den Schatten einiger Bäume und sagte dort:

»Das Höllische an der Tracht ischt, daß man in ihr halt nit ein Zigarettl rauchen kann!«

Unser Tiroler wußte genau, was sich ein Trachtenmann leisten darf und was nicht. Nachdem er keinen Fremden mit Kamera in der Nähe sah, zündete er sich schnell mit einem Gasfeuerzeug eine Filterzigarette an.

Sonnenkultstätte Pfitschersattel

Von dem 1894 in Meran geborenen Facharzt für Frauenheilkunde und Geburtenhilfe Dr. Franz Haller wird gesagt, daß zwischen dem Reschenscheideck und Meran einige Generationen leben, denen er auf die Welt geholfen hat.

In einer Meraner Buchhandlung hatten wir erfahren, daß Dr. Haller nur so um zwei Ecken weit wohne. Wo genau? »Fragens nur die Leut dort, da zeigt Ihnen jeder das Haus!«

So war es auch. Aber wir wollten nicht den Frauenarzt aufsuchen, sondern den Amateurarchäologen und Verfasser des Buches »Die Welt der Felsbilder in Südtirol. Schalen- und Zeichensteine« kennenlernen.

»Schalensteine nennt man Felsen und Steine, die künstliche Vertiefungen zeigen in Form meist kreisrunder Schalen. Durch die Exaktheit ihrer Ausführung sind diese Vertiefungen leicht von natürlicher Gesteinserosion zu unterscheiden«, definiert Dr. Haller in seinem Buch den Begriff Schalensteine.

Für mich sind diese Schalensteine eines von den vielen Mirakeln dieser Welt. Und es gibt sie auch in allen Erdteilen.

Keilschrift und Hieroglyphen wurden entziffert, vom Leben der Menschen vergangener Zeiten weiß man in vieler Hinsicht schon so viel, als ob sie gestern gelebt hätten, eine Radiokarbonmethode zur Altersbestimmung von Gegenständen aus organischen Stoffen ist erfunden worden, aber warum der Mensch schon seit Jahrtausenden (Europas ältester Schalenstein ist mindestens 50 000 Jahre alt!) solche Schalen formte, das ist noch immer eine Frage ohne sichere Antwort.

Dabei sind Schalensteine keineswegs nur Kultobjekte aus prähistorischer Zeit, wir fanden während unseres Alpenspazierganges auch wunderschöne ausgeriebene Schalen an den Quadern romanischer Kirchtürme oder an den Schwellsteinen barocker Kirchen.

Für Dr. Haller »besteht kein Zweifel, daß die Erzeugung eines Schalensteines mittels eines Reibquarzes einen kultischen Akt darstellte. Der Kreis der Schale symbolisiert hierbei die Sonnenscheibe.«

Ich selber bin bei soviel Ungewißheit allen apodiktischen Deutungen gegenüber eher etwas skeptisch. Ich könnte mir zum Beispiel vorstellen, daß das Ausreiben einer solchen Schale eine Beschwörung magischer Kräfte im »Ewigen Fels« um Fruchtbarkeit (des Menschen, der Tiere, der Felder) gewesen sein könnte. Es ist aber anzunehmen, daß die Schalen in den verschiedenen Zeiten und an verschiedenen Orten auch eine verschiedene Bedeutung hatten. So kann allein schon das Ausreiben einer Schale die Kulthandlung gewesen sein, aber auch (wie zum Beispiel an den Schwellsteinen barocker Kirchen) nur den Zweck gehabt haben, das Pulver von einem gewissen und verehrungswürdigen Stein zu gewinnen, um es – in Wasser aufgelöst – als Wundertrank im Hause zu haben. Darüber also wollte ich mit Dr. Haller diskutieren, wenn's sein sollte, auch ein bisserl streiten...

Aber dazu kam es nicht.

Es war ein wunderschöner Sonnentag, aber in der Bibliothek des Dr. Haller war es dunkel und kühl. Er begann sofort von seiner Lieblingskultstätte am Pfitschersattel zu erzählen, wo 17 Glimmerschieferplatten mit Felsgravuren, zwei aus Felsblöcken gebildete Kammern, ein Steinsitz mit dem Blick nach Osten und eine diesen Platz umgebende (leider teilweise zerstörte) Mauer zu sehen sind. Für Dr. Haller ist es ein kultischer Festplatz aus dem Neolithikum, eine Sonnenkultstätte, ein »Stonehenge von Südtirol«.

Er schilderte uns begeistert die Landschaft da oben, in der man das Gefühl habe, als wäre erst vor kurzem die letzte Eiszeit zu Ende gegangen. Und er sagte, daß er jeden Menschen beneide, dem es noch möglich ist, dorthin zu gehen. Er selber kann es nun nicht mehr.

Da konnte ich dann auch nicht mehr diskutieren, oder, wenn's sein sollte, ein bisserl streiten.

Über den Pfitschersattel (2150 m) wurden einst die Toten aus dem Hinterpasseier nach St. Peter bei Meran getragen, um dort bestattet zu werden. Am Sattel stellten die Träger den Toten ab, und während sie sich in der Almhütte labten, gossen sie in kleine Näpfchen der Felsen etwas Öl und entzündeten ein Licht. Das war die erste Deutung der Funktion der Schalensteine auf dem Pfitschersattel.

Allerdings: Viele der Schalen sind so geneigt, daß jedes hineingegossene Öl sofort wieder herausgeflossen wäre.

Als wir zum Pfitschersattel aufstiegen, mußten wir zuletzt schon durch so tiefen Schnee waten, daß wir fürchteten, den »Stonehenge von Südtirol« aus dem Schnee buddeln zu müssen.

Aber die Sonne hatte Wunder vollbracht, Dr. Hallers Sonnenkultstätte lag ausgeapert vor uns im Sonnenlicht. Natürlich waren wir sofort fasziniert von dieser Ansammlung von Steinplatten mit den unzähligen Näpfchen und Schalen. Eine nannte Dr. Haller die »Sonnenplatte«, weil sie zwei Kreisdarstellungen zeigt und diese – das dürfte wohl erwiesen sein – in alter Zeit das Symbol oder stenographische Kürzel für die Sonne bedeuteten. Aber solche Sonnensymbole finden sich fast unter allen prähistorischen Felsgravuren, und viele dieser Plätze waren bestimmt nicht ausschließlich Sonnenkultstätten. Auch am Pfitschersattel mußte ich an die Worte denken, welche der Schweizer Archäologe Ferdinand Keller schon vor mehr als 100 Jahren über die Schalensteine geschrieben hatte: »Es sind archäologische Rätsel, deren Lösung kaum je gelingen wird, es sind Hieroglyphen und Symbole, zu deren Erklärung der Schlüssel verlorengegangen und wohl nie wieder gefunden werden wird.«

Während Fritzerl zu fotografieren begann, legte ich mich faul auf eine der Platten. Und so in der Bauchlage konnte ich feststellen, daß es auf dieser Platte wesentlich mehr Näpfchen gibt, als das Auge wahrnehmen kann. »Die zahlreichen Schälchen sind großteils so flach gerieben, daß man sie

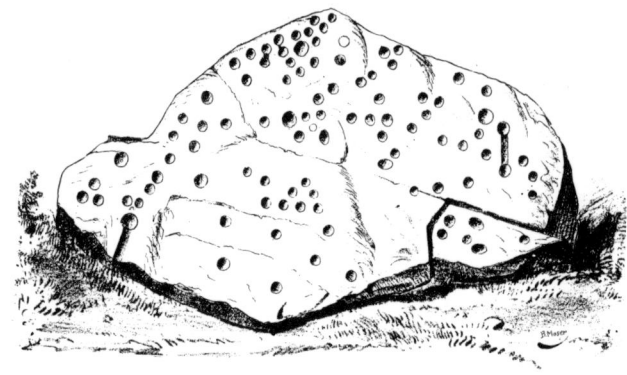

Die erste Abbildung eines Schalensteins in einer wissenschaftlichen Publikation (erschienen im »Anzeiger für schweizerische Altertumskunde«, 1883).

besser mit dem Finger fühlen kann« hatte auch schon Dr. Haller geschrieben. Das klingt unglaubwürdig, stimmt aber.

Immer wieder fuhren meine Finger über die Steinplatte... so, als könnten sie vielleicht eine Antwort auf das Schalensteinproblem ertasten.

Ein vorbeikommender deutscher Wanderer sah das Problem anders: »Mensch, wenn Sie noch lange so mit dem Bauch auf dem kalten Stein liegen, werden Sie morgen Dünnschiß haben!«

Als wir nach Dorf Tirol bei Meran gekommen waren, hatte ich Fritzerl einen kleinen Vortrag über den Unwert von manchen Bergbahnen gehalten: »Diese Hochmuter Seilbahn! Die führt doch eigentlich nirgends hin! Das ist doch nur eine unnötige Nachmittagsausflugsbahn für gelangweilte Sommerfrischler!«

Am nächsten Tag fragten wir Dr. Haller, wie man am besten zu den Schalensteinen am Pfitschersattel kommt. Er sagte: »Zu meiner Zeit war das noch eine harte Bergtour, aber jetzt gibt es die Hochmuter-Seilbahn und...«

Es war schon recht hart für mich, zwei Berg- und Talfahrten der Hochmuter-Seilbahn zu lösen, während Fritzerl still lächelnd neben mir stand.

Das war am 23. Juni, am Tag vor dem Johannestag, an dem abends die Höhenfeuer entzündet werden...

»Wenn in der Sommersonnwendnacht das Feuer still verglimmt,

Weiß jeder und das Herz ihm lacht: die Kletterzeit beginnt!«

Sonnenkultstätte – Sonnenwende – Sonnwendfeuer! Wir brannten schon darauf, diese (sozusagen als Abschluß unseres Sonnentages) brennen zu sehen.

Aber nichts brannte, nirgendwo um Meran war ein Feuer zu sehen. Große Enttäuschung. Eine resche Sommerfrischlerin aus Wien tröstete uns: »Is eh klar... jetzt sind die Fremden da und die Leut haben was Wichtigeres zu tun als solche Sponpernadln (= wienerisch für Unsinn) zu treiben!«

Zwei Tage später standen wir vor den Wandmalereien in dem kleinen Kirchlein St. Prokulus bei Naturns.

Diese stammen aus der Zeit um das Jahr 800 n. Chr. und gelten als die ältesten Fresken auf deutschsprachigem Boden. Die Gestalt eines Mannes, der zwischen zwei Seilen sitzt – der sogenannte »Schaukler« –, ist heute schon so berühmt, daß ihn viele Besucher des Kirchleins kaum noch anschauen, sondern nur fotografieren.

Uns zog die gemalte Rinderherde an der Westwand mehr in ihren Bann. So dumm dreinglotzende Viecher haben wir selbst als Karikatur noch nie gesehen. Aber trotzdem haben sie ihren Platz in dem Kirchlein gefunden, weil die Menschen von damals wollten, daß der liebe Herrgott vom Altar aus auch ihren kostbarsten Besitz stets im Auge behalten solle.

Wir sahen zwischen den eingeriebenen Schalen am Pfitschersattel und der gemalten Rinderherde von St. Prokulus das Gemeinsame: Über Zeiten hinweg sind es magische Beschwörungen des Menschen um sein Wohlergehen auf dieser Erde.

»Früher, da war der Ortler noch etwas!«

Sulden am Ortler war ein Geisterdorf. Wir standen mitten im Ort, und weit und breit war kein Lebewesen (nicht einmal ein Hund!) zu sehen.

Fünf Stunden lang waren wir auf dem Höhenweg von Prad nach Sulden unterwegs gewesen und hatten keinen Menschen getroffen, und dann war eine leere Bierdose, die der Wind über die Straßen trieb, das einzige, was sich in Sulden bewegte.

»Ihr seid unsere ersten Sommergäste!« sagte die Wirtin in der kleinen Pension, in der wir Unterkunft fanden. Sommergäste? Rund um Sulden lag noch Schnee.

Wir gingen zum Führerbüro um eine Information. Das Büro war geschlossen.

Ein braungebrannter, sportlich wirkender Mann mit dem Bergrettungsabzeichen an der Lodenjacke kam auf uns zu. »Vielleicht kann ich Ihnen helfen, ich bin der Pfarrer von Sulden.«

So lernten wir Dr. Josef Hurton kennen, den guten Geist von Sulden. Hurton, ein gebürtiger Preßburger, war in den Ort gekommen, nachdem der damalige Pfarrer 1960 knapp vor Sulden (jetzt steht ein Gedenkkreuz an der Stelle) von einer Lawine verschüttet wurde und monatelang nicht gefunden werden konnte. Bald darauf brachte der aktive neue Pfarrer Lawinenhunde nach Sulden, gründete eine Lawinenhundeschule und organisierte den Bergrettungsdienst, dessen Leiter er heute ist.

Daß Sulden heute von allen berühmten Bergsteigerorten der mit der größten Atmosphäre ist, das ist ebenfalls des Pfarrers Verdienst. Er hatte erkannt, daß das ständige Ausbauen von Fremdenverkehrsorten nur zu monströsen Alpträumen führt mit einem öden Wald von Lift- und Seilbahnstützen in der Umgebung. Er gab den Suldenern zu bedenken, daß –

wie so vieles auf der Welt – auch der Alpinismus und der Skilauf nur Erscheinungen sind, von denen kein Mensch weiß, wie lange sie anhalten werden, daß es also klüger wäre, sich nicht ganz zu verkaufen. Natürlich hat auch Sulden jetzt einige Großhotels, eine Bergbahn und etliche Lifte, aber das alles ist noch halbwegs im rechten Maß geblieben.

Pfarrer Hurton vertritt wohl die Ansicht, daß der Fremdenverkehr nicht als Übel, sondern als Gut anzusehen ist, weiß aber auch um die Gefahren, welche die Verleugnung der eigenen Art bringen kann. In seinem 1979 erschienenen Ortlerführer schrieb er: »Es gibt eine verkehrte Auffassung, und zwar: Was aus dem Auslande – besonders aus dem nördlichen Auslande – kommt, sei besser als das Bodenständige. Und dies wird oft auch bei uns in Tirol zur Norm erhoben. Man schämt sich der eigenen Art und meint, sich dem Gaste anpassen zu sollen. Das Unterhaltungsprogramm des Dorfes wird oft einer Pseudo-Volksgruppe überlassen, ihr Hauptaugenmerk ist auf das Honorar abgestimmt. Die Programmpunkte umfassen oft nur schmalzige Jodler, die von ›unentdeckten‹ Opernsängerinnen mit geschwollenem Halse in den Saal gepreßt werden, dazu vielleicht noch etliche schmalztriefende ›Volkslieder‹, die das Trommelfell mit Saccharin bestäuben, und das ganze Programm muß dann in einem Schuhplattler gipfeln, bei dem es erst dann ›tirolisch‹ genug hergeht, wenn beim Watschinger die Ohrfeigen klatschen, Zwischenrufe und Gejuchze ertönen und erneut geohrfeigt wird, bis als Endergebnis das Blut aus den Ohren rinnt. Meist toben dann die Zuschauer und verwechseln den Tirolerabend mit einem spanischen Stierkampf. Und wir schauen zu und – schweigen...

Nach dem Prinzip: ›Sie wünschen – wir spielen‹ werden Nacht-Cafés eröffnet. Sie werden hingestellt als ›vom Fremden gewünscht‹. Nach der Eröffnung stellt sich heraus, daß die Besucher fast ausschließlich Halbwüchsige des Dorfes sind. Das Dorf schafft sich eine ungesunde Atmosphäre, die zwar augenblicklich als einträglich empfunden wird, aber auf die Dauer Geist und Kultur zerstört. Umfragen unter diesen Fremden selbst ergeben, daß nur eine kleine Minderheit diese verschiedenen Einrichtungen und Veranstaltungen wünscht, daß aber die meisten in ihrem Ferienaufenthalt sich nicht das leisten können, wozu vom Ferienort aufgefordert wird.«

Wir dachten, daß die Alpen heute ein bisserl anders aussehen würden, wenn es in jedem Ort einen Pfarrer Hurton gäbe, und es freute uns, diesen Mann kennengelernt zu haben.

Verliebt waren wir in das 1871 erbaute »Hotel Post«, das heute zwar nicht mehr in Betrieb ist, aber eine kuriose Sehenswürdigkeit darstellt. Die Stadtleute hatten damals ihre Liebe zum Alpenland entdeckt, und so wurde das Haus bewußt in einem alpinen Grottenbahnstil erbaut. Man ging in diesem Älplerismus sogar so weit, den Hundehütten die Form von kleinen Almhütten zu geben. Und dann entdeckten wir noch ein Gebäude mit der Aufschrift »Eiskeller« und eine Tür, die einst in eine »Dunkelkammer« führte. Alles war da für einen Ortlerbezwinger von anno dazumal... der »Eiskeller«, in dem sein Sekt kaltgestellt war für die große Siegesfeier; die

»Dunkelkammer«, in der er die Gipfelfotos entwickeln konnte, und die Post, gleich neben dem »Hotel Post«, fürs Absenden der Siegesmeldungen. Ein alter Suldener schaute Fritzerl beim Fotografieren des Hotels zu und sagte: »Gelt, früher, da war der Ortler noch etwas!«

Der von uns geplante Übergang Tabarettahütte–Payerhütte–Berglhütte–Trafoi war infolge des vielen Schnees nicht zu machen. »In vierzehn Tagen wird eine Kompanie Alpini zunächst einmal eine Spur bis hinauf zur Payerhütte treten«, sagte man uns.

Ich hatte allerdings auf der Karte einen Weg gesehen, der uns in weniger hohem Gelände über den Monte del Toro nach Trafoi bringen könnte. »Ich bin den Weg einmal gegangen und würde ihn um nichts auf der Welt noch ein zweites Mal gehen!« hatte zwar Pfarrer Hurton gesagt, aber wir wollten uns den Weg trotzdem zumindest anschauen.

Wir stiegen unter der Ortler-Nordwand zur Tabarettahütte auf. »Nur wer es über sich bringt, sein eigenes Leben und das seiner Gefährten völlig zu mißachten, wird diesen Anstieg ernstlich versuchen«, hatte Hans Ertl 1931 nach seiner Ersteigung der Ortler-Nordwand geschrieben. Und jetzt haben schon Junge die Ortler-Nordwand im Winter seilfrei in nur wenig mehr als vier Stunden durchstiegen.

In der Tabarettahütte waren wir insgesamt acht Gäste. »Eine richtig gemütliche Bergsteigerhütte!« sagte ich zur Wirtin. Worauf Frau Wirtin leicht sauer reagierte: »Da sollten Sie einmal zur Hochsaison in diese Hütte kommen. Da hat jede Gemütlichkeit aufgehört. Da stauen sich die Massen, und jeder Bergsteiger ist auf den anderen bös, weil der auch da ist!«

Den Übergang über den Monte del Toro haben wir uns kurz angeschaut und beim Anblick der überhängenden Schotterhalden spontan festgestellt: »Man soll am Wort eines Pfarrers niemals zweifeln!«

Die »Heiligen Drei Brunnen« bei Trafoi sind eigentlich nur eine Quelle, deren Wasser in drei Rohre verteilt wird. Die wirklichen »Heiligen Drei Brunnen« sind drei starke Quellen, die im Hintergrund eines wildromantischen Talkessels aus dem Madatschmassiv herausbrechen und dann sofort als drei imponierende Wasserfälle in die Tiefe stürzen. Heute besteht kein Zweifel mehr darüber, daß dieses Naturwunder schon in vorchristlicher Zeit eine Stätte besonderer Verehrung war.

Später hat die katholische Kirche sich redlich bemüht, die heidnische Kultstätte in einen christlichen Wallfahrtsort umzuwandeln. Aus einem Sammelsurium von Legenden, wie sie auch über andere Wallfahrtsorte erzählt werden, entstand diese »Entstehungsgeschichte«. Im 13. Jahrhundert begingen eine Nonne und ein Mönch im Kloster Münster einen Fehltritt und zogen daraufhin in das Ortlergebiet, um als Einsiedler die Schuld zu sühnen: die Nonne nach Sulden, der Mönch nach Trafoi. Als er dort ankam, brachen aus dem Fels drei Wasserstrahlen hervor, in die drei Engel vom Himmel herab drei Kreuze fallen ließen. (Die Kreuze hatten also das heidnische Quellheiligtum christianisiert!)

Viele Jahre nach dem Tod des Mönchs wollte ein Holzfäller in dem Öd-winkel einen Baum fällen. Da vernahm er eine Stimme, die sagte: »Hacke mich nicht!« Und oben in dem Baum sah er eine Statue der Gottesmutter. (Es gibt viele Wallfahrtsorte in Europa, bei denen eine solche Holzfällerle-gende als Ursprung angeführt wird. Die »Heiligen Drei Brunnen« waren also auch eine Stätte des heidnischen Baumkults. Quell- und Baumkult ne-beneinander sind bei vielen alten Kultstätten feststellbar und fast überall durften in der Nähe der heiligen Quellen keine Bäume gefällt werden.)

Dort, wo die Statue der Gottesmutter gefunden wurde, baute man eine Kapelle. Und man sagte, daß im Inneren des Madatsch ein ungeheuer gro-ßer See sei, dessen Abflüsse die drei Quellen bzw. Wasserfälle bilden. Die-ser unterirdische See könnte eines Tages den Fels sprengen und sich über Trafoi und den Vinschgau ergießen und alles zerstören. Doch solange wäh-rend der gefährlichen Zeit die Statue der Gottesmutter bei den Drei Quellen sei, solange könne kein Unglück geschehen. Weshalb man alljährlich zu Pfingsten die Statue in einer feierlichen Prozession zu den »Heiligen Drei Brunnen« bringt und sie im Herbst wieder in die Kirche nach Trafoi heim-holt. (Umzüge mit und »periodische Übersiedlungen« von Götterbildern gab es bereits in prähistorischer Zeit an unzähligen Orten!)

»Das Beste ist das Wasser!« hatte schon vor mehr als zweieinhalb Jahr-tausenden der griechische Philosoph Thales von Milet gesagt. Und so sind die Südtiroler eifrig zu den »Heiligen Drei Brunnen« gezogen, und in der Brunnenkapelle standen die Statuen von Jesus, Maria und Johannes, aus deren Brust (welch ein barocker Einfall!) aus einem Röhrl das Wasser spru-delte. Man trank das Jesuswasser, das Mariawasser, das Johanneswasser – und obwohl alles aus einer Quelle quoll, so mußte man doch aus allen drei Rohren trinken, um die Gesundheit zu bewahren oder von Leiden geheilt zu werden. Diese urtümliche barocke Quellfassung mit den Röhrln in der Brust göttlicher und heiliger Personen hat erst in unserer Zeit das ästheti-sche Empfinden von Zeloten gestört; jetzt fließt das Wasser zu Füßen der Statuen hervor.

Bei unserem Besuch waren gerade zwei Männer in dem Brunnenhaus an der Arbeit, naiv gemalte Bilder von der Entstehungsgeschichte des Wall-fahrtsortes aufzuhängen. »Das war schon notwendig«, sagte der eine. »Weil heutzutag kommen die Leut daher, und keiner weiß, wo er da eigentlich ist!«

Über das Stilfserjoch fegte ein Schneeregen. Trotzdem kurvten die Som-merskiläufer durch den Nebel und Schneematsch. Klitschnaß waren ihre Anzüge, aber kaum hatten sie das Ende der Piste erreicht, schnallten sie die Skier ab und tapsten mit ihren schweren Skistiefeln zur Bergbahn-Talsta-tion, um sofort wieder nach oben zu fahren.

Man verlangt heute im Sommer Orangen (auch wenn sie zu dieser Zeit so trocken sind, daß man sie in der Pfeife rauchen kann) und im Winter rote Erdbeeren. Und im Winter fährt man in die Südsee baden und im Sommer

will man im Pulverschnee schwingen. Aber leider leider ist der Sommer-
schnee noch so altmodisch und wird zur Mittagszeit patzweich. Das bringt
die Sommerskiläufer in Zeitdruck, weil der Schnee wie auch die Bergbahn-
karte genützt werden müssen. Grimmig ernst waren daher ihre Gesichter.

Grimmig ernst war auch das Gesicht des Eisverkäufers am Straßen-
rand... »brutto tempo«, schimpfte er. Das schlechte Wetter hatte jedoch
den einen Vorteil, daß man in dem Nebel das ganze scheußliche Graffel
dieses »Skiparadieses« nur verschwommen sah.

Über seine Fahrten in Tirol in den Jahren 1833 und 1834 schrieb der
Alpenreisende August Lewald ein fast 500 Seiten starkes Buch. Darin beschreibt er auch eine Postkutschenfahrt auf der soeben fertiggestellten Straße über das Stilfserjoch. Diese Fahrt entlang der schaudererregenden Abgründe war für ihn ein Abenteuer auf Leben und Tod. Jedoch: Ende gut –
alles gut. Am Ende seiner Schilderung stellt er diesen Straßenbau sogar über
alle Römerwerke und meint: »Für das Leben sind diese Werke von großer
Bedeutung: die Verbindung wird gefördert, das Reisen wird bequem, es
werden Fremde und Geld ins Land gezogen.« Allerdings, einige Bedenken
meldet er auch an: »Wenn aber alle Straßen gebaut sein werden, jedes Thal
besucht, jede Schlucht durchforscht, an jedem Alpenraine, wo jetzt die
gastliche Hütte dem Wanderer sich öffnet, ein städtisches Gasthaus stehen
wird mit gewinnsüchtigen Wirthen und pfiffigen Kellnern, die auf die Glet-
scher und Wasserfälle in ihrer Nähe speculieren, dann wird auch das Alpenland vieles von seinen natürlichen, unnennbaren Reizen eingebüsst haben.«

Halbzeit

Es schlägt das Herz, der Schatten rückt.
Was gestern fehlging, heute glückt.
Was heute glückt, ist morgen Schein.
Bezwing die Zeit, um Mensch zu sein.

Josef Weinhebers Sonnenuhrspruch am
Gerichtsgebäude von Neulengbach bei Wien

Am Ortler – so hat es zumindest auf der Landkarte bei der Luftlinienüber-
sicht des Alpenbogens ausgesehen – haben wir die halbe Wegstrecke unseres Alpenspazierganges hinter uns. Das war ein Irrtum; nach Kilometern
war das vielleicht erst ein Drittel der von uns dann tatsächlich zurückgeleg-
ten Wegstrecke.

Aber zu dieser Zeit hatten wir schon längst jene innere Gelassenheit gefunden, ohne die eine so große Wanderung nicht möglich ist. Heute sind
wir da. Morgen wollen wir dorthin, und wenn wir nicht hinkommen, dann

biwakieren wir halt unterwegs. Jeder von uns hatte seinen Daunenschlafsack, und gemeinsam konnten wir in einen Biwaksack kriechen.

Angegebene Gehzeiten interessierten uns kaum noch. Wir gingen so schnell oder so langsam, wie wir wollten. Wir haben weder Halleluja gejubelt, wenn wir schneller als die angegebene Wegzeit waren (was selten vorkam), wir haben aber auch nicht Trübsal geblasen, wenn wir langsamer waren.

Es fiel uns nur auf, daß die meisten Alpenwege in den letzten Jahren geschrumpft sein müssen. Wege, die in älteren Führerwerken noch mit vier Stunden Gehzeit zu Buch standen, sind nun in modernen Führerwerken zu Dreistundenwegen geworden. Reine Gehzeit.

Aber wie das so mit den »reinen Gehzeiten« ist, habe ich einmal bei einem Bergkameraden gesehen, der gerne mit seinen »guten Zeiten« angab. Der ging nämlich auch nicht schneller als alle anderen. Nur machte er nachher gewisse »Abschreibungen«:

Einmal in die Landkarte schauen. . . . . 2 Minuten

Zweimal schneuzen (je 1 Minute) . . . . 2 Minuten

Einmal austreten . . . . 1½ Minuten

Oft hätte nicht viel gefehlt, und das Resultat dieser »Abschreibungen« wäre gewesen, daß der Kerl schon vor seinem Aufbruch das Ziel erreicht haben müßte.

Dreimal haben wir auf unserem Alpenspaziergang Notabwürfe von Ausrüstungsgegenständen gemacht. Dann hatten wir jeder nur noch zwei Hemden (die wir in Talorten wuschen) und miteinander nur einen Löffel und eine Gabel – das genügte. Wir haben in diesem halben Jahr wiederum die Erfahrung gemacht, daß die größte Kunst des Lebens eigentlich im Weglassen besteht.

Trotzdem: Mein Rucksack wog ohne Proviant noch immer 16 Kilo (mit Proviant für einige Tage und Trinkwasser manchmal bis zu 25 Kilo), der Rucksack von Fritzerl wog 12 Kilo (mehr als ein Viertel ihrer 47 Kilogramm Lebendgewicht).

Unterwegs wurden wir oft gefragt, ob uns diese schweren Rucksäcke nicht zu sehr belasten – oder ob man sich daran gewöhnt? Ich habe mich leider in den fast 50 Bergsteigerjahren noch an keinen Rucksack gewöhnt – weder an einen schweren noch an einen leichten.

Diese Bergsteigerjahre haben auch Spuren hinterlassen – Abnützungserscheinungen in den Kniegelenken. Um diese – vor allem beim Bergabgehen – zu entlasten, sind wir den ganzen Weg jeder mit zwei Skistöcken gegangen. Wie sehr solche Stöcke die Beine entlasten, merkten wir stets an Tagen mit extremen Steilan- oder Steilabstiegen... da spürten wir am Abend immer die Arm- und Schultermuskeln. Außerdem empfanden wir die gleichmäßigen Stockbewegungen auch wohltuend für den Oberkörper, er war nicht verkrampft unter der Rucksacklast, und wir atmeten daher viel freier. Daß zwei Leutln auch im Hochsommer mit Skistöcken daherspazieren, ist

*Eines von unseren
Schnell-Kochrezepten.*

heute noch ein etwas ungewohnter Anblick; in Österreich und Südtirol hielt man uns oft für naive Skifahrer mit Spätzündung auf der Suche nach dem letzten Schnee.

Wunde Füße hatten wir schon lange nimmer. Trotzdem pflegten wir all-abendlich unsere kostbaren Füße mit Hirschtalg.

Ein wesentliches Stück unserer Ausrüstung war auch der schwedische Spirituskocher. Dieser ist leicht zu bedienen, es gibt keine Pannen, und Brennstoff dafür gibt es fast in jedem Kaufmannsladen. Wir kochten unter-wegs bei jeder Mittagsrast Suppe, wir kochten uns überhaupt durch die Gegend...

War es am Nachmittag glühend heiß, dann kochten wir Tee.

War uns saukalt, kochten wir ebenfalls Tee.

Standen wir vor einem Steilanstieg, kochten wir vorher Tee.

Hatten wir ein lausiges Wegstück glücklich hinter uns... Tee.

Und am Abend kochte ich dann die exquisitesten (oder sagen wir besser: sehr ausgefallene) Menüs. Da ergab sich jedoch in den immer wärmer wer-denden Tagen ein Problem. Unser Verlangen nach frischem, grünen Salat und überhaupt nach Gemüse entwickelte sich fast zur Gier. Leider hatten wir aber bei einem der Notabwürfe die zwei anderen Gefäße der Kocher-garnitur zurückgelassen und besaßen nur noch eine Schale, die wir natürlich für Minestrone, Nudeln, Polenta oder das Kartoffelpüree brauchten.

Wie und wo sollten wir unseren Salat zubereiten?

Not macht erfinderisch. Bei jedem Einkauf bekommt man heute ein Pla-stiksackerl. Ein solches ist auch bestens zum Salatanmachen geeignet. Man wirft die gewaschenen Salatblätter hinein, gibt Salz, Zitronensaft und Öl dazu, mischt – und fertig ist der Salat. Da wir gemeinsam nur einen Löffel und eine Gabel besaßen, fischten wir uns die Salatblätter mit den Fingern aus dem Salatsackl.

Wenn wir dann ab und zu in einem Restaurant Salat aßen, versäumte es Fritzerl nie, mich vorher darauf aufmerksam zu machen, daß feine Leute Salat mit dem Besteck speisen.

Im Valtellin saßen wir bei einem Bauernhof und hielten Mittagsrast. Wir hatten Mortadella, Käse, Weißbrot, einige Tomaten, Rotwein und Wasser vor uns auf der Wiese stehen...

...und ab und zu warfen wir Brotstücke in den Hühnerhof daneben.

»Dieser Hahn!« sagte ich bewundernd. »Der ist noch ein echter Kavalier. Der frißt selber nix, bevor nicht seine Hendln satt sind!«

Nach einer Weile sagte Fritzerl: »Dein Hahn ist kein Kavalier. Der ist nur deppert!«

Das glaubte ich bald ebenfalls. Denn auch wenn ich diesem Viech einen Brotbrocken direkt vor den Schnabel warf, dann nahm er diesen wohl wohlwollend zur Kenntnis und machte sich bereit, ihn zu packen... aber da hatte ihn bereits ein schnelleres/cleveres Hendl verschluckt.

Diese Hendln schnappten sogar nach Brotbrocken, die ihr Hahn bereits im Schnabel hatte... wirklich, ein depperter Hahn!

Und da kam dann der Besitzer des Bauernhofes mit zwei Eiern in der Hand... ob er uns diese anbieten dürfe, sie seien »fresco«.

Immer wieder konnten wir auf unserem Alpenspaziergang feststellen, daß es im Gebirge noch herzliche Gastfreundschaft gibt. Schwierigkeiten hatten wir nur im Steirischen Hügelland gehabt. Dort gibt es wenige Quellen. Wenn wir bei einem Bauernhof unsere Feldflaschen mit Wasser fürs Suppenkochen füllen wollten, sagte der Bauer oder die Bäuerin: »Leut, ihr werdet doch kein Wasser saufen!« Und schon war unsere Feldflasche mit Most gefüllt. Wir haben also ein bisserl salzarm gelebt in dieser Zone.

Auch dieses Wissen, daß es überall hilfreiche Menschen gibt, hat uns auf unserem Alpenspaziergang weitergeholfen.

Mangelerscheinungen hatten wir Leseratten nur an Lesestoff. Wir hatten bisher nicht gewußt, daß Lesen auch eine Sucht sein kann. Bücher konnten wir aber keine mittragen. In größeren Orten kauften wir uns Taschenbücher, die wir dann zurückließen. Bis nach Südtirol fanden wir in den Unterkünften zumindest noch Illustrierte, aus denen wir die brandneuesten, aber nicht gerade weltbewegenden Geschichterl aus den Fürsten- und Königshäusern erfuhren. Aber dann war auch das zu Ende, und wehmütig haben wir später oft gesagt: »Wo sind die schönen Zeiten, in denen wir manchmal noch eine Goldene Post oder das Grüne Herzblatt zum Lesen gehabt haben?«

Rasten... am Weg zum Grödner Joch (links oben), in der Badilehütte (links unten), vor dem Rifugio Carate in der Berninagruppe (rechts oben) und vor den steinzeitlichen Hirtenhütten der Alpe Averta im Bergell (rechts unten). Wer auf einer Wanderung rastet, der rostet nicht. Man sollte unterwegs sogar recht oft rasten, um das Erlebnis zu vertiefen...

Zeitungen, Radio, Fernsehen vermißten wir nie. Irgendwann fiel mir ein, daß im Sommer 1984 Olympische Spiele stattfinden. Als ich fragte, wann diese eigentlich beginnen, waren sie schon seit einer Woche beendet.

Heimatkundliche Literatur haben wir nur manchmal in Gemeindebibliotheken kurz durchblättern können. Als wir einmal in Kärnten unsere Zimmerwirtin fragten, ob sie etwas zum Lesen über die nähere Umgebung des Ortes habe, sagte sie, daß sie etwas sehr Schönes, sogar etwas Wunderschönes besitze. Und dann brachte sie uns eine wirklich wunderschön gebundene Buchgemeinschaftsausgabe von Ludwig Ganghofers »Das Schweigen im Walde«.

Landkarten kauften wir unterwegs nur für die kommende Strecke. Ich schnitt dann immer jene Teile weg, die abseits unseres Weges lagen. Als die Wirtin vom Rifugio Icarus auf der Seiseralm diese Reste im Mistkübel sah, war sie sehr empört: »Da schaut's, was es heute für Bergsteiger gibt! Eine Schande ischt's, eine Landkarte so zu zerschneiden!« Worauf wir zustimmend nickten. (Denn innerlich tat es mir schon weh, eine Landkarte zu zerschnipseln. Bin ich doch einst Lehrling in einem Landkartenverlag – Geographisches Institut Ed. Hölzel – gewesen!)

Aber bei uns zählte jedes Gramm Gewicht. Mit Mühe habe ich Fritzerl daran hindern können, von den Zahnbürsten die Stiele abzuschneiden.

»Wie viele Kilometer geht ihr pro Tag?« wurden wir unterwegs sehr oft gefragt.

Manchen Tag sind wir zehn, zwölf Stunden lang unterwegs gewesen, manchmal nur fünf oder sechs. Wie viele Kilometer wir dabei zurückgelegt haben, wissen wir nicht. Wenn man an einem Tag von Seehöhe 900 auf 2600 Meter aufsteigt und dann wieder auf Seehöhe 1000 Meter absteigt, muß man viele Serpentinen ausgehen. Wir wußten daher auch am Ende unserer Wanderung nicht, wie viele Kilometer wir gegangen waren. Wir schätzten ca. 2500 Kilometer, vielleicht waren es auch mehr.

Aber unterwegs haben wir an Kilometer nie gedacht. Wir fragten uns nur manchmal, wie das wohl sein wird, wenn es wieder einen Montag, Dienstag, Mittwoch für uns gibt, wenn wir täglich im selben Bett schlafen und nicht mehr fünf, sechs oder zehn, zwölf Stunden lang unterwegs sein werden.

Gang durch die Jahreszeiten:
In den Dolomiten sahen wir neben dem letzten Winterschnee
die ersten Frühlingsblumen.

In der Bernina und im Bergell

Wir saßen auf dem Gipfel des 4049 Meter hohen Piz Bernina und fühlten uns glücklich. Wir waren über den berühmten Biancograt – den schönsten Firngrat der Alpen – aufgestiegen, und über uns strahlte die Sonne in einem blauen Himmel.

Da schrie Fritzerl: »Um Gottes willen! Dort stürzen zwei ab!«

Wir mußten mitansehen, wie zwei durch ein Seil verbundene Menschen vom Spallagrat in die Tiefe stürzten. Sie stürzten über Fels und Eis, sie überschlugen sich, und sie schlugen auf und fielen weiter, immer weiter, immer tiefer...

Wir schnallten die Steigeisen an und hetzten über den Spallagrat hinunter zu den Abgestürzten.

Unterwegs trafen wir zwei Schweizer Bergführer mit ihren Gästen. Ja, sie hätten den Absturz auch gesehen. Hilfe für die Abgestürzten? »Dafür haben wir keine Zeit! Wir müssen ja die Herren auf den Gipfel bringen!«

Wir fanden die zwei Abgestürzten still nebeneinander im Schnee hocken. Zwei Holländer, die einen Dreihundertmeter-Sturz lebend überstanden hatten! Wohl mit Knochenbrüchen und einer Gehirnerschütterung – aber lebend! Sie froren trotz der Hitze. Wir hängten ihnen alle unsere warmen Sachen um und gaben ihnen schmerzstillende Tabletten.

Und dann kam auch schon der Wirt vom italienischen Rifugio Marco e Rosa mit einem Rettungsschlitten und umarmte uns alle und küßte uns alle, als wären wir seine verlorenen Söhne. Und dann kniete er nieder in den Schnee und dankte laut der Madonna für dieses Wunder, und nachher zog er eine Schnapsflasche aus seinem Anorak...

Damals – im Jahre 1959 – dachte ich, daß es sehr schön sein müsse, einmal auch die andere Seite der Bernina kennenzulernen... wo die Menschen noch der Madonna für ein »miracolo« danken und wo die Orte so melodiöse Namen tragen wie Tirano (was so klingt, als könnte dort nur die Sonne scheinen)...

25 Jahre später kamen wir auf unserem Alpenspaziergang nach Tirano. Es regnete, als wir ankamen. Es regnete noch immer, als wir wieder weiterzogen.

Nur wenige Kilometer von Tirano entfernt ist das Städtchen Grosio. Groß ist es nicht. Nahe dem Städtchen ragt ein Felsen aus dem Boden, der die Form eines riesigen Walfisches hat. 1966 entdeckte der Archäologe David Pace darauf geheimnisvolle Zeichen und als er einige Moospolster löste, stellte er fest, daß der ganze Felsen förmlich übersät mit Bildern war.

Felsbilder sind in dieser Alpenzone keine Seltenheit. Im Valcamonica am Fuße der Adamellogruppe stellen mehr als 100 000 Felsbilder die größte Anhäufung prähistorischer Kunst in Europa dar. Datiert werden die ältesten Bilder in das dritte Jahrtausend v. Chr., die jüngsten stammen aus der Zeit, als die Römer in die Alpen eindrangen. Man steht hier vor einem Bilderbuch einer vergangenen Welt.

Nach den Ergebnissen des »Forschungszentrums der Steinzeichenkunst im Valcamonica« stammen die meisten der Bilder auf dem »Rupe Magna« – wie man den Walfischfelsen von Grosio heute nennt – aus dem dritten Jahrtausend v. Chr. In dieser ersten Periode zeigen die Felsbilder vor allem alleinstehende Figuren mit erhobenen Händen; sie wurden seinerzeit von den Landbewohnern respektlos als Hampelmänner bezeichnet. Ohne Zweifel sind diese erhobenen Hände eine Bitt- und Unterwerfungsgeste (in der christlichen Kunst wurden später Beter so dargestellt und Oranten genannt).

Die Punkt um Punkt in den Fels geschlagenen Bilder auf dem »Rupe Magna« zeigen aber auch Spiralen, Kreise und andere Symbole. Manche der Figuren haben sogar eine Höhe von 50 Zentimeter und noch mehr. Interessant ist, daß auf diesem Felsen auch Bilder mit Schalen kombiniert sind. Eine Schale in der Bauchgegend einer Figur will man als Beschwörung der Fruchtbarkeit einer Frau (Einreiben einer Schale in den Fels ist symbolisch für den Zeugungsvorgang) deuten.

Felsbilder (z.B. Sonnenräder) finden sich auch auf anderen Steinen um den »Rupe Magna«, und vor einiger Zeit wurde das ganze Gebiet zum »Parco delle incisioni rupestri« erklärt. Das klingt recht eindrucksvoll, doch als wir nach unserer Ankunft auf dem Hauptplatz von Grosio einige ältere Herren nach dem Weg dorthin fragten, begann ein allgemeines Kopfschütteln, und einer der signori wollte uns sogar in den Stadtpark mit dem Kinderspielplatz schicken.

Fritzerl zog ab ins Gemeindeamt. Bald darauf kam sie in Begleitung eines Carabiniere wieder aus dem Tor. Die signori auf der Piazza schauten mich jetzt etwas mißtrauisch an. Ohne Grund. Der Bürgermeister persönlich hatte den Carabiniere nur auf die Suche nach dem Gemeindebibliothekar geschickt, der uns zu den Felsen führen sollte.

Bibliothekare sind wahrscheinlich auf der ganzen Welt gleich. Unser Bibliothekar erzählte uns auf dem Weg zu den Bildfelsen die ganze Geschichte Grosios in Jahreszahlen und führte mindestens 9999 Herrscher an, deren Namen wir allerdings sofort wieder vergessen haben. Wir haben dann einen wunderschönen Tag auf dem »Rupe Magna« verbracht, haben Blaupausen der Bilder gerieben und natürlich auch viel fotografiert.

Es ist sehr schwer, Felsbilder zu fotografieren, weil sich die zarten Schlagspuren nur wenig vom Fels abheben. Also habe ich die Bilder ganz vorsichtig mit Wasser befeuchtet, und Fritzerl hat sie dann schnell fotografiert. Wenn wir aber eine ganze Gruppe von Figuren im Bild haben wollten, dann kam ich mir vor wie der gewisse Herr Sisyphus – die Sonne brannte heiß auf die Felsen und kaum hatte ich den letzten Maxl der Gruppe naßgemacht, war der erste schon wieder staubtrocken und fast unsichtbar geworden.

Manche Bilder sind auch an den steilen Flächen des Felsens, und dort hätte ich eigentlich drei Hände gebraucht: eine zum Halten des Wassernapfes, eine zum Befeuchten der Figuren und bitter notwendig noch eine Hand

Felsbild
vom »Rupe Magna«
in Grosio.

zum Festhalten. Meine Bewunderung für die Leute, die diese Bilder eingeschlagen haben, war grenzenlos.

Der »Rupe Magna« war einmal Tempel oder Kirche für die Bewohner
der Valtellina. Und beim Anblick dieser tausend betenden, im Fels verewig-
ten Gestalten ist es uns wiederum bewußt geworden, daß der Mensch auf
dieser Welt schon immer ein ganz armes Wesen war, das nur bitten und
beten und beten und bitten konnte für sein ach so kurzes Erdendasein.

An einem Samstag kamen wir nach Chiesa am Südfuß der Bernina, und
am Abend fand dort eine Karate-Vorführung statt. Höhepunkt war ein
Schaukampf zwischen dem Meister und einem seiner Schüler, der von vorne und von hinten angriff und vom Meister jedesmal so zu Boden geworfen
wurde, daß der Fußboden nur so dröhnte.

»Dieses arme Teuferl tut mir leid!« sagte Fritzerl neben mir. »Immer nur
so auf die Erd' g'haut werden!«

Am nächsten Tag stiegen wir zur Marinellihütte auf (2813 m). Ab ca.
2500 Meter fanden wir eine geschlossene Schneedecke. Manchmal war der
Schnee vom Wind gepreßt, da konnten wir flott dahinmarschieren, aber
dann gab es Strecken, wo er weich war, und da versank ich, der voranging,
oft bis zu den Hüften darin. Das schlaue Fritzerl machte dann immer einen
Bogen um die Stelle.

Nachdem ich wieder einmal versunken war, sagte Fritzerl: »Weißt du,
wie du mir heute vorkommst? Wie der... Uahh!«

Jetzt war Fritzerl fast bis zu den Ohren in einem Schneeloch versunken.
Sie hatte sagen wollen, daß ich ihr vorkam wie der Karatemann von gestern,
den man immer auf die Erd' g'haut hatte.

In der Marinellihütte waren wir insgesamt vier Gäste. Doch am späten
Nachmittag kamen noch Schulkinder herauf. Die Kinder waren erschöpft
und ihre Schuhe (manche hatten nur Turnschuhe!) klitschnaß. Gemeinsam
mit der Hüttenwirtin stopften wir Zeitungen in die Schuhe und hingen das
nasse Zeug der Kinder zum Trocknen auf.

Den Professore (»Er ist ein erfahrener Bergsteiger, er war sogar schon auf
einer Trekkingtour im Himalaya«, hatte uns die den armseligen Haufen

ebenfalls begleitende Lehrerin ehrfurchtsvoll zugeflüstert) interessierten die Kinder überhaupt nicht. Er hielt den zwei italienischen Bergsteigern (es waren gute Leute aus Lecco), die ihn gefragt hatten, ob für zwölfjährige Kinder diese Tour nicht zu hart wäre, einen Vortrag darüber, daß es ja Aufgabe eines Leibeserziehers sei, Kinder zur Härte zu erziehen.

Die »Silberweiße Bernina« – wie der Bergsteiger Walther Flaig diese Berggruppe genannt hatte – war noch zu silberweiß. Man sagte uns, daß wir auf der »Alta Via di Val Malenco« wie auch auf dem Übergang zum »Sentiero Roma« im Neuschnee versinken würden. Das wollten wir nicht. So stiegen wir am nächsten Tag – zuerst im Schneesturm, tiefer unten im strömenden Regen – wieder ab nach Chiesa.

Beim Aufstieg hatten wir Signor Enea getroffen, dessen Rucksack von einem Esel mit dem Namen Cäsar getragen wurde.

Signor Enea ist Staatsbeamter in Sondrio und Landwirt aus Leidenschaft in Torre di Santa Maria. An diesem Sonntag wurde das Vieh aus den Tälern auf die Hochalm getrieben, und Signor Enea wollte seine zwei Kühe dabei begleiten. Das ergab gewisse Schwierigkeiten mit dem Esel Cäsar, der schon etwas altersschwach den Weg hinaufstolperte. »Natürlich ist Cäsar schon alt!« sagte Signor Enea. »Aber ich kann mich von ihm nicht trennen!«

Signor Enea hatte uns erzählt, daß es oberhalb von Torre di Santa Maria noch zwei sehr urtümliche Orte gäbe, die uns sicher interessieren würden, und er hatte uns in sein Haus eingeladen.

Christini, eines dieser Dörfer, hat eine besondere Kuriosität: Inmitten seines Mini-Hauptplatzes ragt ein mächtiger Felsblock aus dem Boden, dessen Kuppe einige schön ausgeriebene Schalen zieren. Man könnte meinen, daß der Ort um den Schalenstein herumgebaut worden ist.

Der andere Ort, Torre di Melirolo, ist heute von Menschen verlassen. Ein urtümliches Dorf mit Steinplattendächern, kleinen Fensterchen, finsteren, feuchten und kalten Räumen – für uns Heutige ist es fast unfaßbar, daß in solchen Steinhöhlenwohnungen einst Menschen ein ganzes Leben verbracht haben. In beiden Orten fanden wir an manchen Architraven und anderen großen Steinplatten eingeriebene Schalen, auf den Felsblöcken auch Felsgravuren.

Einige alte Frauen, die in Christini vor den Häusern in der Sonne saßen, fragten wir, ob sie wüßten, was diese Zeichen und Schalen einmal bedeutet haben. Sie wußten nur, daß sie sehr alt seien.

Nach unserem Ausflug in die Vergangenheit klagte die Frau von Signor Enea uns ihr Leid der Gegenwart. Ihr Mann liebe Tiere über alles, aber warum muß er Kühe haben, die nur viel Arbeit machen, und den Esel Cäsar, der zu nichts zu gebrauchen ist und nur frißt?

Hasen hätte er auch eine Menge. Aber töten kann Signor Enea keines der Tiere, das muß ein anderer machen. Und wenn dann so ein Hase gebraten auf dem Teller liegt, bringt Signor Enea kaum einen Bissen hinunter, und es kommen ihm fast die Tränen, wenn er erzählt, wie sich gestern das Tier von ihm noch vertrauensvoll hatte kraulen lassen.

Vorgestern, da oben auf der Hochalm unter der silberweißen Bernina, hatte der Signore auf die ankommende Herde gedeutet und gesagt: »Und da vorne sehen Sie meine zwei Kühe!« – Natürlich nahm er an, daß auch wir Fremde seine zwei Tiere als die schönsten und besten sofort und mit einem Blick erkennen würden. Ich sah nur eine Riesenherde von Rindviechern, von denen eines wie das andere aussah. Aus Höflichkeit sagte ich begeistert: »Das sind wirklich herrliche Tiere!« Aber Signor Enea war leicht verschnupft, weil ich dabei zu ganz anderen Viechern hingeschaut hatte.

Das Val Masino ist ein wildes Bergtal, über dem bizarre Granitklötze in den Himmel ragen. Bis vor wenigen Jahren war das Tal bei den Bergsteigern noch wenig bekannt, doch jetzt ist es ein Zentrum der italienischen Sportkletterer geworden. Als ich in San Martino einen kleinen Laden betrat, machte der Besitzer sofort imaginäre Klimmzüge und fragte: »Chalk, Signore, Chalk?« Ich wollte aber kein Magnesiumpulver für meine Fingerspitzeln kaufen, sondern nur einen Hirschtalg für die Füße.

Im hintersten Winkel des Tales sind die Bagni del Masino. Man erzählte uns Wundergeschichten von der Heilquelle... Achtzigjährige soll sie wieder vital wie Achtzehnjährige gemacht haben. »L'aqua meravigliosa.«

Als wir am frühen Morgen an dem Brunnenhaus vorbeikamen, hatte ich eigentlich noch keinen Durst. Aber andererseits kann man an einem solchen Wunderwasser nicht einfach vorbeilaufen.

Ich trank ein Maul voll. Das Wasser schmeckte wie eingeschlafene Füße; Fritzerl fand, es schmecke »mineralig«. Also dann noch einen mineraligen Schluck für die Vitalität...

Das »acqua meravigliosa« wirkte tatsächlich. Ich bekam ein fürchterliches Bauchgrimmen und konnte die wiedergewonnene Vitalität eines Achtzehnjährigen nur damit verschwenden, blitzschnell hinter den nächsten Felsblock zu sprinten...

Auch der »Sentiero Roma« durch das südliche Bergell war nach Auskunft aller Bergführer noch unbegehbar. Vielleicht in drei Wochen... Wir stiegen zum Rifugio Gianetti (2534 m) auf, um selber »nachzuschauen«. Rund um die Hütte lag noch eine geschlossene Schneedecke.

1951 hatten wir in dieser Hütte nach einer Durchsteigung der Nordkante des Piz Badile geschlafen. Meine Erinnerung an die Hütte: Sie hat irrsinnig hohe Stockbetten. Ich hatte in einem der obersten geschlafen und in der Früh ernsthaft überlegt, ob ich mich aus dem Bett nicht abseilen solle. Die hohen Stockbetten gibt es in der Hütte auch heute noch.

Diese »Bergellfahrt 1951« war noch so eine richtige Nachkriegsfahrt gewesen. Als wir um ½10 Uhr abends in St. Moritz angekommen waren und einen Bahnbeamten fragten, wo man hier ein Zelt aufstellen könne, sagte dieser: »Das Zeltaufstelle ischt hier verbote. Es gibt aber genug gute Hotels in St. Moritz!«

Das beste aller Hotels in St. Moritz war damals das »Engadiner Kulm«. Also stellten wir im Park vom »Engadiner Kulm« unsere Zelte auf. »Da findet uns nicht einmal ein Sherlock Holmes. Daß hier jemand seine Zelte aufstellt, auf diese Idee kommt niemand in St. Moritz!« sagte mein Freund und alpiner Lehrmeister Hans Schwanda.

Wir machten ein Foto von unserem Zeltlager und das zeigten wir dann dem damaligen Direktor des Schweizer Verkehrsbüros in Wien, Hans Dutler. Hans war ein begeisterter Bergsteiger und unser Bergkamerad auf vielen schönen Kletterwegen unseres Gebietes. Er lachte hellauf, als er das Foto sah. »Da müßt ihr eine Vergrößerung machen lassen und die schicke ich dem Kurdirektor von St. Moritz!« Der soll nicht hellauf gelacht haben.

Das Zelt, das Schwanda und ich dann auch am Fuße der Badilekante aufstellten, war ein sogenanntes Bergzelt für zwei Personen; jeder Hundebesitzer würde es heute als zu mickrig für seinen Liebling ablehnen. Und dann wurde auch das Wetter noch miserabel und einmal – das vergesse ich nie – lagen vor unserem Zelt schon gut zehn Zentimeter Neuschnee, und ein Schneesturm tobte, als mich Schwanda um Mitternacht weckte... »Du, Karl, sei mir net bös, aber ich muß dringend hinaus!«

»Jetzt?«

»Jaaa, jetzt!!!«

Schwanda mußte seine Schuhe anziehen. Das konnte er in dem kleinen Zelt nicht. Ich mußte sie ihm anziehen. Dann öffneten wir den Zeltverschluß und Schwanda stürmte hinaus in den Flockenwirbel. Als er wieder zurückkam, sah er in seiner Sehnsucht nach Wärme eine von den Zeltverspannungen nicht, stolperte darüber, riß die Verankerung aus dem Boden, fiel auf das Zelt, das sofort zusammensackte wie ein Luftballon, in den man mit einer Nadel hineingestochen hatte.

Ich lag in dem niedergedrückten Zelt auf dem Bauch, und auf mir und der Zeltplane lag zappelnd Schwanda und schrie: »Karl, mach auf, mach endlich das Zelt auf!« – Gut eine Stunde lang haben wir dann in dem Schneesturm gearbeitet, um das Zelt wieder halbwegs aufzubauen.

Als wir die Badilekante erkletterten, hatten wir noch mit den Folgen der Schlechtwettertage zu kämpfen. Zentimeterdickes Eis deckte oft die Felsen. Wahrscheinlich durch Blitzschlag war im oberen Teil der Kante ein gewaltiger Felssturz losgebrochen und nahezu 150 Meter der Kante glichen einem morschen, aufgestellten Trümmerfeld, in dem wirr übereinandergeschichtete Blöcke wie ein Damoklesschwert über uns hingen. Und auf den Felsen lag zentimeterhoch feiner, feuchter Granitstaub.

Einige Fotos von dieser Tour kleben in meinem Tourenbuch. Wir sind damals noch mit schweren Hanfseilen geklettert, und ich war mit einem dicken Lodenrock bekleidet, den mir meine Mutter aus einem Wintermantel geschneidert hatte. Kopfbedeckung: eine Pullmanmütze. Trotzdem hatten wir damals das Gefühl gehabt, optimal ausgerüstet zu sein.

Der Schwachpunkt unseres Weiterweges über den »Sentiero Roma« war die steile Schneerinne vom Passo Barbacan hinunter zum Rifugio Brasca. Konnten wir diese Rinne – mit unseren schweren Rucksäcken und ohne Eispickel und Steigeisen und nur mit zwei Skistöcken – derpacken?

Riskieren wollten wir nichts. Aber zumindest ein Stückerl des berühmten »Sentiero Roma« wären wir gerne gegangen. »Schauen wir uns morgen das alles einmal an!«

Am Morgen waren alle Wasserrinnsale und Wasserfälle in der Umgebung der Hütte gefroren. Und auch die Schneefelder, über die wir gingen, waren beinhart. Über uns der Piz Badile... keine Spur führte noch über den Normalweg zum Gipfel.

Am Passo Barbacan stieß ich nur einmal mit der Schuhspitze in den beinharten Firn und schon hatte ich kapiert: Jetzt kann uns nur noch die Sonne helfen!

Wir machten es uns für einige Stunden gemütlich am Passo Barbacan. Wir aßen ab und zu ein Stück Schokolade oder tranken einen Schluck Tee, und immer wieder schauten wir hinauf zur Sonne, die nur langsam, uns viel zu langsam, ihre Bahn verfolgte.

Gegen Mittag wurden wir etwas unruhig. Links von der Scharte ragte ein bizarrer Felsturm in die Lüfte. Fritzerl hatte ihn sehr fotogen gefunden. Jetzt verwünschten wir ihn, weil der blöde Turm nämlich seinen Schatten genau in den obersten Teil der Rinne warf!

Um ein Uhr mittag wollten wir dann nicht länger warten. Wir kürzten die Skistöcke, schnallten die Rucksackriemen ganz eng und begannen – Gesicht zum Berg – abzusteigen.

Die wärmer gewordene Luft hatte nur die Oberfläche des Schnees etwas aufgeweicht. Für Stufen mußte ich die Schuhspitzen mit voller Kraft in den noch immer beinharten Firn stoßen. Das ging in die Wadln!

»Brav! Brav! Schlag nur weiter so schöne Stufen!« lobte mich Fritzerl.

Ungefähr 100 Meter unter uns ragte ein kleiner Felsen aus dem Eis, der für uns so etwas wie das »Gelobte Land« wurde. Wenn wir einmal bei dem Felsen waren, dann konnten wir nicht nur wieder auf zwei Beinen richtig stehen, der Fels war auch schon im Sonnenlicht.

Aber 100 Meter werden scheinbar endlos, wenn man alle dreißig Zentimeter mühsam eine Stufe hacken muß. Ich nahm mir fest vor, nicht mehr nach unten zu schauen, sondern nur noch auf die weiße Wand vor mir. Aber dann schwindelte ich doch... du lieber Himmel, noch immer gute 50 Meter!

Wir waren zwei Wochen in der Firnrinne unterwegs – so lang sind uns zumindest die zwei Stunden vorgekommen.

Bergell einmal anders:
Beim Aufstieg zur Badilehütte von der italienischen Seite
und beim Abstieg – am »Sentiero Roma« – in das wildromantische Val Codera.

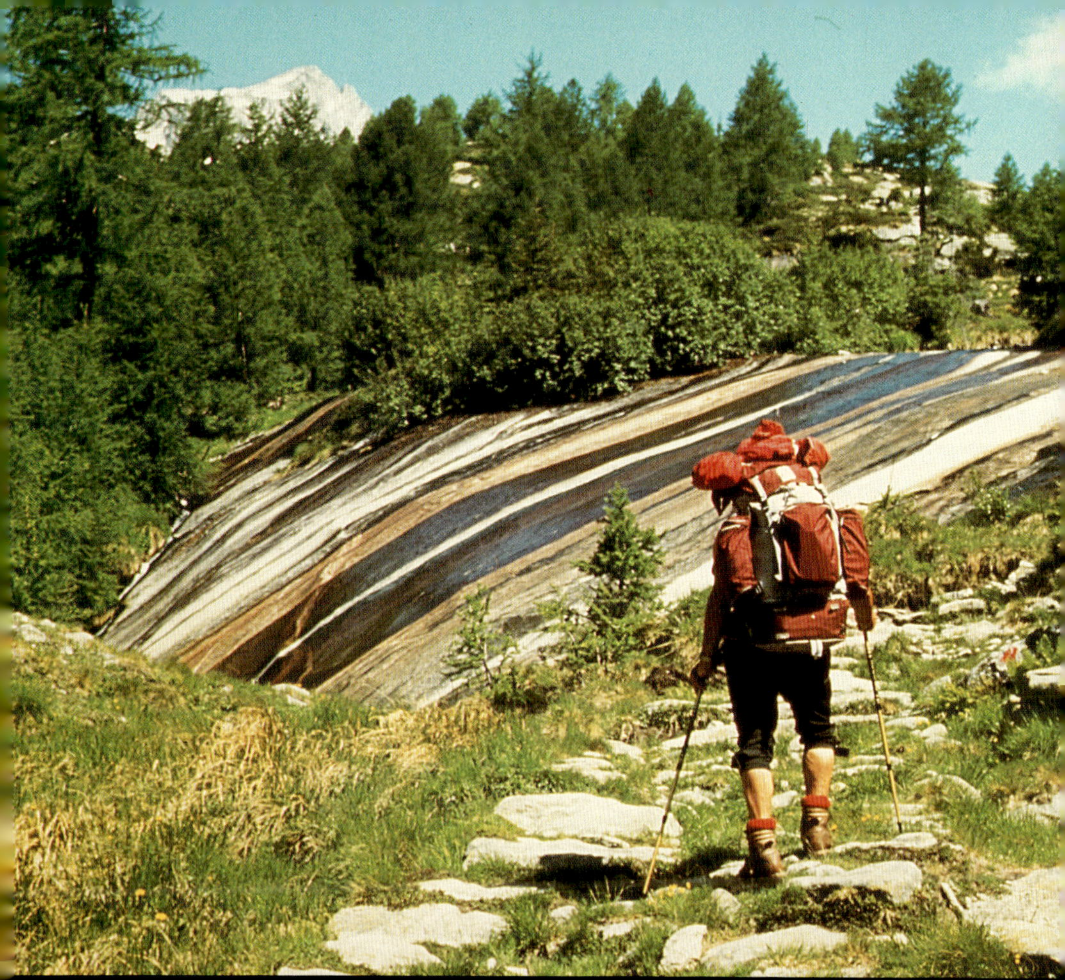

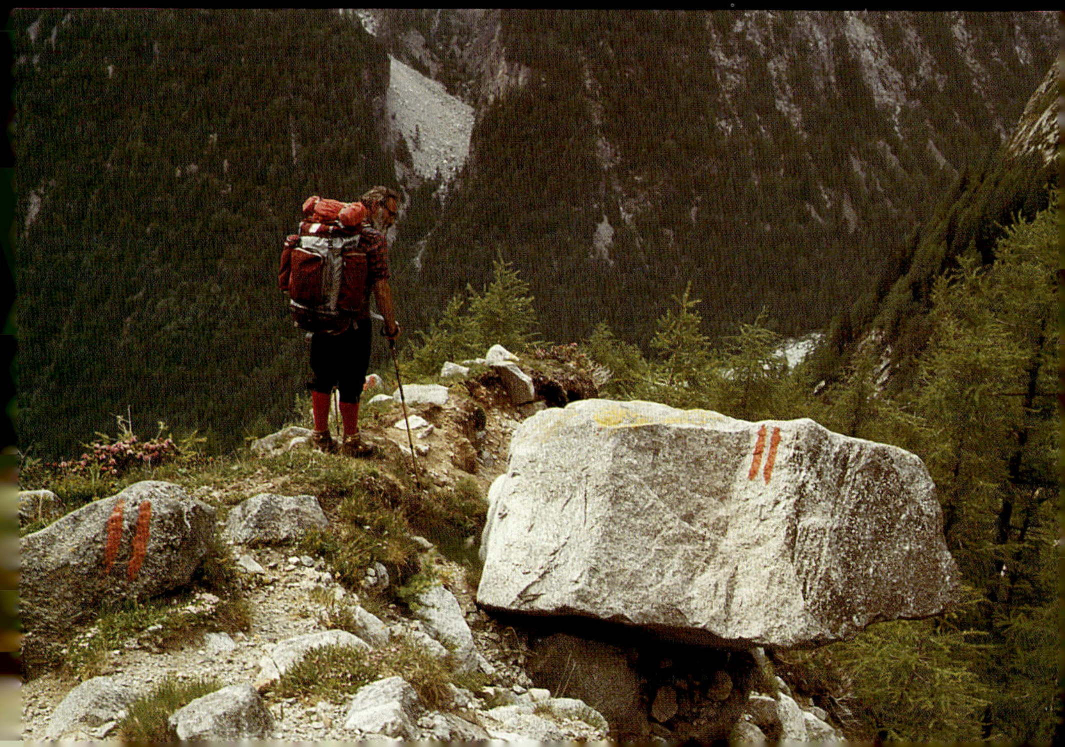

Als unser Sohn Felix fünf Jahre alt war, sind wir mit ihm am Peilstein den Frohsinnsteig geklettert. Er war begeistert. Aber oben am Ausstieg fing er zu weinen an. »Das glaubt mir doch morgen keiner im Kindergarten, daß ich da heraufgeklettert bin!« sagte er.

Fritzerl schaute hinauf zu der Firnrinne... »Das glaubt uns doch keiner im Kindergarten, daß wir da abgestiegen sind!«

Die rote Markierung des »Sentiero Roma« brachte uns zur verlassenen Alpe Averta (1957 m), und das war die urtümlichste Alpe, die wir auf unserem Alpenspaziergang kennengelernt haben. Wir standen vor einigen aus mächtigen Granitplatten errichteten Steinhäusern, die sich kaum von dem umgebenden Geröll abhoben. Sie erschienen uns ganz anders als die üblichen steinernen Almhütten, waren eher Steinhöhlen. Graue Nebelschwaden strichen vom Hang herab, machten alles so unwirklich...

»Ich glaub, ich bin in der Steinzeit!« murmelte ich.

»Das kannst du ruhig laut sagen!« sagte Fritzerl und hielt mir ein soeben aus dem Boden gekratztes steinzeitliches Werkzeug (Schaber oder Messer) unter die Nase. Das war (nach der Pfeilspitze auf der Seiseralm) der zweite prähistorische Fund auf unserem Alpenspaziergang. Ich wickelte ihn sorgfältig in Klopapier und steckte ihn in das Sonderfach meiner Geldbörse. Dann stiegen wir weiter ab zum Rifugio Brasca im Val Codera.

Kaum hatten wir das Haus erreicht, waren wir auch schon von einer Schar Italiener umringt... »Seid ihr die Leute vom Passo Barbacan?« Man hatte unseren Abstieg, Stufe um Stufe, mit dem Fernglas beobachtet und gratulierte uns jetzt dazu so, als hätten wir die Eigernordwand im Abstieg gemacht.

Schon eine Woche lang hatte die Besatzung des Rifugio Brasca überlegt, ob sie den Aufstieg zum Passo Barbacan wagen sollte oder nicht. Es waren alles Leute, die mit Steinschlaghelm, Seil, Eispickel, Eishaken und Steigeisen ausgerüstet waren. Sie hatten sich dann doch entschlossen, auf bessere Verhältnisse zu warten. Und jetzt – am letzten Tag ihres Urlaubs – kamen wir mit unseren schweren Rucksäcken und nur mit den lächerlichen Skistöcken in den Händen von dem Paß herunter...

Fritzerl ging zuallererst in die Küche. Gleich darauf rief sie mir zu, daß wir Glück hätten... an diesem Abend gäbe es eine Minestrone.

»Glück?« knurrte einer der Italiener. »In dieser Hütte gibt es wahrscheinlich schon seit der Erbauung jeden Abend nur Minestrone!«

Schon an diesem Abend wußten wir, daß das Val Codera ein Höhepunkt unseres Alpenspazierganges sein würde – ganz gleich, was immer wir noch

Oben: *Bei den Felsbildern des »Rupe Magna« im Valtellin.*
Unten: *Beim Aufstieg zum Passo Barbacan im Bergell.*
Unten rechts: *Zwei Bärtige am Comer See.*

auf unserem Weiterweg sehen oder erleben sollten. Denn dieses Tal ist wahrhaftig noch ein stilles Tal.

Von Novate Mezzola am Lago di Mezzola (Seehöhe 199 m) führt es etwa 15 Kilometer weit bis dicht an den 3308 Meter hohen Piz Badile. Es gibt keine Straße in dem Tal, nur ein Maultierpfad führt hinein. Und es gibt keinen Wintersport darin, weil die Lawinengefahr viel zu groß ist. Im Winter ist deswegen das ganze Tal überhaupt unbewohnt. Und im Sommer hat jeder Besucher des Rifugio Brasca zehn Wegkilometer hinter sich und dabei 1100 Höhenmeter überwunden.

Am nächsten Tag wanderten wir entlang blühender Ginsterbüsche talauswärts. Und wiederum beneidete ich unsere alpinen Großväter, für die solche unberührten Traumtäler noch keine Rarität waren.

Die kleine Häusergruppe Codera ist der Hauptort des Tales. Für uns ein sehr wichtiger Ort, weil unsere ganzen Lebensmittelvorräte zu Ende waren. Doch vergebens suchten wir ein Alimentari-Geschäft – es gibt keines in Codera.

Wir fanden nur eine Osteria mit einer verzweifelten Padrona, die schon seit gestern kein Stückchen Brot im Hause hatte, weil das Maultier, das immer den Proviant brachte, an einem verknacksten Fuß litt. Daher hatten auch ihre Leute zum Frühstück das allerletzte Stück Käse und den letzten Zipfel Salami aufgegessen...

Unterhalb von Codera führte unser Weg über zwei kühne Bogenbrücken dahin; es sollen Römerbrücken sein. Sind sie es wirklich? Normalerweise hätten wir das Mauerwerk näher untersucht, um Gewißheit zu bekommen. Doch ein knurrender Magen hemmt auch jeglichen Forschergeist (»bevor ich da hinauf- und hinunterkrieche, glaub ich's lieber, daß es eine Römerbrücke ist!«).

Um so gründlicher durchforschte ich aber unsere Rucksäcke nach irgend etwas Eßbarem. Ein kleines Stück ausgetrocknetes Brot fand ich und außerdem noch eine Knoblauchzehe. Ein Mini-Knoblauchbrotranken war dann unser komplettes Mittagsmahl.

Als wir mit noch immer knurrendem Magen wieder die Rucksäcke schulterten, beneidete ich unsere alpinen Großväter etwas weniger um ihre noch unberührten Traumtäler...

Später kamen wir in einen aus Riesenfarnen und Riesenkastanien (Stammumfänge fünf bis sieben Meter) bestehenden Urwald. Heiß brannte die Sonne auf das grüne Dach, und darunter trieb es uns den Schweiß heraus. Dann lichtete sich der Wald, und wir sahen über uns einen Kirchturm. Wir hatten Cola erreicht, das am unteren Rand einer öden Steinwüste liegt.

Cola ist ein verlassener Ort. Auf der Gasse wächst hoch das Gras, keine Tür ist auf und alle Fensterläden sind verschlossen; nur das Friedhofstor fanden wir offen. Über den eingesunkenen Gräbern ein Steinklotz mit dem Friedhofskreuz... fasziniert schauten wir auf die in den Stein eingeschnittene Dämonenfratze.

Wir hörten Schritte. Eine Frau kam durch die Friedhofstür, begrüßte uns sehr höflich und lud uns auf eine Schale Kaffee ein... »Mein Mann hat Sie mit dem Fernglas schon kommen gesehen!«

So haben wir das Ehepaar Nonini kennengelernt. Beide sind in Cola geboren worden, als es noch ein belebtes Dorf (mit bis zu zwölf Kindern pro Familie) war. Und sie haben dann auch jene Zeit erlebt, in der eine Familie nach der anderen diesen Ort am Rande des Ödlandes verlassen hat. Jetzt, als alte Leute, sind sie die einzigen Menschen, die noch die Sommerzeit in ihrem Dorf verbringen. An einem großen Steintisch, der noch vom Urgroßvater Nonini gearbeitet worden ist, nahmen wir Platz.

Die Signora brachte Salami, Käse, Brot und Wein. Und selbstverständlich ergab sich bald das Gesprächsthema: Leben in der Einsamkeit. Leben ohne elektrischen Strom, ohne Komfort und auch ohne Kontakt mit Mitmenschen. Dafür aber Leben in guter Luft und tiefer Stille.

Signor Nonini meinte, daß ein solches Leben vor allem von einer inneren Einstellung abhängig sein muß – und nicht von nur gehörten oder gelesenen Schlagworten.

Oft kommen jetzt Großstadtmenschen in das Val Codera und kaufen einen verlassenen Bauernhof, um darin Ruhe zu finden. Die finden sie. Doch bald macht sie diese Ruhe unruhig, und sie schleppen Berge von Zeitschriften und Kreuzworträtsel in das stille Haus... »Und wenn sie dann mit einem Radio kommen, dann wissen wir, daß diese Leute bald wieder fortziehen werden!«

Auch wir mußten wieder gehen. Signor Nonini sagte, daß wir winken sollten, wenn wir San Giorgio erreicht hätten. Mit seinem Fernglas würde er diesen Gruß genau sehen...

Auf einer Wiese vor San Giorgio band ich dann mein Schneuztüchl an einen der Skistöcke und winkte, winkte... Zwischen Cola und San Giorgio klafft eine tiefe Schlucht. Es wehte ein leichter Wind, aber es war deutlich zu hören, daß da drüben in Cola ein Mensch immer wieder etwas rief und schrie, von dem wir leider kein Wort verstanden.

Fast ein wenig traurig wanderten wir weiter. Wir hatten das Gefühl, als hätten wir Schiffbrüchige auf einer Insel zurückgelassen. Gewiß, das alte Ehepaar in dem verlassenen Dorf hatte seine »innere Einstellung«. Aber warum hatte es uns nur ungern wieder ziehen lassen und warum hatte der Mann noch diesen letzten Grußwechsel mit uns Fremden gewünscht? Einsamkeit kann wundervoll sein, aber ein bisserl schmerzlich ist sie auch...

Wir hatten den Abstecher vom »Sentiero Roma« nach San Giorgio deswegen gemacht, weil dort Felsengräber zu sehen sind. Etruskische Felsengräber hatte man vor einiger Zeit gesagt, als die Etrusker modern waren. Jetzt sind die Kelten modern (Asterix und die Folgen!), und die Felsengräber gelten als keltisch.

Als wir im ersten Haus nach den Gräbern fragten, drückte die Hausfrau zunächst jedem von uns beiden eine Bierdose in die Hand... sie habe uns schon kommen gesehen und gewiß würden wir Durst haben. Allmählich gewöhnten wir uns daran, daß wir im Val Codera bei unserer Ankunft überall schon erwartet wurden.

Als wir das Bier bezahlen wollten, wehrte das die Frau lächelnd ab...

»Wir freuen uns doch über jeden Besuch!«

»Kommen viele Leute?«

»O ja. Im vergangenen Sommer sind sogar vier Personen – darunter ebenfalls eine Frau – zu uns heraufgekommen!«

Die Gräber: Wir sahen zwei badewannengroße, in Felsblöcke eingeschnittene Becken. Das eine hat an seinem Boden sogar ein steinernes Kopfkissen und rund um das Becken eingeschnittene Rillen. In vielen Felsengräbern der Etrusker hatten wir schon solche steinerne Kopfkissen gesehen. Aber die Rillen hatten wir andererseits an den sogenannten keltischen Opfersteinen gesehen; »Blutrillen« nennt man sie.

Bei diesen Blöcken ist der Friedhof von San Giorgio, und in ihm befindet sich eine große Grotte, deren Wände Bearbeitungsspuren zeigen. Jetzt steht ein Altar darin, aber die ganze Anlage schaut recht urtümlich aus. Zwischen dieser Grotte und den zwei Felsblöcken mit den Becken darin bestand wahrscheinlich ein Zusammenhang. Und wenn das zutrifft, dann steht man hier an einer vorchristlichen Kultstätte, und die »Gräber« waren keine Gräber.

Dazu kommt noch die Lage des Platzes, die bei alten Kultstätten eine wesentliche Bedeutung hat: Man fühlt sich hier wie auf einer Riesenkanzel hoch über dem Lago di Mezzola und dem flachen Uferland um ihn...

Soweit waren wir in unseren Überlegungen gekommen, als sich Fritzerl plötzlich an etwas erinnerte... »Du, vergiß nicht, daß wir von dieser Riesenkanzel heute noch bis zu dem See hinunter müssen!«

Man sagte uns, daß wir zum Lago hinunter zwei Wegmöglichkeiten hätten: Eine »via comoda« und einen kürzeren, aber sehr steinigen (»molti sassi!«) Weg. Selbstverständlich gingen wir den bequemen Weg. Die »via comoda« führte im Zickzack durch eine fast senkrechte Wand und war ein Gruselerlebnis besonderer Art, weil der Weg an manchen Stellen vom letzten Gewitter einfach weggeschwemmt worden war. Und Steine gab es auf ihm in allen Größen und in Großmengen. Unser Trost: Wenn diese »via comoda« schon so ist, wie muß dann erst der »Molti-sassi-Weg« sein!

Als wir den See erreichten, war es bereits Nacht. Erst nach längerem Suchen bekamen wir in einem Hotel das letzte freie Zimmer – eigentlich war es nur ein enges umfunktioniertes Besenkammerl dicht neben der vielbefahrenen Straße. Es war Samstag, und die Mailänder waren an diesem schönen Wochenende in Scharen gekommen.

Hungrig und durstig stürzten wir uns sofort in den Speisesaal. Ich beugte mich über die Speisekarte. Fritzerl pflückte diskret eine Raupe aus meinen Haaren, die ich bei der Herumstolperei irgendwo im dusteren Gebüsch aufgefangen hatte. Wir mußten uns jetzt wieder auf eine ganz andere Welt umstellen...

76

Oberitalienische Seen

»Zwischen den Bergen der Südalpen liegen Seen eingebettet, deren innig tiefer Farbenglanz, deren reich gestaltete Ufer mit der Fülle südlichen Pflanzenwuchses dem aus der Majestät der Alpennatur nach dem Süden Kommenden überraschend und beglückend die sonnige Raumweite, das milde Klima, die Schönheit Italiens darbieten.« So hatte Heinrich Decker in der Einleitung des Buches »Oberitalienische Seen« geschrieben.

Ich hatte in den sechziger Jahren im Kunstverlag Schroll dieses Buch gemacht. Buchhersteller war damals noch ein sehr vielseitiger Beruf. Ich mußte nicht nur Layouts machen und die billigste Buchbinderei suchen, ich mußte auch die Fotos für ein solches Buch besorgen. Diese suchte ich aus den Archiven der Ortsfotografen.

In Menaggio am Comersee wurde ich einmal kurz vor Mitternacht in meinem Hotelzimmer aus dem Schlaf geweckt. Vor der Tür standen drei Carabinieri mit schußbereiten Maschinenpistolen. Es war Ende Februar, kein normaler Mensch begibt sich zu dieser Jahreszeit an den Comersee. Außerdem: Menaggio ist nur wenige Kilometer von der Schweizer Grenze entfernt. Kurzum: ich war ein hochverdächtiges Individuum.

Nachdem der Capo mindestens fünfmal meinen Paß durchblättert hatte, fragte er mich nach dem Zweck meines Aufenthalts. Ich sagte, daß ich ein Buch vorbereite über die Schönheiten der Oberitalienischen Seen. Der Capo wurde verlegen. Ob er mich auf einen Kaffee einladen dürfe?

Ich zog mich an für den Kaffee. Die Hotelbar hatte schon geschlossen. Die Bar neben dem Hotel ebenfalls. Ein Fremder und drei mit Maschinenpistolen bewaffnete Carabinieri zogen durch die Gassen von Menaggio, um einen Versöhnungskaffee zu trinken. Alle Lokale hatten um diese Jahreszeit schon geschlossen. Ich konnte es nicht wörtlich verstehen, aber den Sinn habe ich schon mitbekommen, was zuletzt der Capo fluchte, nämlich, daß dieses Menaggio doch das von der Madonna und allen Heiligen verfluchteste und verlassenste Negerdorf der ganzen Welt wäre.

Nach dem vielen Schnee im Hochgebirge hatten wir am Comersee in den grünen Gärten das Gefühl, in einer verzauberten Welt unterwegs zu sein. Wir lustwandelten (ohne Rucksäcke, ohne Skistöcke!) durch die Gärten der Villa Monastero, Villa Melzi, Villa degli Cypressi. Zuletzt besuchten wir die Villa Carlotta bei Tremezzo.

Über diese hatte Heinrich Decker geschrieben: »Hier grünen Zedern, blühen Magnolien- und Tulpenbäume, wenn die Berge droben noch Schnee tragen. Die Villa selbst wurde um 1820 von ihrem Besitzer, dem Grafen Sommariva, zu einem wahren Museum der Skulptur des italienischen Klassizismus ausgestattet, dessen marmorne Kühle seltsam mit der Wärme und dem südlichen Licht vor den Fenstern kontrastiert. Der zum Römer gewordene dänische Bildhauer Thorwaldsen hat in diesen Sälen den für Napoleon bestimmten Triumphzug Alexanders, Canova eine Wiederholung seiner

1793 für Paris geschaffenen zärtlichen Marmorgruppe ›Amor und Psyche‹ aufgestellt; man atmet die dünne Höhenluft des Empire.«

Canovas »Amor und Psyche« ist besonders für junge Paare das große Schaustück der Villa Carlotta. »Würden Sie bitte eine Aufnahme von uns machen?« bat ein junger Deutscher und baute sich dann mit seinem Mädchen vor der Marmorgruppe auf. Das Mädchen bemühte sich sehr, ebenfalls den hingebungsvollen Gesichtsausdruck der Psyche hinzukriegen…

Da kam der Reiseleiter: »Beeilung, meine Herrschaften, Beeilung! Wir haben heute noch drei Villen zu besichtigen!«

Und der hingebungsvolle Ausdruck schwand aus dem Gesicht des Mädchens und müde und matt schaute es dann zur Kamera.

Beherrschend über Tremezzo steht der Monte Tremezzo (1700 m). Nach der Wanderkarte führt kein Weg auf diesen Gipfel. Der Berg interessierte mich.

Ein Vorgipfel des Monte Tremezzo ist der Monte Crocione (1641 m). In einem Baedeker-Reiseführer aus dem Jahre 1882 hatte ich über diesen gelesen: »Mit Führer 5 fr., eine 6–7st. ermüdende Wanderung; wegen der Wärme um 2 oder 3 Uhr früh aufbrechen. Überraschender Blick auf die Monte-Rosa-Kette, die Berner Alpen und den Montblanc, zu den Füßen die Seen.«

Nachdem wir die bei der Kassa der Villa Carlotta deponierten Rucksäcke aufgenommen hatten, brachen wir um 12 Uhr mittag auf, um den Monte Tremezzo zu ersteigen.

Wir gingen durch Bonzanigo, wo man am 28. April 1945 Benito Mussolini und seine Geliebte Claretta Petacci erschossen hatte (und nachher in Mailand an der Piazzale Loreto an den Füßen aufgehängt zur Schau stellte). Geschlossene Sonnenläden, kein Mensch auf der Straße, nur eine schlafende Miezekatze an einer Hauswand. Kaum zu glauben, daß in diesem Ort einmal »etwas geschehen ist«…

Wir kamen dann bald in eine öde Karstwildnis und wollten beim nächsten Bauernhof noch unsere Feldflaschen mit Wasser füllen. Die Bäuerin kam nach unserer Bitte um Wasser mit einer Karaffe und schenkte uns zwei Achtellitergläser voll. Wir waren von der brennheißen Sonne und den heißen Steinen gluterhitzt, und die zwei Achtellitergläser Wasser verschwanden zischend in unseren Kehlen. Ob wir noch ein Glas wollten? Wir wollten.

»Wasser haben wir hier sehr wenig, weil wir nur auf das Regenwasser in den Zisternen angewiesen sind!« sagte die Bäuerin. Wir trauten uns nicht mehr zu fragen, ob wir auch unsere Feldflaschen füllen dürften. Beim nächsten Hof bekamen wir das kostbare Wasser in Sektflöten serviert.

Erst ein Stück weiter oben, auf der letzten Hochalm, sagte der Hirte, daß er mit seiner großen Zisterne ein »wasserreicher« Mann wäre und wir wagten es, ihn zu fragen, ob wir auch unsere Feldflaschen füllen dürften. Der Wasserkrösus gestattete es.

Das war unsere Rettung. In dem Bergland zwischen dem Comer- und dem Luganersee sind wir uns vorgekommen wie Wanderer in der Wüste von Wasserloch zu Wasserloch, und als wir dann in Ponna wieder vor einem fließenden Brunnen standen, haben wir dieses Wunder gar nicht fassen können.

Wir stiegen weiter bergan und trafen die »Walküre«, ein Prachtstück von einer jungen, kraftvollen Frau. Auf der Schulter trug sie einen schweren Eselsattel, aber sie trug diesen so lässig, als ob er ein Schmuckstück wäre. Sie komme von ihrem Mann, sagte sie, der da oben am Monte Tremezzo eine Alm bewirtschafte. Ob es Wasser auf der Alm gäbe, fragten wir gierig. Ja, Wasser auch, aber sogar noch viel mehr: »Latte, burro, formaggio!« Milch, Butter, Käse – wir hatten unser Tagesziel!

Walküre beschrieb uns den Weg: Jetzt kämen wir bald zu einem Tunnel der alten (in der Mussolinizeit gebauten) Militärstraße. Und gleich nach dem Tunnel müßten wir rechts aufwärtssteigen, dann kämen wir nach zwei Stunden zu der Alm und zu ihrem Mann. »Grüßen Sie ihn von mir!«

Gleich nach dem Tunnel stiegen wir also einen Weg rechts aufwärts. Ein schöner Serpentinenweg, der nur allmählich immer schmäler wurde und zuletzt dann nur mehr eine dürftige Pfadspur war. Aber es gab immerhin noch eine Art von Markierung – an Sträucher gebundene rote Stoffstreifen.

Aber bald gab es auch diese Markierung nicht mehr. Latte, burro und formaggio waren nunmehr weit weg von uns.

Wir standen etwa 200 Meter unter dem Gipfel des Monte Crocione, sahen sogar schon das Gipfelkreuz. Aber dazwischen gab es einen sehr steilen Rasengrat.

Man sagt, daß die Höfats im Allgäu der schlimmste und gefährlichste Grasberg der Alpen sei. Wir haben die Höfats in Begleitung unseres Freundes Anderl Heckmair erstiegen, und für uns war es eine wunderschöne Bergfahrt gewesen. Der schlimmste und gefährlichste Grasberg der Alpen war jedoch ein reiner Genuß gewesen im Vergleich zu dem steilen Grasgrat, der uns noch vom Gipfelkreuz des Monte Crocione trennte.

Unsere Skistöcke wurden wieder zu Steigstöcken. Und der Grat immer mehr zu einer ganz schmalen Schneide hoch über dem Comersee. Mit unseren schweren Rucksäcken konnten wir auf jedes Rasenbüschel erst nach einer vorsichtigen Probebelastung draufsteigen.

»Fritzerl, sei vorsichtig!« sagte ich. Bla-bla... nur um etwas zu sagen.

»Charly«, sagte Fritzerl, »wenn wir diesen Grat unter uns haben, dann bete ich ein Vaterunser!«

Noch einige Klimmzüge an brüchigen Grashalmen, dann hatte ich die geneigte Rasenfläche unterhalb des Gipfelkreuzes erreicht...

»Fritzerl, wir haben's derpackt!« schrie ich laut.

Aber da sah ich Fritzerl zehn Meter unter mir noch immer auf dem steilen Grat und tief unter ihr den See, und das war ein so schauriges Bild, daß mir blitzartig bewußt wurde: »Gar nix haben wir noch derpackt, erst wenn deine Partnerin neben dir stehen wird, dann haben wir es derpackt!«

»Halt dich gut an!« rief ich ihr zu.

»Na, was glaubst du, was ich schon die ganze Zeit mach?« war die Antwort.

Es war ½9 Uhr abends, als wir beim Kreuz standen. »Jetzt ist alles geritzt! Dort unten ist unsere Alm... Latte, burro, formaggio!«

Wir folgten einem Rasenkamm und bald mußte ich feststellen, daß nichts geritzt war. Diese Alm vor uns war öde und verlassen, die Latteburroformaggio-Alm mußte ganz woanders sein.

Allmählich wurde es dunkel. In den zum Teil verfallenen Almhütten fanden wir nur alten Kuhdreck und kein sauberes Plätzchen, auf dem wir unsere Schlafsäcke hätten ausbreiten können. Also schlugen wir unser Lager auf einem ebenen Rasenplatz vor den Hütten auf.

Unter uns der Comersee und der Luganersee. So viel Wasser! Wir hatten nur noch einen halben Liter in der Feldflasche. Den hätte jeder von uns ratzeputz in einem Zug ausgetrunken – so brennend war der Durst. Der Wiener Kabarettist Karl Farkas hat seinem Publikum einmal erklärt, was paradox ist ... wenn jemand auf den Sandwichinseln verhungert! Wir waren an den Oberitalienischen Seen am Verdursten.

Dann lagen wir in dem Biwaksack und den Daunenschlafsäcken. Gute Nacht!

Nach einer Weile fragte ich: »Schlafst schon?«

»Nein!« sagte Fritzerl. »Man schläft ohnedies viel zu viel. Ich schau mir noch ein bisserl die Sterne an!«

Ich dachte an die ersten Textzeilen des Bergzigeunerliedls vom Rauscher Ernstl, das mit den Worten beginnt:

»Ist es nicht ein wunderbares Leben,
frei wie Zigeuner wir sind.
Einmal hier und einmal dort zu leben
hin und her zu ziehen wie der Wind...«

Und dann gibts in diesem Liedl auch noch diese zwei Textzeilen:

»Klare Nacht, dich haben wir so gerne,
die Erinnerung, die in dir wohnt!«

Die klare Nacht umfing mich wie auch die Erinnerung. Heute würde man den Rauscher Ernstl einen Liedermacher nennen. Damals, als mein Traum von einer Wanderung durch die ganzen Alpen begann, hatte es unter den Bergsteigern noch viele solche Liedermacher gegeben. In unserer Zeit wird in den Schutzhütten kaum noch gesungen. Da oben am Monte Crocione war ich eigentlich recht froh darüber, daß ich in einer Zeit zum Bergsteiger wurde, in der die Menschen noch mehr Gemüt zeigten... »Klare Nacht, dich haben wir so gerne...«

Am nächsten Morgen stiegen wir über einen Rasenkamm zum Monte Tremezzo auf. Diesen Berg, auf den nach der Wanderkarte kein Weg hinaufführt, hatte ich mir als kühnen, abweisenden Berg vorgestellt. Als wir uns seinem Gipfel näherten, sagte Fritzerl: »Schau, da ist schon jemand oben!« – Eine ganze Kuhherde lungerte auf dem Grasmugel herum!

Wir kauften uns unterwegs immer die Wanderkarten, die wir für die nächste Zeit brauchten. Und diese Wanderkarten waren oft mehr als schlecht – sie waren einfach lausig! Aber wir mußten mit ihnen leben beziehungsweise wandern.

Für den Übergang zum Luganersee hatte ich mir – nach dem Kartenstudium – einen besonderen Gag ausgedacht. Da gibt es nämlich am Luganersee und schon in der Schweiz eine italienische Enklave (= fremdstaatliches Gebiet) mit dem Namen Campione – ein Ort, der von seinem Spielkasino lebt. Spielen wollten wir in Campione bestimmt nicht, nur erleben, was eine solche Enklave eigentlich ist.

Nach unserer famosen Wanderkarte (letzte Ausgabe) führt von Sighignola (1302 m) in Italien eine Seilbahn durch die Schweiz in die italienische Enklave Campione. »Fritzerl, die Gaudi leisten wir uns, wir fahren mit dieser Seilbahn nach Campione!«

Tja, und dann erfuhren wir in Lanzo, daß die auf unserer Superwanderkarte eingezeichnete Seilbahn nur projektiert war und infolge Geldmangels nie gebaut worden ist…

Wir hatten eine feste Arbeitsteilung: Quartiersuche und Wäschewaschen war Fritzerls Geschäft, Einkaufen und Kochen meines…

Über den Monte Lema (1623 m) waren wir vom Luganersee zum Lago Maggiore hinübergewandert und dann mit dem Schiff von Luino nach Stresa gefahren. Daß wir in Stresa – dem Luxusort mit seinem Kongreßzentrum – nicht so schnell ein halbwegs billiges Quartier finden würden, war uns klar.

Ich saß neben dem Gepäck auf einer Bank neben dem Hafen und war auf ein längeres Warten eingestellt; doch nach kaum zehn Minuten war Fritzerl wieder da. Sie schaute gar nicht froh drein.

Ja, ein Zimmer hätte sie gefunden, ein wunderschönes Zimmer sogar mit Balkon und Blick auf den See. Aber das Hotel sei so fein und das Zimmer so billig – da muß ein Wurm drinnen sein!

Mit Bergschuhen, Skistöcken und den Rucksäcken am Buckel zogen wir im »Gigi-Hotel« ein. Wir mußten durch ein riesiges Konzertcafé gehen, in dem piekfeine Leute an den Tischen saßen und Eis löffelten. Ein Kellner im Jackett und mit Gurgelpropeller kam, nahm galant Fritzerl den Rucksack ab und trug ihn hinauf aufs Zimmer. Es war wirklich ein wunderschönes Zimmer. Aber der Wurm?

»Fritzerl, das Gigi-Hotel ist sicher ein Stundenhotel!« sagte ich. »Die brauchen nur einige Alibi-Gäste!«

Aber das war es nicht, das Gigi-Hotel ist ein höchst seriöses Haus. Und sein Besitzer hatte uns einen Sonderpreis gemacht, weil er ein begeisterter Wanderer ist – jeder Mann seines Personals war das ebenfalls. Wenn wir an der Bar unseren Kaffee schlürften, bekamen wir als Draufgabe immer sämtliche Bergerlebnisse des diensthabenden Barkeepers geschildert. Man zerriß sich im Gigi-Hotel um unser Wohlbefinden. Und als ein Italiener etwas eifersüchtig fragte, wer diese zwei VIPs eigentlich seien, bekam er die Antwort: »Das sind unsere Bergsteiger!«

Bei der Arbeit an dem Buch »Oberitalienische Seen« hatte es eine kleine Meinungsverschiedenheit zwischen dem Kunsthistoriker Dr. Decker und mir gegeben. Er wollte durchaus kein Bild von der Isola Bella bringen, weil er die ganze Anlage so grausig kitschig empfand...

Das ist sie auch. Wir haben herzlich gelacht beim Anblick der Steinfiguren mit ihren heroisch oder anmutig sein sollenden Gebärden und den dümmlichen Gesichtern. Die Grafen Borromeo scheinen für ihren Inselgarten mit sicherem Griff die miesesten Bildhauer des 17. Jahrhunderts engagiert zu haben.

Trotzdem: Uns hat die Isola Bella gefallen. Auch im Kitsch kann Poesie stecken, die das Gemüt berührt. Es war Mitte Juli, Urlaubszeit. Menschenmassen durchzogen den Garten, und ein jeder Fotograf stand dem anderen im Wege. Und die berühmten Pfaue stolzierten nicht dahin, sondern standen etwas verschreckt in einem Winkel. Natürlich wollte ein jeder Fotograf einen radschlagenden Pfau fotografieren, Fritzerl auch.

Ich versuchte es mit Lockrufen. Nichts.

Mit Zungenschnalzen. Nichts.

Dann rief ich laut »Hü-ho!«, und dieser ungewohnte Ruf erschreckte anscheinend das Viech so, daß es ein prachtvolles Rad schlug.

In diesem Augenblick aber fotografierte Fritzerl einige Meter entfernt einige Oleanderbüsche, und als sie dann kam, war das Pfauenrad schon wieder zusammengefallen wie ein Kartenhaus.

In Gignese oberhalb vom Lago Maggiore gibt es ein »Schirmmuseum«. Das mußten wir sehen.

Gignese ist nur ein etwas größeres Dorf und wir hatten uns vorgestellt, das Museum in zwei, drei Räumen des Gemeindeamtes zu finden. Aber voll Stolz zeigte man uns einen modernen Riesenbetonbau, der eher nach einem Kongreßpalast aussah... das »Museo dell'Ombrello«.

Etwas verloren wirken in den Riesenhallen die großen und kleinen Regen- und Sonnenschirme in den Vitrinen. Wir bewunderten vor allem die modischen Damensonnenschirme.

Der Beleg dafür,
daß es das »Schirmmuseum«
tatsächlich gibt!

Heute gilt es als fesch, braungebrannt zu sein. Unsere Damen lassen sich voll Geduld stundenlang von der Sonne braunbraten, und wenn keine Sonne scheint, dann auf ins Solarium. Einst jedoch galt es als fesch, blaß zu sein. Braungebrannt war nur das gewöhnliche Volk, das im Freien arbeiten mußte. Die Damen versuchten daher fast mit panischer Angst, jeden Sonnenstrahl von ihrer Haut fernzuhalten.

Nach dem Museumsbesuch erstiegen wir den Monte Mottarone. »Wenn man ein Herz hat und ein Hemd, muß man das Hemd verkaufen, um sich die Umgebung des Lago Maggiore ansehen zu können«, hatte der französische Dichter Stendhal geschrieben. Wir hatten unser Hemd schon verkauft.

Der Monte Mottarone (1491 m) ist in zweifacher Hinsicht einmalig.

Einmalig ist von ihm die Kontrastaussicht... einerseits auf den weißen Alpenhauptkamm mit dem Monte Rosa, andererseits auf die Südlandschaft der Oberitalienischen Seen.

Und ebenfalls einmalig ist, wie man einen der berühmtesten Aussichtsgipfel der Alpen durch Straßen-, Seil- und Liftanlagen und durch Radio- oder Radarstationen verbetoniert und verschandelt hat.

Doch so wie auf allen Seilbahnbergen kommt man auch auf dem Mottarone sofort in tiefe Einsamkeit, wenn man bloß einige Schritte mehr geht. Und da sahen wir das Ungeheuer...

Der mächtige Urgesteinsblock sah wirklich aus wie ein ruhendes dickhäutiges Lebewesen aus der Vorzeit... mit dem kleinen Kugelkopf und einem walzenförmigen Leib. Fritzerl fotografierte es von allen Seiten. Dann gingen wir weiter – und da lag das nächste Ungeheuer!

Der ganze Steilhang des Mottarone ist übersät mit bizarren Felsblöcken, die alle mehr oder weniger Vorzeitmonstern gleichen. Der Schöpfer scheint bei seiner Arbeit in diesem Gebiet etwas verspielt gewesen zu sein.

Und auch am Lago d'Orta hat er sich ein kleines Scherzchen erlaubt. Während alle Seen im Süden der Alpen auch ihren Abfluß nach dem Süden haben, hat dieser seinen justament nach dem Norden! Nicht sehr weit, aber immerhin doch an die acht Kilometer fließt dieses Flüßchen aus dem See in Richtung Norden und zum Alpenhauptkamm.

Die Leute von Omegna sind sehr stolz auf diese Kuriosität, und einige sagten uns, daß nunmehr auch wir die beliebte Quizfrage richtig beantworten können: »Wo fließt das Wasser zum Berg?« Hier geschieht das, hier!

An den Oberitalienischen Seen waren wir manchmal weniger Alpenspaziergänger als Alpenseefahrer. Wir hatten den Wanderstock beiseitegelegt...

Aber das nur metaphorisch. Wenn wir für die Überfahrten ein Schiff betraten, hatten wir natürlich auch unsere Skistöcke mit. Und das erregte Aufsehen. Sehr viele Schiffspassagiere erzählten uns bald, daß sie ebenfalls Bergwanderer seien...

Bei der Überfahrt über den Lago Maggiore plauderten wir lange mit einer weißhaarigen alten Dame aus Florenz. Auch sie hatte einmal einen großen

Wunschtraum gehabt... schon als fünfzehnjähriges Mädchen hatte sie sich gewünscht, auf dem Gipfel des Monte Rosa zu stehen.

Das galt damals in ihren Kreisen als ein für eine Frau unmögliches Unternehmen. Das Mädchen träumte seinen Traum trotzdem weiter. Als es heiratete, war auch ihr Mann nicht für den Monte Rosa. Die junge Frau bekam Kinder, wurde älter, träumte weiter. Und sie begann für eine Monte-Rosa-Ersteigung zu trainieren. Im Apennin. Aber so oft sie zum Monte Rosa wollte, kam etwas dazwischen. Eines der Kinder wurde krank oder sonstwas. Erst als Achtundvierzigjährige konnte sie mit einem Bergführer ihren Traumberg ersteigen...

»Und nachher?«

»Seither war ich nie mehr auf einem großen Berg!«

Für die alte Dame wäre nach dem Monte Rosa jede Besteigung eines anderen großen Berges – so meinte sie – Untreue gewesen, Untreue zu einem großen Traum. Der Monte Rosa – ein Berg fürs ganze Leben.

Zu ihm wollten auch wir.

Unter Viertausendern

Campello Monti (1305 m) ist ein noch urtümliches Dorf. Ein winziges Haus ist Albergo, Bar, Ristorante und Alimentari sowie auch Verkaufsstelle für »Sale e Tabacchi«.

In einem Ristorante sind oft köstliche Leckerbissen zur Schau gestellt, welche den Appetit der Gäste anregen sollen. In Campello Monti standen auf einer Stellage etliche Gläser mit in Spiritus eingelegten Sandvipern. Ich bestellte Spaghetti mit Vipernragout...

Unser Sohn Martin war am Lago Maggiore zu uns gestoßen und wollte uns drei Wochen lang begleiten. Beim Aufstieg von Rimella zur Alpe del Rio hörte ich plötzlich ein bösartiges Zischen. Fast wäre Martin auf eine mitten am Weg liegende Sandviper getreten.

Man sagt, daß Schlangen scheue Tiere wären, die allein schon durch die Bodenvibration eines herannahenden Menschen zur Flucht getrieben werden. Unsere Viper hatte anscheinend davon noch nichts gehört; sie richtete sich angriffslustig auf, und als sie Martin vom Weg entfernen wollte, ringelte sie sich wütend um seinen Stock.

Auf unserem Alpenspaziergang war es uns schon zur Gewohnheit geworden, bei Rasten jede Sitzgelegenheit nach Schlangen zu untersuchen. Als ich eine Woche nach unserer Rückkehr auf dem Wiener Kahlenberg rasten wollte (auf dem es höchstens Regenwürmer gibt), ertappte ich mich dabei, daß ich – Macht der Gewohnheit – noch immer Sitzplätze nach Schlangen absuchte...

Macugnaga hat eine Seehöhe von 1300 Metern, der höchste Gipfel des Monte-Rosa-Massivs ist 4638 Meter hoch. Der Anblick der Monte-Rosa-Ostwand über Macugnaga ist (wie man sagt) überwältigend.

Mich überwältigte er nicht. Die Wand schaut zwar recht hoch aus – aber das ist auch alles. Ihr fehlt das »gewisse Etwas«, das an manchen viel niedrigeren und weniger berühmten Wänden so fasziniert. Zum Monte Rosa scheine ich also kein Verhältnis zu finden – von der Zermatter Seite aus ist er mir stets nur wie ein riesengroßer Pudding mit Schlagobers vorgekommen.

Vielleicht hat zu diesem gestörten Verhältnis zum Monte Rosa auch der Pferdinand etwas beigetragen…

Eigentlich hieß er Ferdinand. Aber wir nannten ihn Pferdinand, weil er so stark war wie ein Roß und weil er auch so stur sein konnte.

Einmal hatte sich Pferdinand am Peilstein einen schweren Riß hinaufgeschunden und als er dann am Ausstieg stand, fühlte er sich als ein König der Berge. Am Ausstieg stand aber auch ein älterer Herr und der fühlte sich verpflichtet, den Pferdinand aufzuklären. Der Peilstein wäre ja ganz nett, sagte er, aber im Vergleich mit einem Viertausender doch nur ein unbedeutender Mugel. Erst auf einem Viertausender zeige sich, was echtes Bergsteigen sei. Der Monte Rosa zum Beispiel…

Damals in unserer Jugendzeit haben wir zwar oft mit grimmigernsten Gesichtern gesungen:
> »Am Fuß den schweren Nagelschuh,
> den Pickel in der Faust,
> so ziehen wir den Bergen zu,
> wo das Verderben haust!«

Aber viel lieber als »mit dem Pickel in der Faust« zogen die meisten von uns doch »mit Seil und Haken« in die Berge. Und auch heute noch finde ich die Welt der hohen Berge wohl herrlich und wunderschön, aber nach jedem Urlaub in den Westalpen sehne ich mich innigst wieder nach dem warmen sonnigen Fels der Dolomiten. Das Stapfen im Schnee und das Herumhakken im Eis ist nicht sehr abwechslungsreich; wie prickelnd hingegen ist das Klettern im Fels, wo man sich Meter um Meter dem Unbekannten entgegenstreckt. Nach dem beliebten Gipfelbuchsprücherl
> »Den Alpinist hat Gott erschaffen
> als Kreuzung zwischen Mensch und Affen!«
muß in mir noch recht viel Affinität stecken…

Damals am Peilstein war der Pferdinand stocksauer, weil der Alte seinen Peilstein einen unbedeutenden Mugel nannte und dafür von einem Monte Rosa (der angeblich ein göttliches Lächeln haben soll) schwärmte. Der Pferdinand war also stocksauer und sagte: »Der Monte Rosa… was wär schon dieser depperte Monte Rosa, wenn er nicht so hoch wär!«

Was wäre wirklich der Monte Rosa, wenn er nicht so hoch wäre?

Ich erzählte Martin, daß die Monte-Rosa-Ostwand sehr gefährlich wegen der oft herabstürzenden Schnee- und Eislawinen sei…

Schnee- und Eislawinen... solche wollte Martin unbedingt sehen und fotografieren.

Wir fuhren mit dem Sessellift hinauf zum Belvedere und wanderten dann über einen Moränenrücken bis in die Nähe des Rifugio Zamboni. Jetzt waren wir etwa 500 Meter vom Fuß der Riesenwand entfernt, die in diesem Sommer noch nicht durchstiegen worden war. Wir setzten uns auf einen sonnenbeschienenen Felsblock, Martin legte seine schußbereite Kamera neben sich... das Schauspiel konnte beginnen.

Es begann nicht. In der Wand war es so still wie im Garten eines Trappistenklosters. »Warte nur, bis die Sonne kräftiger scheint!« sagte ich.

Martin hatte bereits eine von der Sonne knallrot gebrannte Nase, aber die Schnee- und Eismassen der Ostwand schienen festbetoniert zu sein. Es war für mich sehr schön, da auf dem Felsen zu hocken und zu faulenzen, aber daß die Schnee- und Eislawinen ebenfalls faulenzten, das empfand Martin als persönliche Beleidigung.

So um drei Uhr nachmittag resignierte er. Über den Moränenrücken wanderten wir langsam zurück zur Sesselliftstation. Wir hatten sie schon fast erreicht, als es donnerte. Nein, nicht donnerte! Genau gegenüber von dem Felsblock, auf dem wir stundenlang gehockt waren wie Hennen auf den Eiern, genau dort zischte jetzt eine mächtige Schnee- und Eislawine in der Monte-Rosa-Ostwand herunter...

Von Macugnaga zog ich allein über den Turlopaß (2738 m) nach Alagna Valsesia. Martin übersiedelte sein Auto ins Aostatal, Fritzerl begleitete ihn.

Beim Bivacco Lanti rastete ich ein bisserl. Ein junger Italiener kam den wunderschönen, aus sauberen Granitplatten gebildeten Weg herauf. Sein Urlaub sei zu Ende, am Abend müsse er wieder zurück nach Mailand, sagte er.

So waren Bergsteiger
noch vor etwa 50 Jahren
in den Westalpen unterwegs.
Das Seil hatten sie nur um den
Bauch gebunden.

Dem Italiener blieb der Mund offen, als ich ihm erzählte, wie lange mein Urlaub schon dauerte und noch dauern wird. »Pensionista!« sagte er fast andächtig. Dann stieg er mit schnellen Schritten weiter bergan.

Als ich den Turlopaß erreichte, ertönte plötzlich ein Sprechchor: »Viva il pensionista!« Der junge Italiener hatte von mir Urlaubsreichen erzählt, ein Dutzend Leute (die von Alagna zum Paß aufgestiegen waren) schüttelten meine Hand.

Einer der Italiener und seine bildhübsche Tochter begleiteten mich beim Abstieg. Beide brannten vor Bergbegeisterung, aber auch ihr Urlaub war zu Ende. Und wieder hörte ich das Wort »Pensionista!« andächtig und sehnsuchtsvoll ausgesprochen.

Unten in Alagna fragte mich der Signore, ob ich die Nacht in seiner Sommerwohnung verbringen wolle. So wurde ich Gast von Luigi d'Ambrosio, dem Vizedirektor einer der größten Banken Italiens.

Am Abend machten wir noch einen Spaziergang durch den Ort. Das Paradoxe dabei war, daß mir der liebenswerte Vollblutitaliener d'Ambrosio immer wieder und fast mit Andacht erzählte, daß ich mich hier in einem rein deutschen Ort befände...

Tatsächlich ist Alagna eine von den deutschen Sprachinseln in Italien. Es wird von den sogenannten Walsern bewohnt, von Nachkommen der vor etwa 800 Jahren aus dem schweizerischen Rhônetal nach dem sonnigen Süden ausgewanderten deutschsprachigen Wallisern.

Voll Stolz zeigte mir Signor d'Ambrosio die alten Holzhäuser der Walser. In Italien bevorzugt man (als Nachkommen der für die Ewigkeit bauenden Römer) den Steinbau. In diesen Holzhäusern muß es sehr heimelig zu wohnen sein.

Jedoch in ihrer Umwelt haben es die Walser schwer mit ihrem Volkstum. Im Staat Italien werden sie wohl gehegt wie eine seltene Tier- oder Pflanzenart (Folklore macht sich immer gut!), aber in der von den Massenmedien beherrschten und in ihrer vom Fremdenverkehr getragenen Welt hat dieses Volkstum kaum noch eine Überlebenschance. Die in den vier Tälern (Anzasca, Sesia, Gressoney und d'Ayas) noch lebenden Walser sind alle viel zu isoliert, um noch einer Anpassung entgehen zu können. Schon längst schämen sich die Jungen ihres »dialetto brutto« und ihrer »Altwybersproch«. Sie reden nur walserisch, wenn sie ganz unter sich sind.

Dieses Walserisch ist schon ein etwas seltsames Deutsch...

»Margand Stond trogt Gald im Mond!«

Was das heißt?

»Morgenstund trägt Gold im Mund!«

Die Walser haben natürlich auch ihre Schwierigkeiten mit der deutschen Schriftsprache. Emil Balmer erzählt in seinem 1949 erschienenen Buch »Die Walser im Piemont«:

»Du, Schwyzer, hesch dyn Chopf?« rief ihm eine Bäuerin nach, bei der er auf Besuch war.

Natürlich hatte er noch immer seinen Kopf.

»Na – der Chopf ischt hier!« sagte die Bäuerin und hob den Hut hoch, den der Sprachforscher in der Küche vergessen hatte. Sie hatte von Fremden oft das Wort Kopf gehört und geglaubt, das wäre der Hut. Die Walser sagen zum Kopf Hupt (Haupt).

Obwohl der Wetterbericht strahlendes Wetter prophezeit hatte, prasselte am Col d'Olen (2864 m) doch schon wieder ein Regenschauer auf mich nieder. In einer Felsnische fand ich Unterschlupf (auf jeder unserer famosen Wanderkarten war dieses Wort konsequent als »Moterschlupf« deutsch übersetzt!)

Ein junger Mann und ein junges Mädchen retteten sich ebenfalls in den Moterschlupf. Sie kamen vom Monte Rosa und weil das Mädchen ihren Anorak im Rifugio Gnifetti vergessen hatte, war es klatschnaß. *Er* und *sie* waren Florentiner. *Sie* hatte eine glockenhelle Stimme, und bald nannte ich sie im stillen die »Madonna«...

»Madonna, Madonna! Wo habe ich meine Handschuhe?« – *Sie* saß darauf.

»Madonna, Madonna!« rief *sie* immer wieder mit glockenheller Stimme und kramte dabei wie wild in ihrem Rucksack – die Wasserflasche, die *sie* vergebens suchte, hatte jedoch schon seit Beginn des gemeinsamen Urlaubs *er* im Rucksack.

Der Regen ließ nach und die zwei brachen auf, weil sie in Gressoney einen Bus nicht versäumen durften. Noch ein »Madonna! Madonna!« – *Sie* hätte fast vergessen, das Schokoladepapierl mitzunehmen.

Als die zwei im Nebel verschwunden waren, kam ich mir wieder sehr allein vor. Ich bin zwar gerne einige Stunden allein, aber ich bin kein Einzelgänger und daher auch im Fels kein Alleingeher. Ich brauche immer einen Menschen neben mir, wenn's schön ist, und erst recht, wenn in einer Wand der Totenhansl ums Eck schaut. Ich freute mich schon sehr auf das Wiedersehen in Gressoney mit Fritzerl und Martin.

Kurz vor Gressoney kam *er* mit hochrotem Kopf den Berg wieder heraufgerannt. *Sie* hatte bei einer kleinen Rast an dem kleinen See den Eispickel vergessen.

»Werden Sie jetzt noch Ihren Bus erreichen?« fragte ich.

Der Bus? Auf den hatte der junge Mann in der Aufregung glatt vergessen. »Madonna, Madonna!« rief nun auch *er*.

Das Ehepaar Lukan vor dem (etwas geschrumpft aussehenden) Matterhorn der Südseite. Unser Aufstieg bis zum Sterbeplatz des berühmten Matterhornführers Carrel war die sentimentale Huldigung an ein Idol unserer Jugendzeit.

Von Gressoney la Trinité an gingen wir die »Alta Via della Val d'Aosta«. Und beim Aufstieg zum Colle superiore di Cime Bianche (2982 m) beschlossen wir, in der verfallenen Alpe Mase zu biwakieren.

Es war zwar erst fünf Uhr nachmittag, aber wir wollten in dieser Stille und Einsamkeit einmal einen gemütlichen Abend verbringen. Wir kochten Polenta mit Corned beef und bauten uns aus Brettern und Steinen Tisch und Bank neben der leise rieselnden Quelle.

Kaum hatten wir uns zum Essen niedergesetzt, kam ein Ehepaar vom Colle herab... »Buon appetito!« wünschte es uns und ließ sich neben der Quelle nieder.

Dann kamen noch drei Bergsteiger... »Buon appetito!«... und dann noch fünf Bergsteiger, welche alle bei der Quelle ihren Proviant hervorholten.

Ich hatte nun schon das Gefühl, als säße ich in der Wiener Fußgängerzone vor einem Restaurant bei einem Abendessen im Freien. Dann verabschiedeten sich die Leute... »Buona notte!«

»So – jetzt ist es wieder herrlich still!« sagte ich genüßlich und stellte Teewasser auf den Kocher.

Und da kam dann eine ganze Pfadfindergruppe den Berg herunter, welche in unserer stillen Alm ebenfalls ihr Biwak einrichtete.

Am nächsten Tag stiegen wir zum Colle hinauf und von dort sahen wir es – das Matterhorn! `

>»Das Matterhorn, das Matterhorn
ist fotogen, zumal von vorn.
Man knipst es gerne in Color
mit See, mit Kuh, mit Frau davor.«

so beginnt das Matterhorngedicht meines Freundes Pauli Wertheimer.

Von vorn – von Zermatt aus – ist nun einmal das Matterhorn fotogener. Aber ein imponierender Klotz ist es auch von Süden. Wir haben seinerzeit das Matterhorn auch »von vorn« erstiegen, aber viel lieber hätte ich schon damals den Italienischen Grat gemacht, weil das nicht nur der schönere, sondern auch der historische Anstieg ist. Am Italienischen Grat wurden die ersten Versuche zur Ersteigung der »Becca« (= Horn) unternommen; am Italienischen Grat brachte zwar jeder neue Vorstoß oft nur geringen Gewinn an Neuland nach oben, aber dennoch kam man dem Gipfel immer näher und näher.

Jean Antoine Carrel aus Valtournanche war fest davon überzeugt, daß er

Am Fuße des Montblanc.
Immer, wenn uns ein Anblick oder Ausblick besonders ergriffen hat,
haben wir uns Tee oder eine Suppe gekocht!

einmal als erster Mensch auf dem Gipfel des Matterhorns stehen würde. Aber dann begann der »Kampf ums Matterhorn« und nicht Carrel, sondern der Engländer Edward Whymper wurde 1865 zum Sieger. Kein glücklicher Sieger. Beim Abstieg stürzten vier seiner Gefährten ab – die Matterhornkatastrophe.

Schon immer hatte meine ganze Sympathie dem Verlierer Carrel gegolten (vielleicht auch deswegen, weil das Filmidol meiner Jugend, Luis Trenker, in den Matterhornfilmen immer den Carrel gespielt hat). Aber auch Whymper hätte auf dem Matterhorngipfel gerne Carrel als Sieger neben sich gesehen. Denn: »Er war der Erste, der seine Unersteiglichkeit bezweifelte, und der Einzige, der an dem Glauben festhielt, daß die Ersteigung gelingen werde.«

Am Matterhorn ist Carrel auch gestorben. In einem wüsten Schneesturm konnte er noch seinen Herrn bis zum Fuße der Felsen bringen, dann aber hatten ihn die Kraft und das Leben verlassen. Ein Kreuz erinnert an dieser Stelle an den großen Carrel, von dem man nachher in Valtournanche sagte, daß er am Matterhorn nicht gestürzt, sondern gestorben sei.

Sentimentale Jugendliebe zu einem Berghelden? Ein Aufstieg bis zum »Croce di Carrel« (2920 m) war in unserem Alpenspaziergang von Anfang an fest eingeplant gewesen, und es war ein wunderschöner Tag, als wir ihn antraten.

Ausgangsort: Cervinia, früher einmal Breuil und noch früher Giomein genannt. Guido Rey erzählt in seinem berühmten Matterhornbuch, daß Giomein um 1900 nur aus einem Hotel, einer Kapelle und einigen Häusern bestand... »Die blumige Anhöhe, auf der das Hotel steht, ist auf beiden Seiten von Wildbächen abgegrenzt, deren einer vom Theodul und der andere vom Matterhorn kommt, und die kleinen Täler, in denen sie dahinstürmen, bieten jedem, der Stille und Einsamkeit liebt, Stätten, deren Frieden kein fremder Mißton stört.«

Heute ist ganz Cervinia ein grausiger Mißton in der für den Skisport vollkommen zerstörten Landschaft. Aber da oben, beim Kreuz des Carrel, da waren wir aus all dem ein bisserl hinausgestiegen. Immer wieder zogen Bergsteiger an uns vorbei, die zum Rifugio Carrel aufstiegen, um am nächsten Tag das Horn zu derpacken.

Wir hatten vor unserem Alpenspaziergang befürchtet, daß es auch uns »packen würde«, wenn wir vor einem besonders schönen Berg stehen und diesen mangels jeglicher Alpinausrüstung nicht ersteigen könnten. Aber dann hatte es sich auf unserem langen Weg durch die Alpen gezeigt, daß eine solche Wanderung so etwas Eigen- und Einzigartiges ist, daß wir ohne Neid und ohne Herzweh die Gipfelstürmer an uns vorbeiziehen sahen... »Auguri!« wünschten wir den Italienern, »Bergheil!« den Deutschen.

Im Ort Valtournanche fanden wir noch ein wenig von der alten Matterhornromantik. Alte Häuser mit so niederen Türen, daß sich sogar das nur 1,48 Meter kleine Fritzerl beim Hineingehen bücken mußte, und dann vor allem die Piazza delle Guide mit den Gedenktafeln an berühmte Matterhornführer.

Im August beginnen in Italien die Ferien, und am 1. August fand in der Kirche von Valtournanche ein Ziehharmonikakonzert statt, in dem Werke von Bach und zuletzt Dvoraks Symphonie »Aus der Neuen Welt« gespielt wurden. Bach von Ziehharmonikas gespielt? Wir hatten Vorurteile, die dann von diesem wundervollen Klangkörper einfach weggespielt wurden.

Wir waren zu dieser Zeit auf unserer Wanderung nicht nur in Literatur, sondern auch in Musik ausgehungert, und die Melodie von Dvoraks letztem Satz »Aus der Neuen Welt« begleitete uns dann noch tagelang.

Ich dachte während des Konzerts in der Kirche sehr oft an meinen Lieblingshelden Jean Antoine Carrel. In dieser Kirche ist auch er gesessen, als er noch ein kleiner Bub war und der Lehrer in der Schule gesagt hatte: »Wenn ihr nicht brav seid, frißt euch das Matterhorn!« Und Guido Rey hatte das dann in seinem Matterhornbuch dichterisch weitergesponnen: »Und manchen von diesen Schülern hat das Matterhorn wirklich dahingerafft: es nahm ihr ganzes Sinnen und Trachten gefangen, hielt sie in ihrer Leidenschaft ihr ganzes Leben lang an sich gefesselt, ließ sie berühmt werden, und dann – verschlang es sie!«

Es wurde auch eine Ausstellung eröffnet: »Valtournanche ed il Cervino – sogno e leggenda« des Künstlers Alberto Giorda. In der Einladung hieß es »in Anwesenheit der Guide del Cervino«.

Die Matterhornführer in der Hochsaison und bei so gutem Wetter bei der Eröffnung einer Kunstausstellung?

Sie waren anwesend, die Matterhornführer, aber alle Pensionisten so wie ich. Sie hatten ihre prächtigen Uniformen an (mit einer großen Vogelfeder am Hut) und sie hatten jene innere Gelassenheit und Selbstsicherheit, die wohl jeder Bergsteiger hat, der ein Leben am Berg bis ins Alter überleben konnte.

Im Ausstellungsraum waren auch moderne Alpinzeitschriften als Werbung aufgelegt. Ich sah, wie zwei der alten Führer ein solches Blatt in die Hand nahmen und dann die Fotos betrachteten, die junge Kletterer in dünnen Hosen und Leibchen im allersteilsten Fels zeigen.

Die beiden Alten schauten sich an. Dann legte der eine die Alpinzeitschrift wieder zurück auf den Ausstellungstisch, mit einer Verachtung, als hätte er ein ganz übles Pornomagazin in die Hand bekommen.

Auf der »Alta Via della Val d'Aosta« erreichten wir nach einem Tagesmarsch die Biwakschachtel am Lago de Tsan (2483 m).

Schon von weitem hatten wir eine einsame Gestalt um die Biwakschachtel herumgehen sehen.

»So – da san ma!« sagte ich in bestem Wienerisch, als ich den Rucksack vor dem Blechhüttl zu Boden fallen ließ.

»Gott sei Dank, daß Sie Schweizer sind und etwas Deutsch sprechen!« sagte der Einsame, ein Deutscher.

Ich war vor der Hütte mitten im Polentakochen, als die Kühe kamen, eine ganze Herde, 70, 80 Stück. Im letzten Augenblick konnte ich eines der Viecher mit einem Tritt in den Hintern daran hindern, sein Maul in unser Abendessen zu stecken. Und innerhalb weniger Minuten dampften rund um die Biwakschachtel einige Dutzende stinkende Kuhfladen. Ein Mann sieht rot. Ich nahm einen Skistock und versuchte mit Schlägen und Geschrei die Tiere zu vertreiben.

Vergebens. Anscheinend hatten die Viecher vorher Baldrian gefressen und genüßlich ließen sie sich zur Abendruhe ins Gras fallen. Ein Mann sieht schwarz.

»Geh, sei net so! Gönn doch den Viecherln ihre Ruhe!« sagte Fritzerl.

»Und habt ihr schon an das Glockengebimmel in der Nacht gedacht?«

Da wurden auch Fritzerl, Martin und der Deutsche aktiv, und mit vereinten Kräften schafften wir es, die Herde zu verjagen.

Wir waren in einer wilden Landschaft. Unter uns der grüne See und rundum aufeinander und übereinander getürmt tausende und aber tausende Granitblöcke, von denen die kleinsten die Größe von Kühlschränken hatten und die besseren Brocken hausgroß waren. Und über dieses Steinchaos strichen die Nebel.

Unser Kamerad aus Deutschland hatte Probleme. Er hatte noch einige Etappen der »Alta Via della Val d'Aosta« vor sich, aber zu wenig Urlaubszeit. Er konnte die »Alta Via« nur dann ganz schaffen, wenn er zwei Tagesetappen in einem Tag ginge. Das wollte er am nächsten Tag versuchen.

Ich fragte ganz naiv: »Warum müssen Sie den ganzen Weg schaffen, wenn's nicht leicht geht?«

Das brachte den Deutschen etwas aus der Fassung. »Ich weiß eigentlich auch nicht, warum. Ich würde ohnehin viel lieber mehr in Ruhe die Landschaft genießen!« sagte er.

Aber am nächsten Tag zog er doch schon im frühen Morgengrauen wieder weiter, um die zwei Etappen in einem Tag zu schaffen.

Wir gingen an diesem Tag bis zum Oratorio di Cuney, einer Wallfahrtskirche aus dem 18. Jahrhundert in 2665 Meter Höhe mit einem kleinen Rifugio daneben. Der Hüttenwart begrüßte uns besonders herzlich. Es freue ihn, daß auch wir Fremde den großen Festtag des Heiligtums mitfeiern wollten. Welchen Festtag? Wir waren ahnungslos. Erst im Verlauf der Gespräche erfuhren wir, daß hier morgen, am 5. August, das Fest »Madonna della neve« gefeiert werde. So kamen wir rein zufällig zu einer Bergwallfahrt, die uns unvergeßlich bleiben wird.

Am 5. August wird von der Katholischen Kirche das Fest der Weihung der ersten Marienkirche gefeiert: Santa Maria Maggiore in Rom. Maria, so erzählt die Legende, hätte höchstpersönlich den Platz wie auch das Aussehen ihrer Kirche bestimmt, indem sie am Esquilin – im August – Schnee in Form eines Grundrisses fallen ließ. Für die Berglandbewohner, die lange mit dem Schnee leben müssen, bekam dieser Festtag »Maria Schnee« erhöhte Bedeutung. Die »Madonna della neve« wird auch in unserem Marienheiligtum verehrt.

Rudolf Kriss, der große Volkskundewissenschaftler aus Berchtesgaden, hat einmal über die Entstehung von Wallfahrtsorten etwas Allgemeingültiges geschrieben: »Die Errichtung von Kultstätten im Walde, im Schatten ehrwürdiger Bäume, an klaren Quellen oder auf weithin sichtbaren Erhebungen, entspricht einem allgemeinen menschlichen Bedürfnis. Es ist eine Sitte der primitiven Gemeinschaft, die zeitlos ist und in ewig alter und ewig neuer Gestalt immer wieder auftritt, solange das primitiv-urtümliche Empfinden in der Überzivilisation noch nicht erstorben ist. Der Brauch ist also weder heidnisch noch christlich, er ist einfach primitiv und findet sich zu allen Zeiten bei allen Völkern und in allen Religionen.«

Unter den etwa 600 Wallfahrern, die sich am Festtag bei dem Oratorio di Cuney eingefunden hatten, befand sich auch Prof. Damien Daudry, Präsident der »Société de Recherches et d'Etudes préhistoriques alpines d'Aoste«. Unsere Frage nach dem Ursprung dieses Kultortes beantwortete er kurz und bündig: »Sie befinden sich hier an einem keltischen Quellheiligtum!«

Schon am Vorabend des Festtages waren viele jüngere Leute gekommen und hatten neben dem Santuario ihre Zelte aufgebaut. Auch das Rifugio wurde allmählich übervoll.

Ein Mann öffnete eine Rotweinflasche und sagte: »Meine Frau und ich haben vor zehn Jahren im Santuario geheiratet. Wir bitten alle illustrissimi signori, ein Glas auf unser Wohl zu trinken!« Obwohl sich in dem engen Raum die »hochverehrten Herrschaften« gegenseitig auf die Zehen traten, wurde würdevoll auf das Ehepaar angestoßen.

Es donnerte. Ich ging vor die Hütte. Ein heftiger Schneeregen fiel. »Das macht sie gern am Vorabend ihres Festes!« sagte neben mir der Hüttenwirt. »Sie« – damit meinte er ganz familiär die »Madonna della neve«.

Schon am frühen Morgen des Festtages zog eine riesige Menschenschlange den Steilhang herauf. Alles Landleute aus der Umgebung. Männer, die sich seit dem Vorjahr nicht mehr gesehen hatten, begrüßten sich mit herzhaften Bruderküssen, die Frauen begannen einander sofort von ihrem Leben im vergangenen Jahr zu erzählen.

Manchmal zog einer der Bergsteiger im Berggewand einen Ornat aus dem Rucksack, verwandelte sich in einen Priester und zelebrierte dann in der Wallfahrtskirche eine Messe. Vor der Messe ging immer ein Mann in einem groben Schnürlsamtanzug und mit einer Schiebermütze auf dem Kopf durch die Gegend und läutete mit einer Kuhglocke. Er hatte auch am Altar die Kerzen angezündet. Der Mesner? Es war der Bischof dieses Gebietes.

Doch bevor ich das wußte, hatte ich dem vermeintlichen Mesner meine Meinung über das Wetter (es regnete schon wieder!) gesagt. Dabei hatte ich auch alle mir bekannten italienischen Flüche gebraucht. Der Mesner-Bischof hatte dabei zustimmend genickt.

Unter Assistenz aller Pfarrer und Kapläne zelebrierte dann der Bischof auf dem Steinaltar neben der Kirche den Festgottesdienst. Und nach der Messe formierte sich alles zu einer Prozession, die laut singend in einen öden Winkel des Hochtals zog. Unterwegs waren einige hohe Felsstufen zu überwinden, doch der Bischof und seine Priester hoben ihre Ornate hoch und kletterten flugs darüber hinweg.

So erreichten wir eine starke und jäh aus dem Fels rauschende Quelle, deren Wasser bald als breiter Bach zum Aostatal hinab fließt. Der Gesang verstummte, mit ernsten Gesichtern stellten sich die Menschen um die Quelle auf. Ich spürte, daß jetzt der Höhepunkt der Wallfahrt kommen mußte.

Der Bischof sprach ein kurzes Gebet, nahm darauf das Prozessionskreuz und warf es – platsch! – hinein in das Quellbecken. Dann bückte er sich, schöpfte mit beiden Händen Wasser und besprengte damit die Gläubigen um ihn. Worauf diese ein Kreuzeichen schlugen und dann zur Quelle drängten, um deren Wasser zu trinken oder in Feldflaschen zu füllen oder um sich die Augen damit zu benetzen.

Wir waren Zeuge einer urtümlichen Zeremonie geworden: der Christianisierung eines heidnischen Quellheiligtums durch das Kreuz, der Verwandlung von Quellwasser in Weihwasser.

Mittag war es inzwischen geworden. Rund um das Santuario lagerten nun die Wallfahrer und aßen, tranken, plauderten.

Und in dem Santuario lag vor dem Altar ein Berg von Sachen, welche die Leute dort hinterlegt hatten... jede Menge Wein- und Schnapsflaschen, Würste und Kuchen, auch eine Stange Zigaretten und ein in Cellophan verpacktes Herrenhemd. Was sollte die Madonna della neve damit anfangen?

Es waren Opfergaben, so wie es früher einmal Opfertiere gewesen sein mögen, mit denen die Gläubigen eine höhere Macht für ihr Geschick günstig stimmen wollten. Diese Gaben wurden nach dem Essen versteigert; der Reingewinn war für die Erhaltung der Bergkirche bestimmt. Der Bischof persönlich machte den Auktionator... »Eine Flasche Lacrimae Christi 50 000 Lire! Wer bietet mehr?« Er machte seine Sache gut.

Wasser für die Felder an den Hängen des Aostatals war schon immer und ist noch immer lebenswichtig. Und so wie an diesem Tag werden die Menschen auch schon vor Jahrtausenden da heraufgezogen sein, um zu bitten und zu opfern (und wahrscheinlich auch, um miteinander zu essen, zu trinken und zu plaudern). Jetzt verstanden wir, warum man in diesem wilden Hochtal später ein christliches Heiligtum errichtet hat.

Beim Mittagessen waren wir Alpenspaziergänger Ehrengäste am bischöflichen Tisch im Rifugio gewesen. Das heißt, den Braten und den Käse und den Wein haben die hochwürdigen Herrn Pfarrer auf ihrem Buckel heraufgeschleppt, der Bischof hatte nur einen gesegneten Appetit mitgebracht.

Das Aostatal ist eine autonome Region, ein Zweisprachengebiet Italiens. Wie der Ort Nus richtig ausgesprochen wird, werden wir daher wohl nie erfahren...

N-U-S... sagten uns die italienischen Aostataler.

N-Ü-S... sagten uns die französischen Aostataler.

NUS-NÜS... sagten schließlich wir, um niemand zu beleidigen.

Von Nusnüs aus wollten wir Burg Fenis besuchen. Martin liebt Ritterburgen, und Burg Fenis schaut genauso aus, wie man sich eine echte Ritterburg vorstellt... wehrhafte Türme, Pechnasen, Zinnen und Schießscharten. Doch innen im Burghof zeigen Fresken an den Mauern viele Heilige und Philosophen, und diese wiederum sollten einst jedem ankommenden Gast zeigen, mit welch gebildeten Leuten er es hier tun habe. Diese Fresken sind also nichts anderes als die zweieinhalb Meter Buchgemeinschaftsklassiker in den Wohnungen vieler Leute von heute...

Doch diesmal kamen wir gar nicht bis in den Burghof. Die Burg wurde belagert...

...belagert von schimpfenden, schreienden, wütenden und außer Rand und Band geratenen Urlaubern.

Das ganze Aostatal war voller Urlauber (Fiat in Turin machte Betriebsferien), und alle schienen sich an diesem schönen Nachmittag gedacht zu haben, daß es eine gute Idee wäre, Burg Fenis zu besichtigen.

Das war aber zuviel für die zwei Kustoden, die sonst nur vor kleinen Besuchergrüppchen ihre Jahreszahlen herunterleiern. Sie weigerten sich, mehr als zwanzig Personen pro Führung mitzunehmen. Darum der Stau und der Radau vor dem Burgtor.

Es waren alles brave Bürger, die deswegen Krawall schlugen. Wären sie nicht in Massen gekommen, dann wären sie brav wie Lämmer durch die Schauräume getrottet, hätten ihre Fotos gemacht und alle Jahreszahlen gleich wieder vergessen, hätten dem Führer das obligate Trinkgeld gegeben und die Welt wäre für sie in Ordnung gewesen. So aber...

Burg Fenis und noch einige andere Burgen des Aostatales wurden von dem valdostanischen Adelsgeschlecht der Challants erbaut. Man sagt, daß es in der Geschichte Piemonts und Savoyens zwischen dem 13. und 18. Jahrhundert keinen Krieg und keinen Fürstenrat gab, in dem nicht ein Challant aufgetreten wäre. Dann begann ihr Niedergang. Sie mußten Burg Fenis verkaufen, um die Gerichtskosten zu bezahlen, die sich aus einem Prozeß um die Privilegien derer von Challant ergeben hatten. »Tout est le monde et le monde n'est rien« lautete die Devise der Challants. »Alles ist die Welt und die Welt ist nichts.«

Dort, wo im Aostatal mächtige Riesenrauchfahnen zum Himmel steigen, dort liegt das Industriezentrum Aosta. Jeder, der sich ihm zum erstenmal nähert, nimmt sich vor, keine Stunde länger als nötig unter dieser Rauchwolke zu verweilen. Aber das vergißt er dann, sobald er in den Gassen der alten Stadt ist. Das spricht für den Zauber von Aosta, dem »Rom der Alpen«.

Erst nach langen Kämpfen mit den keltischen Salassern war es den Römern gelungen, das Aostatal zu erobern, und aus dem befestigten Lager (bis zu 13 Meter hoch waren seine Mauern) ging die heutige Stadt hervor. Ihr Wahrzeichen ist die noch zum Teil erhaltene Fassade des Römischen Theaters.

Denn auch die in dieses Bergland verschlagenen Soldaten und Siedler wollten festliche Stunden haben. Gewiß: Das Theater von Aosta war ein Provinztheater, aber seine Mauern sprechen auch heute noch als Ruine Latein. Zu Beginn der Aufführungen brachte man dem fernen Kaiser in Rom eine Huldigung dar – und man fühlte sich dabei stolz als römischer Weltbürger.

»Welche Menschen waren das?« fragte der Dichter Jean Paul. »In Wüsten und in Paradiesen schlugen ihre starken Herzen gleich fort, und für diese Weltseelen gab es keine Wohnung, außer die Welt.«

Daß Aosta heute dieses Wahrzeichen hat, verdankt es dem Prior der Stadt, Jean Antoine Gal. Er ist im Jahre 1833 ganz allein zu Fuß auf staubigen Landstraßen bis nach Turin gewandert, um vom König ein Verbot zu erreichen, daß dieses Bauwerk nicht mehr als Selbstbedienungslager für Bausteine benützt werde.

Mehr als dieses Wahrzeichen hat mich in Aosta schon immer die Römische Brücke fasziniert. Sie steht heute inmitten von Vorstadthäusern und überbrückt – eine grüne Wiese! Der Fluß hat im Verlauf der Zeit seinen Lauf geändert und fließt jetzt etwa 100 Meter von ihr entfernt dahin. Diese sinn- und zwecklos gewordene Römerbrücke ist auch zum Denkmal geworden der großen Verwandlerin Zeit.

Der eindrucksvollste römische Ingenieurbau in den Alpen ist ohne Zweifel die Brücke von Pondel im Valle di Cogne nahe von Aosta. Und weil noch jedesmal der Besuch dieser wildromantischen Felsenschlucht mit der Brücke ein großes Erlebnis war, so war es selbstverständlich, daß auch unser Alpenspaziergang daran vorbeiführen mußte.

In einer Höhe von 52 Metern überspannt der 15 Meter weite Bogen den in einer schmalen Felsenklamm brausenden Grand Eyvia. Dieser Bau war gleichzeitig ein Aquädukt und entstand im Jahre drei vor der Zeitenwende. Es gehörten Mut und ein immenses bautechnisches Können dazu, um über eine solche wilde Felsschlucht einen Bogen zu spannen. Was empfanden die Arbeiter, die an Seilen hängend hoch über dem schäumenden Wasser die ersten Steine setzten? Der heutige Besucher fühlt sich jedenfalls auf der nur zwei Meter breiten Brücke wie ein Seiltänzer über dem Abgrund.

Es ist aber auch möglich, im Inneren der Brücke durch den ca. 50 Meter langen schmalen Gang zu gehen, in dem einst die Bleirohre der Wasserleitung lagen. Durch kleine Löcher fällt Licht herein, genug Licht, um zu erkennen, wie sorgfältig hier gearbeitet worden ist. Ja, man hat sogar das Gefühl, als seien nur wenige Jahre seit jenem Tag verstrichen, an dem die Maurerleute mit ihrer Arbeit fertig geworden und das Arbeitsgerät niedergelegt haben.

Damals haben die Bauleute noch solid gewerkt. In der späteren Römerzeit wurde auch ihre Arbeit rationalisiert; man arbeitete z. B. mit dickeren Ziegeln und dickerer Mörtelschicht dazwischen. Diese Bauwerke waren dann nicht mehr so widerstandsfähig. Woraus zu ersehen ist, daß schon seinerzeit mit dem Rationalisieren auch immer etwas an Substanz verlorenging.

Diesmal fanden wir einen höchst originellen Weg nach Pondel (auch Pond d'Ael). Er führt von St. Pierre am orographisch linken Ufer des Grand Eyvia bis zur Brücke (die Autostraße ins Valle di Cogne ist auf der anderen Seite). Eine mächtige Felswand, über die ein breiter Wasserfall fällt, scheint den Weiterweg zu sperren. Aber unser Weg führt dann durch einen Tunnel, und in der Mitte von diesem zweigt ein Stollen ab hinaus zum Licht. Man steht dann direkt hinter dem tosenden Wasserfall.

Wir hatten uns in St. Pierre einquartiert, weil sich dort im Castell Sarriod de la Tour das Archäologische Museum des Aostatals befindet. Von den vielen Schau- und Prunkstücken des Museums hatte uns Bergsteiger eigentlich eine Kleinigkeit am meisten beeindruckt: die benagelte Sohle eines Bergschuhs aus einem antiken Grab. Die in die Ledersohle eingeschlagenen Nägel sind sogenannte »Mausköpfe«, mit denen vor Einführung der Gummiprofilsohle auch noch unsere Leichtbergschuhe beschlagen waren.

Als wir dann auf unserem Weiterweg auch nach Aime (Frankreich) kamen und bei den Ausgrabungen des keltischen Oppidums (= bewohnte Festung) neben St. Sigismond ein wenig in der noch nicht abgegrabenen Schicht kratzten, fanden wir ebenfalls einen solchen »Mauskopf«.

Von da an ging Fritzerl nur noch mit »Schuhnagelblick« über alte Paßwege. Ergebnis: Jetzt haben wir zu Hause eine kleine »Alpine Schuhnägel-Sammlung«, die von der Keltenzeit bis in die Neuzeit reicht.

Nachmittagsspaziergang auf den Montblanc

Das Wetter war wieder einmal schlecht... so ein Tief zwischen dem Nordpol und dem Südpol. Aber noch regnete es nicht. Nach dem Mittagessen beschlossen wir, den Montblanc zu ersteigen... »Umkehren können wir noch immer!«

Natürlich konnten wir das. Aber das Teuflische an dem Wetter war, daß es ganz langsam schlechter und schlechter wurde. Zunächst einige Regentropfen, aber gleich darauf wieder ein Stück Himmelblau über uns. Na also! Fünf Minuten später war das Himmelblau schon wieder verschwunden, und ein ganz zarter Regen setzte ein... »Umkehren können wir noch immer!«

Zügig stiegen wir höher. Eine weiße Schneeflocke schwebte an meiner Nase vorbei. Ich ignorierte sie. Noch eine Schneeflocke, dann noch eine und noch eine... bald konnte ich sie nicht mehr zählen.

»Jetzt sind wir schon so hoch, jetzt gehen wir nicht mehr zurück!« murmelte ich. Ich war nun fest entschlossen, »wetterfest« zu bleiben.

Ein bekannter Bergsteiger hatte einmal gesagt: »Es gibt kein schlechtes Wetter, es gibt nur eine schlechte Ausrüstung!« Wir hatten schlechtes Wetter und eine schlechte Ausrüstung. Unsere Ponchos waren laut Prospekt garantiert wasserdicht. Aber wasserdicht war nur das Material der Haut und nicht die Nähte, und durch diese drang der Schneeregen unaufhaltsam ein. Bald spürte ich ein kleines Bächlein über meine Wirbelsäule hinabrieseln.

»Und dabei hast du Trottel das in deinem Alter gar nimmer notwendig!« beschimpfte ich mich selber. »Es ist doch piepschnurzegal, ob du auf diesem blöden Zapfen oben warst oder nicht!« Trotzdem stieg ich weiter nach oben, Schritt für Schritt. Wenn man schon recht lange Zeit ein Bergsteiger ist, dann kommt man aus der eigenen Haut nicht mehr heraus (auch wenn stets neues Frischwasser über sie hinabrieselt!). Und was notwendig oder wichtig ist beim Bergsteigen, das hat noch nie die Vernunft bestimmt.

Immer heftiger blies uns der Sturm ins Gesicht, und unsere flatternden Ponchos knallten laut wie Raketen.

»Fritzerl, willst umkehren?« schrie ich.

»Jetzt nimmer!« – Wir hatten eine Grenze überschritten, die nur für uns zwei eine Grenze war. Stur stiegen wir weiter bis zum Gipfelsteinmann des Montblanc.

Das war natürlich nicht der echte und große Montblanc, sondern der nur 2205 Meter hohe Montblanc zwischen dem Val Savarenche und dem Val Rhêmes!

Wir haben diesen Pseudo-Montblanc zufällig auf der Landkarte entdeckt und spontan beschlossen, ihn zu ersteigen. Wegen der Gaudi! Es ist doch schön, zu erzählen, daß man den Montblanc als Nachmittagsspaziergang im Auf- und Abstieg gemacht hat. Und als Angeber/Aufschneider dann Wetten abschließen kann, die man hundertprozentig gewinnt, weil man nur die Wahrheit, nichts als die Wahrheit gesagt hat.

Die Gaudi – die »Hetz«, wie wir Wiener einen Spaß auch nennen – hatte für uns schon immer zum Bergsteigen gehört. Und ein »Nordwandgesicht« paßt einfach nicht zu unserem Lächeln...

Jedesmal muß ich lächeln, wenn ich den »Atlas Wiener Hausberge« (erschienen bei Freytag & Berndt) in die Hand nehme und darin – sozusagen ganz amtlich – die »Sexquelle« eingezeichnet finde.

Nachdem beim Fernsehvolk die Reportage über eine potenzfördernde Quelle in Jugoslawien zum Tagesgespräch geworden war, beschlossen mein Freund Hans und ich, als Gaudi eine kleine Quelle im Stadlwandgraben am Wiener Schneeberg ebenfalls zur »Sexquelle« zu erklären.

Wir entwarfen Fantasie-facts: Die Quelle war nicht nur eine »Geheimquelle« der kinderreichen Kaiser von Österreich, sie gilt auch schon seit langem als geheime Kraftquelle der Bergsteiger. Dies und noch viel mehr Unsinn erzählte dann Hans – von Beruf Journalist – seinen Kollegen.

Das Ergebnis war überwältigend: Seitenlange Reportagen in österreichischen und deutschen Zeitschriften (z.B. »Neue Revue entdeckte: Die Quelle, die jeden liebeshungrig macht. Ein Naturheilkundebuch verriet das private Geheimnis des österreichischen Kaisers«). In Scharen zogen damals Männlein und Weiblein mit Kanistern in den Stadlwandgraben. Große Reportage im österreichischen Fernsehen. Und dann sogar die Eintragung der »Sexquelle« in den Landkarten...

Der leichte Sinn (nicht der Leichtsinn!) war immer mit uns am Berg; er hatte uns auch auf den Pseudo-Montblanc geführt.

Der »echte« Montblanc mit seinen 4807 Metern ist für Bergsteiger, denen die Alpen in diesem Leben vollauf genügen (und zu diesen gehören auch wir), der höchste Punkt, den sie ersteigen können. Und sie erwarten sich daher auf diesem Gipfel etwas Besonderes. Aber es ist nur eine etwas gewölbte Schneefläche, auf der sie dann stehen.

Als der ehrgeizige Horace Bénédict de Saussure ein Jahr nach der ersten Montblanc-Ersteigung (im Jahre 1786) den Gipfel erreichte, stampfte er heftig mit den Füßen in den Schnee aus Zorn, weil ihn der Berg so lange abgewiesen hatte. Manche Montblanc-Besteiger von heute sinken dort nur matt in den Schnee, weil sie die Höhe nicht vertragen.

Heute ist der Montblanc dem Ansturm der Menschenmassen kaum noch gewachsen. Übervolle Schutzhütten, jeder will nach dem Aufbruch allen anderen voraus sein, Stau an der Gipfelschneide, und am Gipfel selbst herrscht oft ein Gedränge wie in einer Fußgängerzone.

Als wir im Jahre 1958 nach einer Montblanc-Längsüberschreitung den Gipfel erreichten, war niemand oben. Es war auch niemand unter uns. Denn eine geschlossene Wolkendecke hatte sich über die Täler gelegt, und nur die Spitzen der höchsten Berge ragten frei in den Himmel. So etwas vergißt man nicht. Und gerade deshalb sind wir dann auch nie mehr auf den Montblanc gestiegen. Schöne Erinnerungen sind nämlich etwas leicht Zerbrechliches.

So wanderten wir auf unserem Alpenspaziergang zum Montblanc, nur um ihn von unten anzuschauen. Oder – wie man vor gar nicht lange zurückliegender Zeit zu sagen pflegte –, »um dem Monarch Reverenz zu erweisen«. Der Montblanc war der Monarch.

Heute lächelt man nur noch über solche Worte. Aber das Bergsteigen hat ja nicht nur Wandlungen in der Ausrüstung und Technik mitgemacht, sondern auch in der Einstellung des Menschen zum Berg. Wer würde heute noch den Hut ziehen beim Anblick eines Berges, den man besteigen will? Doch das haben vor vierzig, fünfzig Jahren viele Bergsteiger noch getan.

Das alpine Museum von Courmayeur war an diesem schönen Sommertag (12. August) wahrscheinlich der stillste Winkel im ganzen Montblancgebiet – wir waren die einzigen Besucher in seinen Räumen.

Beim Betrachten der alten Fotos fiel mir auf, daß keiner der Bergsteiger von seinerzeit lächelte. Jeder schaute grimmig und zu allem entschlossen drein. Und da mußte ich an die längstvergessenen Diskussionen in unserer Bergsteigergruppe denken, bei denen die Alten uns Jungen von damals vorgeworfen hatten, daß wir keine Ehrfurcht vor dem Berg hätten. Irgendwie haben mich damals diese alten Herren an die alten Römer erinnert, welche ihre Gegner stets groß darstellten, um als deren Bezwinger selber ganz groß dazustehen. Zu ihrer Zeit sah man im Berg noch einen Gegner, zu dessen Bezwingung man auszog. Natürlich sind wir nach einem Zweiten Weltkrieg nicht mehr mit einer solchen »kämpferischen Einstellung« ins Gebirge gezogen. Aber, daß wir am großen Berg nur kleine Menschen sind, das wußten wir. Und auch, daß man am Berg nie auslernt.

Auch am Dente del Gigante – dem Riesenzahn hoch über Courmayeur – habe ich etwas gelernt. Und jedesmal muß ich an eine Begegnung dort denken, wenn das Gespräch darauf kommt, wie weit und ob überhaupt der Mensch sein Geschick mitbestimmen kann und soll...

Der Dente del Gigante oder Dent du Géant (4013 m) ist nicht nur ein faszinierendes Felsgebilde, er hat auch eine in der Geschichte des Alpinismus einmalige Ersteigungsgeschichte.

Man stelle sich das nur vor: Das Matterhorn war schon erstiegen worden, aber an dieser Felssäule waren noch alle Ersteigungsversuche gescheitert. Schließlich wollte man im Jahre 1878 mit einer Kanone ein Seil über sie schießen und dann an dem gespannten Fixseil hochklettern! Was natürlich nicht gelang. Erst vier Jahre später konnte der Riesenzahn mit Hilfe von Leitern, Eisenstiften, Holzkeilen und vielen Metern Seil bezwungen werden. Und im Jahre 1900 bewiesen dann die Österreicher Pfannl, Maischberger und Zimmer, daß der Berg über seine Nordkante auch »ohne« zu machen ist, ohne Kanonen und Eisenstifte. »Über dem Abgrund erlebt jeder in Seligkeit, was er ist, oder in Angst« schrieb Heinrich Pfannl nachher.

Heute wird der Normalanstieg auf den Riesenzahn durch dicke Schiffstaue, an denen man emporturnen kann, erleichtert; es ist eine beliebte Tour. Wir trafen hier einen ganzen Verein christlicher junger Männer mitsamt ihrem Pfarrer. Es war ein sehr temperamentvoller Herr.

Don Riccardo hielt während des Kletterns eine Bergpredigt ohne Ende. Da ist ein Knopf im Seil! Dort ist das Seil verkehrt in einen Karabiner eingehängt worden! Alfredo hat keine richtige Selbstsicherung! Und Renzo sichert über die falsche Schulter!

»Das ist doch paradox!« sagte ich zu Fritzerl. »Ein Pfarrer, der mit dem Himmel und allen Heiligen und Schutzengeln auf Du und Du steht... ausgerechnet dieser Mann ist der vorsichtigste des Haufens!«

Ich nahm nicht an, daß Don Riccardo auch Deutsch verstand. Er verstand. »Mein Herr«, sagte er lächelnd, »ich glaube wohl an die himmlischen Heiligen und Schutzengel. Aber ich weiß nicht, ob sie soviel Ahnung von moderner Seiltechnik haben, um bei Gefahr sofort eingreifen zu können!«

Ab Courmayeur folgten wir ein Stück dem »Giro del Monte Bianco«, in Frankreich »Tour du Montblanc« genannt. Dieser Wanderweg rund um das

Die Erbauung der Vallothütte (4362 m) am Montblanc im Jahre 1890.

ganze Montblanc-Massiv entstand bereits im Jahre 1951. Zu dieser Zeit standen noch viele Bergsteiger dem Weg etwas skeptisch gegenüber: einen Berg soll man ersteigen, nicht umkreisen! Es hat einige Zeit gedauert, bis der eigenartige Zauber dieses Weges erkannt wurde, bei dem man eine ganze Woche lang um ein und denselben Berg herumgeht und dieser sich jeden Tag von einer anderen Seite ganz anders zeigt.

Nach der Renaissance des Wanderns wurde diese Rundwanderung zum Geheimtip. Heute ist sie das nicht mehr, heute ist die »Tour« oder der »Giro« ein berühmtes Ziel. Als wir auf ihr dahintrabten, hatte ich bald die skurrile Vorstellung, daß da irgendwo eine »Bergwanderer-Fabrik« sein müsse und wir uns mitten auf dem Fließband befänden, das die Fertigprodukte in Großmengen ausstößt...

An diesem Tag schien die Produktion Materialfehler zu haben... es waren viele Bergwanderer ohne Augen dabei, die nur stur mit zu Boden gesenkten und hochroten Köpfen daherrasten. Wir waren sehr erstaunt, als wir doch noch zwei Wanderer am Wegrand sitzen und schauen sahen... hinüber zur Aiguille Noire und dem wilden Frêneygletscher.

Am schönsten und imponierendsten ist die Südseite des Montblanc. Mag man auch von den edlen Linien und der Harmonie seiner Nordseite schwärmen, so ist es doch nur ein »Weißer Berg«, den man dort sieht (oder – wie ein bekannter Bergsteiger einmal meinte – »ein etwas sehr groß ausgefallener Skimugel«). Der Montblanc von Süden ist dagegen ein großer, wilder Berg.

Die zwei Wanderer mit Augen waren aus Holland und ein sehr ungleiches Paar. Der eine war ein Weltenbummler, der andere ein Künstler. Der Weltenbummler war topfit, der Künstler müd und matt wie eine Oktoberfliege am 31. Dezember. Der eine erzählte von Biwaknächten in der Sahara und in der Südsee, der andere von Radausflügen in die Tulpenfelder (und weil wir in unserer Fernreisezeit schon so viel von exotischen Ländern gehört, gelesen und gesehen hatten, interessierten uns die Tulpenfelder Hollands eigentlich viel mehr!). Die zwei Holländer verband, trotz der Gegensätze, eines: Sie liebten die Berge.

Als im Rifugio Elisabetta der Künstler seine Schuhe auszog, sahen wir, daß seine Füße nur noch aus Blasen bestanden.

Blasen... wir wußten gar nicht mehr, wie solche aussehen. Auf unserem langen Weg waren unsere Füße gegen solche Wanderer-Kinderkrankheiten schon immun geworden.

Fritzerl holte Leukoplast und Schere und begann den Künstler zu verpflastern. Nachher wollte sie die herrlich im Abendrot leuchtenden Berge fotografieren...

Da kam ein Franzose, zeigte seine Blasenfüße und sagte bittend: »Madame...!«

Und dann ein Deutscher: »Gute Frau, wenn Sie schon dabei sind...«

Als Frau Doktor Fritzerl ihre Ordination beendet hatte, waren die Berge nur noch farblose Schemen.

Vom Col de la Seigne (2512 m) sahen wir den Gipfel des Montblanc im Morgenlicht unter einem noch wolkenlosen Himmel. Doch beim Aufstieg zum Refuge du Col de la Croix du Bonhomme zogen dunkle Gewitterwolken auf.

Wir waren erst auf halbem Weg des Hüttenzustiegs, als das Gewitter ausbrach mit Blitz, Donner und Hagel. Und wir waren auf einer unendlich weiten Steilwiese unterwegs ohne die geringste Deckung. Die Hagelkörner, die auf unsere Köpfe prasselten, und das Wasser, das bald wieder durch die Nähte unseres Regenschutzes floß, das alles störte uns weniger; was uns störte und sogar richtig Angst machte, das waren die Blitze.

Dann hüllte uns dicker Nebel ein, und wir fühlten uns nun etwas sicherer, weil wir Tschapperln das Gefühl hatten, die Blitze könnten uns in dem Grau nicht mehr so leicht erwischen.

Serpentine um Serpentine zogen wir höher... das Schutzhaus, wann kommen wir endlich zu dem Schutzhaus?

Und da erschienen dann im Nebel die Umrisse eines Gebäudes, das so aussah wie das Hexenhäusl in einem Gruselfilm. Ein hoher Turm mit kleinen Fenstern, eine desolate Stiege... die Schutzhütte konnte das jedenfalls nicht sein.

Eine Gestalt kam aus dem Nebel. Ich fragte, wie weit es noch bis zum Schutzhaus sei.

»Das ist das Schutzhaus!«

Ich öffnete die Tür – und drei Mädchen fielen auf mich! Das Schutzhaus war vom Holzkammerl ganz unten bis zum obersten Stockbett ganz oben vollgestopft mit Menschen! In den Matratzenlagern hockten auf jedem Platz zwei, drei Leute. Auf der Stiege und in den Gängen saßen auf oder neben ihren Rucksäcken dicht aneinander gedrängt sämtliche Bergsteiger aus Frankreich, Italien, England, Holland, Deutschland, Österreich und der Schweiz... so glaubte ich zumindest.

»Das wird heute einmal etwas Neues... ein Biwak stehend auf einem Bein!« sagte ich und nahm den Rucksack ab. Ein Schrei! Ich hatte den Rucksack auf die Zehen einer Engländerin niederfallen lassen!

Szenen aus Verfilmungen von Gorkijs »Nachtasyl« erschienen mir jetzt im Vergleich als Bilder von traulichen Teegesellschaften und die Unterkünfte im »Letzten Sklavenschiff« als Luxuskabinen. Und Gerüchte schwirrten in der Hütte von Mund zu Mund wie im Zweiten Weltkrieg...

»Die Engländer wollen heute noch weiter. Dann gibt es mehr Platz!«

»Die Hüttenwirtin hat noch einen geheimen Raum in Reserve, den sie später aufsperren wird!«

Die Hüttenwirtin war eine schwarzhaarige, rassige Französin. Gelassen saß sie in der Küche und gab mit einem charmanten Lächeln Antwort auf alle Fragen, die auf sie niederprasselten. Die Toilette? »Gleich vor dem Haus, Madame!«

Als es schon finster war, entstand Unruhe in dem Haus. Ein Deutscher rief nach seiner plötzlich und spurlos verschwundenen Frau...

»Heidi! Hat jemand meine Heidi gesehen?«

Heidiheida... die Männer rissen ihre Witze.

Aber da war auch Heidi wieder da... klatschnaß und dreckbeschmiert. Daß die Toilette gleich vor dem Haus sei, das war eine eher gelinde Untertreibung der Hüttenwirtin. In Wirklichkeit ist dieses Freiluftörtchen mindestens 50 Meter von dem Haus entfernt. Im dichten Nebel und Schneeregen hatte die Frau lange ihre Suchkreise um das Haus gezogen und dabei ist sie auch noch auf dem schlammigen Boden ausgerutscht. Einen Kompaß hätte sie mitnehmen sollen.

Übrigens: Es verließen an diesem Abend weder Engländer die Hütte noch gab es einen Geheimraum, der später aufgesperrt wurde. Trotzdem fand jeder in dem Refuge ein Fleckchen zum Liegen. Es gab zwar vorher einen wogenden Brei aus Menschenleibern, die sich bückten, streckten, hinknieten oder aufstanden, auszogen oder anzogen.

Und es schwirrte ununterbrochen das Wort »pardon« durch die zum Schneiden dicke Luft...

Pardon... man sagte es sicherheitshalber, bevor man sich einmal umdrehen wollte...

Pardon... man bat darum, wenn man statt der eigenen Taschenlampe die Brille des Nebenmannes erwischt hatte...

Pardon... auch darum, weil man auf dieser Welt und in dieser Schutzhütte anwesend war.

Ob es wahr ist, daß mit Höflichkeit auch das größte Chaos zu bewältigen ist?

Pardon... ich kann es bis heute noch nicht begreifen, wie wir in dieser Nacht im Refuge du Col de la Croix du Bonhomme noch alle einen Liegeplatz gefunden haben. Ob es nicht doch ein Hexenhäusl ist?

Grande Route 5

Die »GR 5« ist ein Teil des Europäischen Fernwanderweges E 2 (Holland–Mittelmeer) und beginnt an der luxemburgisch-französischen Grenze. Als dieser Weg nach dem Zweiten Weltkrieg geschaffen wurde, stand »GR« als Abkürzung für »Grande Randonée«, jetzt wird der Weg allgemein »Grande Route« genannt. Ab dem Refuge du Col de la Croix du Bonhomme gingen wir diese ein Stück.

Vor uns war schon ein Ehepaar aus Genf aufgebrochen, scharf hoben sich die zwei Gestalten auf dem schmalen Grat der Gittes ab. Wir jubelten: »Wenn die ›Grande Route‹ immer so kühn dahinführt, dann haben wir einen Götterweg vor uns!«

»Ein solcher Drecksweg!« schimpften wir dann kaum vier Stunden später, als wir in dem Sumpfgebiet um Chalet de Grande Berge in dem schwarzen, zähen Schlamm bis über die Knöchel einsanken.

Auf Plan de la Lai hatten wir die zwei Genfer eingeholt. Monsieur war sehr freundlich und fragte, ob wir einige spezielle Informationen über die »Grande Route« haben wollten. Natürlich wollten wir. Monsieur zog ein kleines Büchlein aus dem Anorak und begann seinen Vortrag: »Im Hotel am Hauptplatz von Landry ißt man am besten Lamm nach der Art des Küchenchefs. Fisch, köstliche zarte Forellen, essen Sie besser in Bonneval...«

Die zwei gutgepolsterten, freundlichen Genfer waren keine Höhenmeter- und Kilometerfresser, sie fraßen sich genüßlich durch die Speisekarten aller an der »Grande Route 5« gelegenen guten Restaurants. Die Wanderstrecken dazwischen dienten nur dazu, ihnen den nötigen Appetit zu verschaffen.

»Und wenn längere Zeit kein gutes Restaurant unterwegs zu finden ist?« fragte ich still und bescheiden.

»Dann ißt man eben nichts!« antwortete Monsieur streng. Madame und Monsieur waren Gourmet-Wanderer.

Unterwegs... wir zwei können uns nur gegenseitig fotografieren:
Auf der französischen »GR 5« (südlich vom Montblanc)
und der italienischen »GTA«.

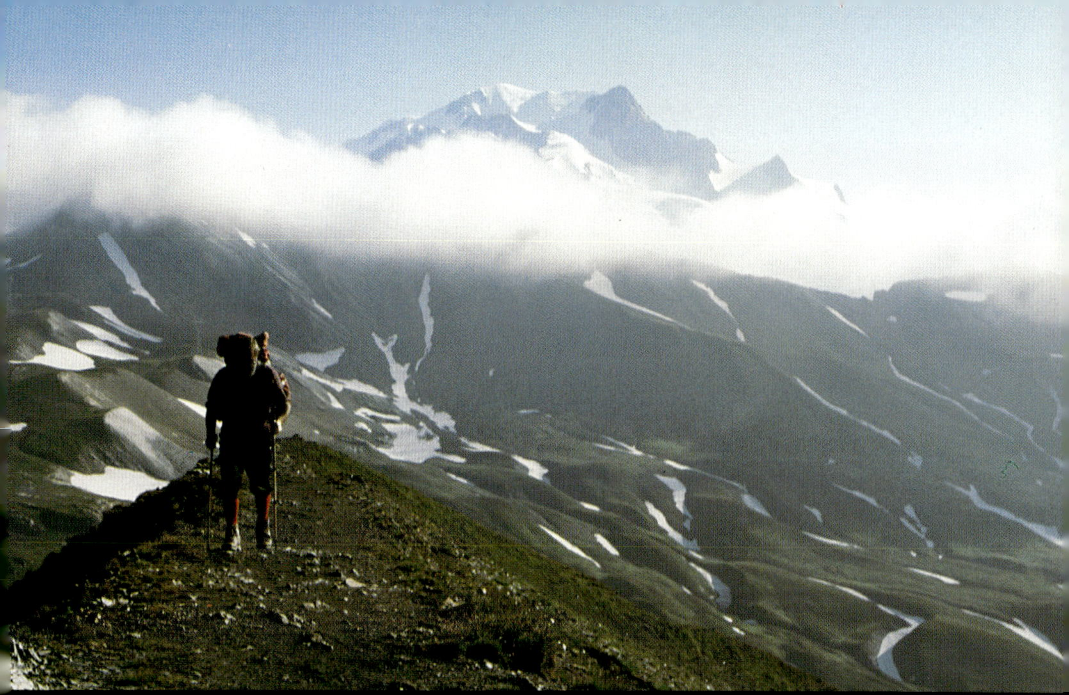

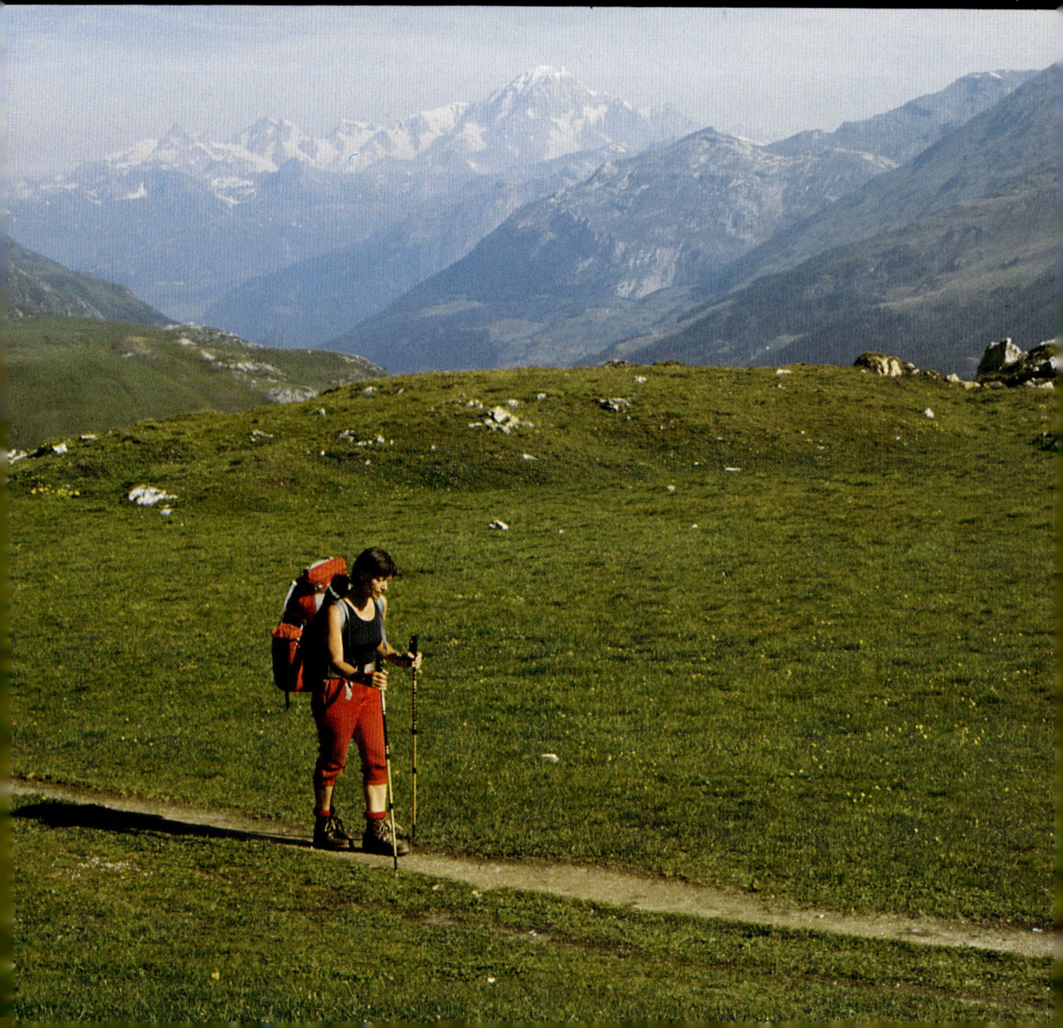

Wir kochten uns am Abend im Refuge de Presset eine simple Nudelsuppe.

Der Weg zu dieser Selbstversorgerhütte hatte uns durch eine einsame Felswildnis geführt. Nebel war eingefallen und als ihn ein Windstoß kurz zerfetzte, hatten wir einen Felsmonolith gesehen, der wie eine schmale, steingewordene Flamme in den Himmel ragte – den Pierre Menta (2711 m). Dieser Zacken, der uns wie eine Vision erschienen war, beschäftigte vor dem Einschlafen noch sehr intensiv unsere Phantasie. Wir hatten von ihm noch nie etwas gehört und auch kein Foto gesehen – und doch war es der erste Berg auf unserem Alpenspaziergang, vor dem wir bedauerten, keine Kletterausrüstung mit zu haben.

In der kleinen Selbstversorgerhütte war eine Gruppe von 14 Franzosen, von der nur ein Mann zwei Worte Deutsch wußte... »Gutten Tagg!«

»Bonjour!« konnten auch wir sagen, aber darüber hinaus waren wir in Französisch ein geistiges Notstandsgebiet. Trotzdem haben wir uns alle an diesem Abend blendend unterhalten.

Vor dem Schlafengehen kassierte einer der Männer die Nächtigungsgebühr. Er machte das recht umständlich. Er hatte ein Blatt Papier in der Hand, ging von einem zum anderen, kassierte das Geld und schrieb dann

Pierre 15 fr.
Louis   15 fr.
Robert 15 fr. usw.

Warum der Kerl über das Kassieren einen Akt anlegte, war meinem simplen Denken einfach unbegreiflich. Am nächsten Tag war es mir nicht mehr unbegreiflich – da hatten wir erfahren, daß diese 14 Franzosen alle Beamte in einem Finanzamt sind.

Von Landry an der »Grande Route 5« machten wir per Bahn einen Abstecher nach dem ca. 8 Kilometer entfernten Aime.

Auf dem Hügel oberhalb des Städtchens befand sich einmal eine befestigte Keltensiedlung (Oppidum). Auch die Basilika St. Martin aus dem 11. Jahrhundert steht auf keltisch-römischen Grundmauern. In dieser Basilika wie in dem Kirchlein St. Sigismond oben am Oppidum sind heute archäologische Sammlungen untergebracht.

»Magnifique!« murmelte in St. Martin ein auf einem Säulenfragment sitzender älterer Herr und schaute zu den Fresken, als wir an ihm vorübergingen. Ein Kunstfreund.

Als ich eine halbe Stunde später noch einmal an ihm vorbeiging, murmelte er wiederum hastig »Magnifique!«. Ein Kunstfreund? Wahrscheinlich

Eine der interessantesten Kirchen im Alpenraum:
Die Basilika St. Martin in Aime (Savoyen) stammt aus dem 11. Jahrhundert
und steht auf den Mauern eines keltisch-römischen Heiligtums.

war Monsieur nur ein Sommergast, der an diesem quälend heißen Tag Zuflucht im kühlsten Ort von Aime gesucht hatte – im Gemäuer der alten Basilika.

Wir hatten einen weiten Anmarsch zu diesen archäologischen Sammlungen hinter uns und empfanden es wahrscheinlich deswegen so intensiv, wie sehr sich Funde aus alter Zeit überall gleichen... ein neolithisches Trinkgefäß aus Haute-Savoie schaut nicht anders aus als eines aus Niederösterreich. Sie haben eine schöne Form; damals gab es noch keine Designer.

Auf unserem archäologischen Spaziergang durch Aime konnten wir auch wiederum feststellen, wie vielfältig doch der Schalensteinkult in seinen Erscheinungsformen ist. In der Basilika St. Martin standen wir vor einem römischen Grabstein, dessen Oberfläche mit Schalen übersät ist; neben St. Sigismond sahen wir auf einem römischen Postament (das heute ein Eisenkreuz trägt) viele eingeriebene Näpfchen. Und auf einem von den Ausgräbern des Oppidums freigelegten großen Quader fanden wir Felsgravuren: Leiterdarstellungen, wie sie an vielen Felsbilder-Fundplätzen zu sehen sind.

Mit der Bahn fuhren wir wieder zurück nach Landry. Das grelle Licht der Spätnachmittagssonne ließ die Schneefelder auf den Bergen hell leuchten, aber auf den Obstbäumen, an denen unser Zug vorbeiglitt, reiften schon die Früchte. Fritzerl entzückten mehr die Blümchen in den Hausgärten.

Wir genossen es, »gefahren zu werden«, und schaulustig wie kleine Kinder hingen wir an den Fenstern.

»Landry!« rief der Schaffner.

Schade, daß die Gaudi schon wieder zu Ende war. Wir hatten gar nicht mehr gewußt, daß Eisenbahnfahren so schön sein kann.

»Parc national de la Vanoise« und der benachbarte »Parco nazionale del Gran Paradiso« bilden zusammen das größte Naturreservat der Alpen. Soweit – sehr gut.

Am Eingang des Nationalparks die üblichen pseudorustikalen hölzernen Hinweistafeln, dann naturbelassene Natur. Unterwegs trafen wir viele Nationalparkwanderer. Auch diese haben bereits ihre Attribute: So wie zum Weitwanderer der Hut mit den Abzeichen und die umgehängte Kartentasche gehört, so gehört zum Nationalparkwanderer das umgehängte Fernglas (zum Tierbeobachten) und das griffbereite Pflanzenbestimmungsbuch.

»Tignes-le-lac« lasen wir auf einem Weganzeiger. Sehr gut – dort wollten wir ja nächtigen. Nichts war sehr gut!

Als wir auf dem Col du Palet (2653 m) ankamen, wurden wir jäh aus unserer heilen Nationalparkswelt gerissen. Unter uns lag eine Ansammlung von schauerlichen Hochhausungetümen, die irgendein geflügeltes Monster hier fallen gelassen haben muß. Die Landschaft rundum sah auch aus wie nach einer gewaltigen Naturkatastrophe... überall klaffende Wunden in den Hängen und braunes Erdreich und Geröll, das die Wiesen von einst überdeckte.

Wir hatten Tignes-le-lac (2086 m) erreicht, den höchstgelegenen Wintersportort Europas, das »Brasilia der Alpen«. Durch einen Wald von Lift- und Seilbahnstützen und unter und neben einem Spinnennetz von Drähten wanderten wir über Schotterhalden oder durch zähen Schlamm dahin. Und außerdem dröhnte in dem Talkessel ununterbrochen das Geknatter der Hubschrauber mit den Sommerskiläufern...

»Bittschön, sind wir hier noch im Nationalpark?« fragten wir im Touristenbüro.

»Teils, teils!« antwortete die Dame, sagte dann aber auch noch sehr streng: »Das Zelten ist hier jedenfalls verboten!«

Die größte Zerstörung der Alpen bewirkt der Alpine Skilauf. Und in Tignes-le-lac mußte ich sehr an Mathias Zdarsky denken, der ein Pionier des Alpinen Skilaufs war. Im Vorjahr hatten wir sein einsames Grab auf einer Wiese hoch über Lilienfeld besucht...

Von Mathias Zdarsky (1856–1940) stammt nicht nur die »Alpine (Lilienfelder) Skifahr-Technik«, er war auch der Erfinder der ersten brauchbaren Skibindung, des Torlaufs, des Biwaksackes usw. Zdarsky hatte Tausende und Abertausende kostenlos (!) in der Kunst des Skilaufs unterrichtet! Wäre Zdarsky der liebe Gott gewesen, dann hätte er wahrscheinlich die Babys schon mit Skiern an den Beinen auf eine nur verschneite Welt kommen lassen. Aber würde Zdarsky heute sehen, wie brutal der Alpine Skilauf die Landschaft zerstört hat, dann würde er bitterlich weinen. »Das Wohl der Menschheit liegt in der Natur« – diese Worte hatte Zdarsky als Motto vor seinen 1896 erschienenen Skilehrplan gestellt. Am Ortsrand von Tignes-le-lac steht am Beginn eines Wanderweges, der zunächst einmal in die wüsten Abraumhalden der Skipisten führt, eine wie ein Hohn klingende Mahnung des Fremdenverkehrsverbandes: »Respectez la Nature!«

Wir haben auf unserem Alpenspaziergang viel Käse gegessen, schätzungsweise haben wir uns in Italien und Frankreich durch etwa 200 verschiedene Sorten durchgekostet.

Auf dem Col de l'Iseran (2770 m), dem höchsten Paß der Alpen, lernten wir einen Käseerzeuger aus der Umgebung von Paris kennen (200 Schafe und 15 Kühe waren sein Eigentum). In einer der Verkaufsbuden auf dem Paß kostete er den Schafkäse der Konkurrenz. Er fand diesen fast so gut wie den Käse, den er selber erzeugte. Und um uns eine Vorstellung zu geben, wie köstlich sein Käse sei, schenkte er uns zwei so kleine Käslaibchen... Souvenir!

Zwei Tage später. Wir hatten in Lanslevillard in einem Landgasthof Standquartier bezogen und kamen von einem Tagesausflug zum »Pierre des Saintes« (einem sehr eindrucksvollen Schalenstein) zurück. Als wir das Haus betraten, war darin gerade eine heftige Streiterei ausgebrochen. Ein Italiener und ein Franzose schimpften mit der Wirtin, wobei der Italiener immer wieder »puzza!« schrie – das heißt Gestank.

Wir drückten uns diskret an den Streitenden vorbei. Vor unserem Zimmer sagte Fritzerl: »Da sind wir in einer richtigen Bruchbude gelandet, da stinkt's wirklich ganz grausig!«

Dann öffneten wir die Tür. Eine Gestankwolke schlug uns entgegen…

Auf dem Tisch und voll im Sonnenschein stand unser Proviantsackl. Darin war auch unser Souvenirkäse. Er hatte das ganze Haus verstunken!

Immer wieder fragte man uns nach unserer Ernährung und erwartete, daß wir nach irgendeinem obskuren Fit-Eßplan lebten… etwa geriebene Steinnußschalen zum Frühstück und Edelweißsalat am Abend. Man war sehr enttäuscht, wenn wir sagten, daß wir immer das schmausten, wonach wir einen Gusto hatten.

Natürlich bekamen wir auch viele Geheimtips für eine »richtige Ernährung«, und nach diesen wäre unser Proviantsackerl voll Tabletten und Pülverchen gewesen. Und da mußte ich dann immer an die Geschichte denken, die unser Freund Ernst erzählt hat…

Bei einer Skidurchquerung des Berner Oberlandes war er in eine Hütte gekommen, die bereits von einer kleinen Gruppe Schweizer Soldaten besetzt war. Als Ernst bei Tisch Speck und ein Trumm Wurst aus dem Rucksack zog, bekamen die Schweizer große Augen. Er schnitt die Wurst in Scheiben – zehn Augenpaare beobachteten das genau. Ernst schob ein Stück Wurst in den Mund – zehn Augenpaare verfolgten, wie das Stück durch den Mund und durch den Schlund verschwand.

Selbstverständlich bot Ernst den Soldaten von seiner Wurst an. Sie lehnten dankend ab. Doch dann, als es finster war in der Hütte, später auf dem Matratzenlager, war der Ernst in kaum fünf Minuten seine Wurst und seinen Speck los. Die Soldatengruppe war nämlich ein Sonderkommando, das neueste und allerneueste Nahrungsmittel im Hochgebirge erproben sollte – Tabletten, Pülverchen, Vitamine, Kalorien – nur keine Sachen zum Essen!

Viele Tage schon hatten die Armen nach streng wissenschaftlichen Ernährungsmethoden gelebt. Das Zeug, das sie bekamen, hing ihnen bereits zum Hals heraus. Und da war der Ernst mit seinem Speck gekommen und mit seiner Wurst!

Der Capo der »Vitaminsoldaten« wunderte sich am nächsten Morgen über die Vitalität und die strahlenden Gesichter seiner Mannschaft. Und der Ernst zog seine Skispur weiter durch unberührten Schnee.

»Drei Tage lang hab ich den Schmarrn gefressen, dann ist mir das Zeug ebenfalls schon bei den Ohren herausgekommen!« erzählte er.

Na und?

»Tja, dann hab ich einen Stuttgarter getroffen und die ganzen Tabletten gegen ein Stückerl Käs und Brot getauscht!«

Steine mit Fußabdrücken gibt es auf der ganzen Welt. Auf Ceylon sind es Fußspuren der Sonne, in Indien Fußspuren von Buddha, im Morgenland die von Mohammed. In der Kirche »Domine quo vadis« in Rom hat Christus seine Fußspuren hinterlassen und auf dem Monte Gargano der Erzengel Michael. Fußumrisse finden sich auch unter den Felsbildern in der Sahara, in Nordamerika, in Skandinavien wie auch im Val Camonica.

Auch im Alpenraum befinden sich Steine, auf denen eingedrückte Fußspuren von himmlischen und heiligen Gestalten und sogar vom Teufel gezeigt werden. Berühmt ist der Stein von Soglio (Bergell), auf dem drei Fußpaare und elf einzelne Fußabdrücke zu erkennen sind – sie sollen von der Muttergottes stammen, als sie aus Zorn über die Reformation heftig aufstampfte. Der schönste Spurstein, den wir je gesehen haben, ist jedoch der »Pierre aux Pieds« an der »Grande Route 5« oberhalb von Lanslevillard.

Der Stein befindet sich in einer Höhe von 2600 Meter und gleicht einem Balkon hoch über dem Tal. Auf ihm befinden sich 30 Fußpaare, fünf einzelne Fußabdrücke (alle drei bis sechs Zentimeter tief) und außerdem noch viele Schalen in jeder Größe.

Oberhalb des »Pierre aux Pieds« befinden sich noch andere Steine mit Fußabdrücken und Schalen, außerdem viele Inschriften mit Namen und Initialen und Jahreszahlen, die vom 18. bis ins 20. Jahrhundert reichen – was beweist, daß diese Zone noch sehr lange als besonderer Ort galt. Die französischen Archäologen datieren die Entstehung des »Pierre aux Pieds« ins 4. Jahrtausend v. Chr.

Und die Bedeutung der Fußspuren? Sollten sie die irdische Anwesenheit von Göttern symbolisieren? Waren sie Symbole für Besitzergreifung (»Er setzte seinen Fuß auf das Land«) von imaginären »Mutter«gottheiten? In seiner schon am Beginn unseres Jahrhunderts erschienenen Arbeit über »Fuß und Schuh – Symbolik« meint der Verfasser Dr. Aigremont, daß »der Fuß den Menschen mit der segenspendenden fruchtbaren mütterlichen Erde verband, so daß ihre Kraft wie ihr Segen durch die Füße auf ihn übergingen«, daß also das Einmeißeln von Fußspuren zu den Zeremonien eines uralten Fruchtbarkeitskultes gehört habe. Eine eindeutige Erklärung gibt es nicht.

Wir blieben lange bei dem Stein. Geisterhaft zogen Nebelschwaden über ihn hinweg, dann kam wieder die Sonne, und der Stein leuchtete in einem magischen Licht. Über den gegenüberliegenden Bergen türmten sich hohe Wolkenburgen. Uns schien es, als hätten Menschen diese Fußspuren hinterlassen, die von dem Stein geradewegs in den Himmel hineingegangen sind.

Auf dem Mont Cenis (2083 m) gibt es ein Museum über die Geschichte des Passes, und diese reicht zurück bis in Caesars Zeiten. Dreizehn deutsche Kaiser sind über ihn gezogen (u. a. Karl der Große, Heinrich IV. auf seinem Canossagang, Friedrich I. Barbarossa), und Napoleon ließ die Fahrstraße über den Paß bauen. Doch mehr als alle Kaiser interessierte mich die Fellsche Bahn über den Mont Cenis, deren Tunnelbauten noch heute neben der Straße zu sehen sind.

»Die Eisenbahn ist ein Wunder« hatte Edward Whymper in seinem Buch »Berg- und Gletscherfahrten« geschrieben, aber dieses Wunder bestand nur

Die Mont-Cenis-Straße und die Fellsche Bahn in der Nähe der Paßspitze.
Holzschnitt von Edward Whymper für sein Buch »Berg- und Gletscherfahrten«.

kurze Zeit: 1866 wurde mit dem Bau begonnen, 1868 fuhr der erste Zug über den Paß, 1872 wurde die Bahn eingestellt – sie war durch den 1871 eröffneten Mont-Cenis-Tunnel überflüssig geworden. Für den Erbauer, den Ingenieur Fell, war sie nur ein Experiment gewesen für größere Bergbahnprojekte in Übersee.

Die Bahn überwand auf der französischen Seite einen Höhenunterschied von 1360 m, auf der italienischen Seite 1588 m. Wenn sie nicht durch Tunnels führte, war ihre Trasse zum Schutze gegen Schnee und Lawinen von Holzplanken umschlossen, die mit einem Eisendach überdeckt waren – das war bei einem Drittel der Strecke notwendig. »Von außen gesehen, gleicht die Linie mehr einer ungeheuren Schlange als einer Eisenbahn«, berichtet Whymper.

Die Lokomotive zog vier Waggons, jeder zwei Meter breit und nur drei Meter lang, mit zwölf Sitzplätzen auf zwei Bänken. Ein Zug konnte also nur 48 Reisende transportieren. Die Fenster waren bewußt sehr hoch angelegt, damit die Reisenden nicht von den Ausblicken in die Abgründe geschockt wurden.

Wieder Whympers Reportage: »Die Maschine zittert, schwankt, springt und ist schwer zu halten. Taucht man wieder im Freien auf, so sieht man 3000 bis 4000 Fuß an steilen Bergen und in Abgründe hinab. Im nächsten Augenblick wendet sich die Maschine plötzlich nach links, und Führer und

Heizer müssen sich sehr fest halten, um nicht herausgeschleudert zu werden.«

»Das Führen der Züge erfordert eine beständige Aufmerksamkeit und keinen geringen Mut. Die Lokomotivführer, die alle Engländer sind, haben am Ende der Fahrt ihr Geld ehrlich verdient. Wie sie über die Linie denken, erklärte mir einer kurz und bündig: ›Ja, mein Herr, man sagte uns wohl, daß die Linie sehr steil sei, aber man sagte uns nicht, daß die Maschine auf der einen Kurve sein würde, wenn der Tender auf der zweiten und die Wagen auf der dritten rollen. Es ist hier schlimmer als in Indien, denn dort kann man herunterspringen, aber hier in diesen bedeckten Wegen gibt es keinen Platz dazu.‹«

Lokomotivführer, die bei Gefahr abspringen wollten? Verstehen Sie jetzt, lieber Leser, daß mich Trasse und Tunnels dieser Nervenbahn mehr interessierten als alle alten Kaiser.

Nachdem wir am Mont-Cenis-Paß die französische Grenzkontrolle hinter uns hatten, fiel es uns gar nicht auf, daß es kein italienisches Zollhaus gab...

Bei der Vorbereitung unserer Wanderung hatten wir uns auch Gedanken gemacht über das Passieren von Grenzen im Bergland. Wird es Komplikationen geben, wenn wir nicht die offiziellen Grenzübergänge benützten?

Es gab überhaupt keine Schwierigkeiten. Ohne einen Grenzer getroffen zu haben, ohne Pässe vorweisen zu müssen, sind wir sehr oft von einem Land ins andere spaziert. Hoch oben am Berg durften wir uns wie Bürger eines Vereinten Europa fühlen.

Kurz vor dem Ort Bar Cenisio und bereits etliche Kilometer unter der Paßhöhe standen wir plötzlich vor einer Grenzschranke. Wir waren überrascht. Auch die Grenzwächter waren überrascht, als zwei Wanderer mit Riesenrucksäcken auf sie zukamen. Doch richtig geschockt waren sie, als wir ihnen sagten, woher wir kämen und wohin wir noch wollten. Bald waren wir von der ganzen Besatzung des Zollhäusls umringt.

Ein Auto kam daher; die Beamten schauten kaum hin und ließen es passieren. Es hätte auch einen Zentner Heroin geladen haben können. Für unsere italienischen Zöllner waren Leute, welche freiwillig so weit zu Fuß gingen, wesentlich interessanter.

Ausgerechnet an diesem Grenzübergang bei Susa wurden wir so locker empfangen! Als seinerzeit (im Jahre 1863) hier Edward Whymper in Italien einreisen wollte, um das Matterhorn zu bezwingen, war er mit seinen zusammenlegbaren Leitern und den Seilen (»Mein Gepäck war so ziemlich das eines Einbrechers...«) eine höchst verdächtige Person. Man hatte ihn erst ziehen lassen, als er zugab, ein Seiltänzer zu sein, der in Turin seine Künste zeigen wollte.

Viele Hände mußten wir schütteln, bevor wir weiterzogen. Einer der Beamten hatte noch einmal um unsere Pässe gebeten und dann sehr sorgfältig in jeden den Stempel gedrückt... »Per ricordo!«.

Rocciamelone – höchster Wallfahrtsort Europas

Wo zog Hannibal über die Alpen?

Das ist noch immer eine offene Frage ohne eine sichere Antwort. Zwei antike Autoren erzählen in ihren historischen Werken von diesem Alpenübergang im Jahre 218 v. Chr.: der Grieche Polybios (200–120 v. Chr.) und der Römer Livius (59 v. Chr.–17 n. Chr.). Ihre Beschreibungen lassen aber keine eindeutige Lokalisierung zu, und so stehen der Kleine und Große St. Bernhard, der Mont Cenis und der Mont Genèvre, der Col Clapier und der Col de la Traversette zur Diskussion, wobei man heute dazu neigt, den Mont Genèvre als den wahrscheinlichsten Ort des Überganges anzusehen.

Vor diesem denkwürdigen Alpenübergang hielt Hannibal an seine Soldaten eine Ansprache, bei der er – so berichtet Livius – sagte: »Die Alpen sind ein hohes Gebirge, aber nirgends ragen die Berge in den Himmel. Sie sind bewohnt, bebaut, Lebewesen werden geboren und leben dort; wenn sie für einzelne gangbar sind, warum nicht für ein Heer?« – Hannibal ist also ein Kronzeuge dafür, daß die Alpen im Altertum bereits ein Lebensraum waren, und nicht, wie unbegreiflicherweise bis noch in unser Jahrhundert immer wieder behauptet wurde, eine öde und nur von einigen Wilden bewohnte Wildnis.

Hannibals Alpenübergang war eine Tat, die schon in der Antike größte Bewunderung erregte, und unfaßbar erscheint sie auch noch heute. Man denke: Es war Ende Oktober und auf den Höhen lag schon Neuschnee. Die damals bestehenden Pfade mochten wohl für kleine Gruppen gut passierbar gewesen sein, aber nicht für ein ganzes Heer mit einem Troß und mit Elefanten und Menschen aus dem Flachland, für die jeder Steilhang ein schwindelerregender Abgrund war und die auch die Höhe nicht gut vertrugen. Unzulänglich war die Bekleidung der Soldaten und ihr Schuhwerk. Mehr als 30 000 Soldaten soll dieser Alpenübergang das Leben gekostet haben. Ob dabei einer der heutigen Ranger Überlebenschancen gehabt hätte?

Unbegreiflich erscheint es aber, daß man bisher von diesem Alpenübergang keine archäologische Spur gefunden hat. Bei den vielen Erdbewegungen in unserer Zeit müßte man doch auf irgend etwas gestoßen sein... zumindest auf Kriegergräber, wenn schon nicht auf das Skelett eines Elefanten. Aber nichts, nichts. Es scheint fast so, als ob damals ein Geisterheer über die Berge gezogen sei.

Außerhalb von Borgone Susa befindet sich ein Felsen, in den ein Relief eingeschnitten ist. Es zeigt einen kleinen Tempel, in dem eine männliche Gestalt mit erhobenen Händen steht. Dies soll der muselmanische Prophet Mohammed sein, welcher – der Sage nach – mit seinem Heer auf diesem Waldgrund kampierte. Und »Maometto« wird diese Figur auch heute noch genannt...

»Non Maometto... Annibale!« sagte der Mann, den wir nach dem Weg zum »Maometto« fragten. Mohammed war niemals hier, die Sage wäre ein Unsinn. Aber Hannibal hat an diesem Platz nach seinem Alpenübergang gelagert und zum Dank für die überwundenen Gefahren dieses Denkmal hinterlassen. »Non Maometto... Annibale!« sagte unser Mann noch einmal.

Der »Maometto/Annibale« ist aber wahrscheinlich eine Darstellung des römischen Waldgottes Silvanus und wird in das 2. oder 3. Jahrhundert n. Chr. datiert. Er wurde also einige Jahrhunderte nach Hannibals Alpenübergang aus dem Fels gemeißelt und zum »Maometto« erst im Mittelalter, als Mohammed, der Prophet, zum Synonym für alles Heidnische auf dieser Welt geworden war. Wir standen hier vor einem sehr urtümlichen antiken Marterl, einem Vorläufer der unzähligen Bildstöcke, die später als Dank oder Bitte an Gott oder einen seiner Heiligen errichtet worden sind. Non Maometto, non Annibale!

Silvanus wird auf antiken Darstellungen zumeist als ein kräftiger, bärtiger Bauer in einer Tunika dargestellt. So zeigt er sich auch auf dem Felsen bei Borgone Susa. In Vergils »Aeneis« haust der Waldgott noch unter hohen dunklen Tannen – wo wird er in Zukunft hausen?

Susa ist ein Idyll. Es ist eine typisch südliche Stadt mit Römerbauten und römischen Ruinen, mit schmalen Gassen und malerischen Plätzen, alten Kirchen und Palästen – und doch eine Stadt, über der eine Stille liegt wie über keiner anderen italienischen Stadt, eine Stille, die weit aus unserer Zeit ist. In Susa und seiner Umgebung hatten wir immer das Gefühl, in der Toskana zu sein.

Susa ist eine alte Stadt. Auf seiner Akropolis ragt eine Granitkuppe aus dem Boden mit vielen Schalen, die durch Rillen miteinander verbunden sind. In den Fels ist auch ein runder Schacht eingeschnitten, dessen einstige Bedeutung rätselhaft ist. Ob es ein Mundus war, ein von den alten Völkern symbolisch gedachter Eingang in die Unterwelt, in den man Opfergaben hineinwarf? Eine Steintreppe führt auf den Felsen und endet jäh an den Fundamenten eines Aquädukts, das die Römer ohne Skrupel auf den Opferstein gesetzt haben. Wann immer Zweifel an dem hohen Alter von Schalensteinen laut werden – die Schalen am Opferstein von Susa stammen eindeutig aus vorrömischer Zeit.

Aber wie sah dieser Opferstein aus! Staub und Erde lagen auf ihm und die Schalen und Rillen (»Blutrillen« nennt man sie) waren mit festgebackenem Schlamm verpickt. Vor dem Fotografieren mußten wir den Stein erst waschen.

Ich schnappte meine Feldflasche und ging zum Brunnen im Hof des daneben befindlichen Kastells und holte Wasser. Als ich zum drittenmal kam, fragte die vor dem Eingang zum Stadtmuseum sitzende Kustodin, wofür ich soviel Wasser brauche. Ich sagte es ihr. Da brachte sie mir einen Kübel und einen Besen und damit konnte ich nun Susas ältestes Kulturdenkmal gründlich waschen. Und während der nasse Stein trocknete, setzten wir uns in die Sonne.

Zwei Straßenkehrer kamen, schauten etwas verwundert zu dem noch feuchten, aber nunmehr blitzblanken Stein. Nach kurzer Debatte war für sie alles klar: Da müssen wieder einmal »ragazzacci« (Lausbuben) Unfug getrieben haben!

Um die Zeitenwende residierte in Susa König Cottius als Herrscher über die ligurisch-keltischen Stämme des Gebietes (nach ihm wurden später die Cottischen Alpen benannt). Cottius war kein Hinterwäldler. Er erkannte die Zeichen seiner Zeit und trieb sein Volk nicht in einen blutigen »Freiheitskampf« gegen die in den Alpenraum eindringenden Römer. Er schloß ein Bündnis mit Kaiser Augustus und ersparte dadurch seinem Volk viel Leid.

Das mittelalterliche Kastell von Susa steht auf den Fundamenten der Burg von König Cottius. Als ich der Kustodin Signora Morino Kübel und Besen zurückbrachte, begann man im Hof des Kastells eine Bühne aufzubauen und Sessel aufzustellen. Heute abend finde eine Internationale Folklore-Veranstaltung statt, sagte die Signora. Und sie wurde fast böse, als wir sagten, daß wir uns diese vielleicht ansehen würden... »Madonna! Sie werden doch nicht diese sündteuren Eintrittskarten kaufen.« Und dann gab sie uns spontan den Schlüssel zu einer Tür ins Kastell, die von der Hintertreppe aus erreichbar war... uns, den Fremden.

Am Abend schlichen wir also über die Hintertreppe ins Kastell und ich fühlte mich dabei wie ein Verschwörer mit dem Dolch im Gewande. Zuerst trat eine rumänische Gruppe auf. Zimbal und Geigen neben römischen Ruinen. Wie Gummibälle wirbelten die Tänzerinnen und Tänzer durch die Luft. Dann kam eine Folkloregruppe aus Monaco. Folklore aus Monaco, wo es nur Hochhäuser und Bankpaläste gibt? Die auf ihren Auftritt wartenden, beleibten Folkloristen hätte ich eher für Teilnehmer eines Weight-Watcher-Meetings gehalten. Und als sie dann über die Stufen des Podiums mußten, kamen sie dabei schon etwas außer Atem.

Als steinerne Dokumentation des Bündnisses zwischen Augustus und Cottius wurde in den Jahren 9 bis 8 v. Chr. ein Bogen errichtet, dessen Reliefs die Zeremonien (gemeinsame Opfer) der Aufnahme in den römischen Staatsverband zeigen.

Archäologen haben bei diesem Bogen etwas recht Interessantes festgestellt: Er wurde an einer Stelle errichtet, die dazu zwang, in die bereits bestehende alte Straße einen leichten Knick zu legen, damit diese durch den Bogen führen kann. Dafür ist aber jetzt genau in der Bogenmitte der Gipfel des 3538 Meter hohen Rocciamelone zu sehen. Das ist kein Zufall. Der Blick auf den Berg war von dem Architekten eingeplant worden, er war für die Bewohner dieses Landes ein heiliger Berg.

Heilige Berge sind mehr als nur ein Schlagwort von alpinen Festrednern. Heilige Berge gibt es schon seit ältesten Zeiten bei allen Völkern der Welt. Auf dem Olymp thronte Zeus, auf dem Sinai nahm Moses die Gesetzestafeln in Empfang. Der Kailash ist der Sitz des Welterhalters Shiva, und auf

118

dem Adams Peak in Ceylon sollen Adam und Eva nach der Vertreibung aus dem Paradies gewohnt haben (er ist auch jener Berg, der für Buddhisten, Hindus, Moslems und Christen gleich heilig ist!). Ein interessanter Berg ist auch der 4392 Meter hohe Mount Rainier in Amerika, den die Indianer einst »Tacoma« nannten (= der Berg, der Gott ist). Schuldig gesprochene Sünder mußten an ihm einige Zeit als Einsiedler leben, um die reinigenden und heilsamen Einflüsse des Berges auf sich wirken zu lassen. Das ist wahre Humanjustiz!

Heilige Berge gibt es auch in den Alpen. Es sind aber nicht immer besonders markante Berge – manchmal ist es auch nur ein Kogel, hinter dem für Bewohner dieses Gebietes die Sonne aufgeht. Durch die Christianisierung sind viele solcher heiligen Berge in Vergessenheit geraten oder in christliche Wallfahrtsstätten umgewandelt worden. Der bekannte Volkskundler Georg Schreiber spricht deshalb auch von einer »Christianisierung der Bergspitzen«...

Im Jahre 1358 brach Marchese Bonifacio Rotario aus Asti auf, um den als unersteigbar geltenden Gipfel des Rocciamelone zu erklimmen. Er tat dies nicht, weil er das Abenteuer suchte und in dem Berg eine Herausforderung sah, oder weil er die Aussicht von dem Gipfel genießen wollte – er hatte eine Mission zu erfüllen. Der Marchese und seine Leute trugen ein bronzenes Triptychon mit dem Bild der Madonna auf den Rocciamelone und stellten es knapp unterhalb des Gipfels in eine von ihnen etwas erweiterte Felsnische. Dieses Madonnenbild sollte den Heidenberg zu einem heiligen Berg der Christenheit machen. Es wird vermutet, daß er auch vorher als Sitz einer Muttergottheit verehrt worden ist.

Diese Erststeigung des Rocciamelone wird in der Alpingeschichte noch viel zu wenig gewürdigt. Der sehr steile, felsige Gipfelaufbau mit seinem etwas brüchigen und nach abwärts geschichteten Gestein verlangte von den Leuten schon ein respektables Kletterkönnen. Aber sie hatten weder Angst vor dem Abstürzen noch vor den Geistern, die auf dem Berg hausen sollten – sie hatten ja das Bild der Madonna als Schutz mit.

Der Marchese ließ nachher sofort einen leichter begehbaren Steig in den Fels hauen, und in diesem Jahr 1358 entstand auch in 2854 Meter Höhe ein bescheidenes Refugium, das später vergrößert und vor wenigen Jahren zu einem wirklich gemütlichen Schutzhaus ausgebaut wurde. Die Cà d'Asti ist das älteste Schutzhaus Italiens.

Es ist aber kein Bergsteigerschutzhaus (obwohl Bergsteiger darin jederzeit herzlich willkommen sind), sondern wird von der Diözese Susa als Pilgerheim geführt. Die Bewirtschafter arbeiten in den Sommermonaten alle ehrenamtlich.

Seit seiner Erststeigung ist der Rocciamelone ein großes Wallfahrtsziel, das bald auch von vielen »pellegrini illustri«, von Bischöfen und Herzögen, aufgesucht wurde. Einer von diesen Herren hätte ebenfalls gerne diese Wallfahrt unternommen – wenn nicht der Weg so weit und der Berg so hoch gewesen wäre. Kurzentschlossen machte sich einer seiner Diener auf

Die Kapelle auf dem Rocciamelone unter dem riesigen Standbild der Muttergottes.

IL ALTO SANTUARIO d'EUROPA

Rocciamelone m. 3'538

den Weg und brachte das Triptychon ins Tal und zu seinem Herrn. Das geschah im Jahre 1673. Und weil das verehrte Madonnenbild nun schon im Tale war, behielt man es auch dort (in der Kathedrale S. Giusto von Susa ist es zu sehen).

Im Jahre 1899 wurde auf dem Gipfel eine drei Meter hohe Bronzestatue der Madonna aufgestellt, die von den Schulkindern ganz Italiens gestiftet worden ist. Der Transport der zerlegten Riesenstatue hinauf zum Gipfel wurde von Alpini durchgeführt. Über der Nische mit dem Triptychon wurde später eine Kapelle errichtet, die im Verlauf der Jahrhunderte immer wieder restauriert und vergrößert wurde. Sie ist – und auch das ist viel zu wenig bekannt – die höchste Wallfahrtsstätte Europas.

Der Rocciamelone ist nicht nur durch seine Geschichte ein faszinierender Berg, er ist auch in seiner ebenmäßigen Pyramidenform ein schöner Berg. Ihn wollten wir ersteigen.

Der alte Pilgerweg auf den Rocciamelone beginnt in Mompantero, einem Vorort von Susa (Seehöhe nur 500 m!). Nach dem Zweiten Weltkrieg war mit der großen Motorisierung auch die große Gehfaulheit ausgebrochen, und die Italiener (ohnehin keine gehfreudigen Leute) dachten nicht mehr daran, so weit und so hoch zur Madonna del Rocciamelone aufzusteigen. So nahm die Kirche die 600-Jahr-Feier der Ersteigung des Berges als Anlaß, 1958 den Grundstein zu einem »Nuovo Santuario della Madonna del Rocciamelone« in Mompantero am Beginn des alten Pilgerweges zu legen; 1961 war die neue Kirche vollendet.

Interessant ist nun, daß dieses »Nuovo Santuario«, dieses »Automobilisten-Heiligtum« bis heute keine besondere Anziehungskraft aufweisen konnte, so wie auch die allerschönste künstliche Lourdesgrotte niemals Lourdes ersetzen wird. Wallfahrtsorte entstehen nach ihren eigenen Gesetzen, haben oft seltsame Gründungslegenden, unterwerfen sich aber nur selten einem Zeittrend oder Wünschen und Bestimmungen der Obrigkeit.

Der alte Pilgerpfad ist ein sehr romantischer Weg. Zuerst führt er durch Wein- und Obstgärten höher, dann durch Kastanienwälder.

»Gehen Sie zur Madonna?« fragte uns eine Bäuerin – so als ob die Madonna ihre Nachbarin wäre, die gleich ums Eck wohnt.

Höher oben stehen oft kleine Kapellen und verlassene Häuser neben dem Weg. Und Susa – jetzt schon tief unten – ist zu einem Spielzeugdorf geworden. Von La Riposa (wohin heute auch eine Straße führt) geht es dann über einen steilen Rasenkamm hinauf zum Schutzhaus Cà d'Asti.

An diesem Tag (es war der 26. August) waren wir die einzigen Gäste. Im Kamin brannte ein Feuer, und am Abend plauderten wir mit der Hüttenwirtin und den Freiwilligen, welche noch am Ausbau des Hauses arbeiteten. Sie erzählten uns, daß die meisten Italiener lieber unten auf Riposa nächtigen, weil sie befürchten, in dem hochgelegenen Schutzhaus schlecht zu schlafen. Wenn aber Wallfahrer kommen, dann ist das Haus oft bis zum Dach voll.

Vor dem Schlafen gingen wir noch einmal vor die Hütte, um uns das nur 45 Kilometer entfernte Turin bei Nacht anzuschauen. Und wir sahen einen hellen Schein, von dem wir nur annehmen konnten, daß er aus Millionen Lichtern besteht; und obwohl wir wußten, daß dort unten Millionen Menschen wohnen, war es bei uns so still wie am Ende der Welt. Der Bürgermeister von Turin ist schon dreimal da heroben am Rocciamelone gewesen, um seine Stadt bei Nacht zu sehen – erzählte einer der Männer –, aber jedesmal sind dann Wolken aufgezogen und er sah nichts, überhaupt nichts.

In der Hüttenbibliothek entdeckten wir das Buch »Il Rocciamelone ieri e oggi«. Wir machten einige Notizen daraus. Die Hüttenwirtin sagte uns, daß es dieses Buch hier auch zu kaufen gäbe. Wir hätten es gerne gekauft, aber so ein gewichtiges Buch über die Berge bis Nizza schleppen? Nein, danke!

Signora Fattori glaubte jedoch, daß wir kein Geld hätten, um das Buch zu kaufen, und als wir am nächsten Tag vom Gipfel zurückkehrten, schenkte sie es uns. Es möge uns in Wien noch lange an den Rocciamelone erinnern. (Wir haben das Buch per Post nach Hause expediert und dann der kleinen Tochter der Signora eine Puppe geschickt.)

Nach unserer Rückkehr fragten uns in Wien manche Leute: »Und wie ist es euch in Italien ergangen? Seid ihr ausgeraubt worden?«

Am Vortag hatte man uns erzählt, daß es alljährlich einige Unfälle am Rocciamelone gäbe, auch tödliche. Als wir die Gipfelpyramide erstiegen, konnten wir das schon verstehen. Es lag Neuschnee auf den oft vereisten Felsen, und obgleich der gebahnte Weg stellenweise mit Seilen gesichert ist, mußten wir recht vorsichtig gehen.

Dicker Nebel umhüllte uns und dann sahen wir plötzlich schemenhaft eine Riesenfigur mit ausgebreiteten Armen über uns – die Madonna!

Die erst 1983 vollendete neue Gipfelkapelle schaut eher aus wie eine kleine Schutzhütte. Die freiwilligen Bauhelfer hatten uns erzählt, wie schwer es

Grande Traversata delle Alpi

UNA VACANZA DIVERSA. Camminare in montagna per sentieri e mulattiere, passare di valle in valle scoprendo ogni giorno ambienti diversi, tra splendidi panorami, boschi e pascoli, alpeggi e borgate...

La GTA è un'affascinante escursione a piedi, che chiunque può organizzare per le proprie vacanze, senza pericoli e difficoltà.

L'associazione GTA, con la collaborazione degli Enti Locali, segnala una rete di sentieri dalle Alpi Liguri al Lago Maggiore, attrezza «posti tappa» per il pernottamento gestiti dai valligiani, pubblica guide utili con le descrizioni dei percorsi, fornisce un servizio informazioni... Il resto sta a voi, alla vostra fantasia e voglia di camminare per pochi o per molti giorni, con la famiglia o con un gruppo di amici, tra le valli alpine, in libertà, e senza problemi.

GTA: un modo facile di andare in montagna; una piacevole vacanza nella natura; una proposta concreta per uno sviluppo diverso del turismo alpino.

Sui sentieri della Gta - (Ovvero: la tabella di marcia)

Ognuno può organizzare come meglio crede le singole tappe, ma vi diamo ugualmente qualche consiglio:

— sveglia e leggera colazione all'alba;
— partenza al più tardi alle 7;
— salita tranquilla, osservando il panorama e l'ambiente che si ha intorno;
— soste come meglio aggrada lungo la salita ed eventuale colazione a metà salita, verso le 9;
— raggiungimento del colle verso le 12: pranzo sul colle e lunga sosta se il tempo è stabile; inizio della discesa se il tempo sta peggiorando; è consigliabile giungere al colle non oltre mezzogiorno: in montagna d'estate spesso il tempo peggiora nel pomeriggio, con formazione di nebbie e brevi temporali;
— tranquilla discesa con eventuali soste fino al posto tappa;
— acquisto dei generi alimentari e sistemazione nel posto tappa;
— telefonata al posto tappa successivo per avvisare del proprio arrivo;
— cena e pernottamento.

Il segnavia

Tutto il percorso è segnalato con frequenti tacche rosse dipinte su massi, muri, alberi, ecc. La bandierina Gta, metallica, o dipinta, si trova nei bivi, nei tratti meno evidenti, e lungo tutto il percorso. Attenzione a non farsi trarre in inganno da altri segni (frecce colorate, ecc.), che indicano in genere percorsi di gare podistiche.

war, mit dem in dieser Höhe sehr oft gefrierenden Mörtel zu arbeiten...
»Aber die Madonna hat uns dann doch immer wieder die Sonne geschickt!«

Uns schickte sie keine! Etwas später kamen noch zwei Männer aus Turin. Der eine war Mittelschulprofessor und hatte den Berg schon elfmal erstiegen. Er erklärte uns die Aussicht, die wir hätten haben können, wenn es eine Aussicht gibt. »Dort drüben« sagte er und deutete irgendwohin in den grauen Nebel, »dort könnten Sie den Monte Rosa sehen, dort das Matterhorn und dort den Montblanc!

Vom Dach des Santuario hingen lange Eiszapfen herab, und es war eisig kalt auf dem Gipfel. Wir verließen ihn bald.

Kurz vor dem Schutzhaus nahm ich die Zipfelmütze ab und zog Handschuhe und Anorak aus.

Zwischen dem Schutzhaus und La Riposa zog ich den Pullover aus.

In den Kastanienwäldern, auf die die Sonne so heiß niederbrannte, daß ich fürchtete, es könnten uns heiße Maroni auf den Kopf fallen, zog ich auch noch das Hemd aus.

Um fünf Uhr nachmittags waren wir wieder in Susa. Wir waren innerhalb weniger Stunden durch alle möglichen Klimazonen gegangen und hatten in zwei Tagen, ohne zu hasten, mehr als 6000 Höhenmeter im Auf- und Abstieg bewältigt.

Ich ging dann noch einkaufen. Dabei machte ich einen kleinen Umweg zum Augustusbogen. Der Durchblick war genauso, wie ihn die bunten Ansichtskarten zeigen: In der Mitte des Bogens ragte rein und weiß der Gipfel des Rocciamelone in einen tiefblauen Himmel.

Grande Traversata delle Alpi

Um ein Gegenstück zur französischen Alpenüberschreitung »Grande Route 5« zu schaffen, begannen vor wenigen Jahren die Italiener ihre »Grande Traversata delle Alpi« – kurz GTA genannt – auszubauen. Damit schufen sie nicht nur eine neue, sondern auch sehr faszinierende Art eines Weitwanderweges. Dieser sollte nicht von einem alpinen Modeort zum anderen und zu meist übervollen und vielfrequentierten Schutzhütten führen, sondern (sehr oft auf alten Maultierpfaden) durch ein noch weniger bekanntes Bergland und zu möglichst vielen interessanten Stätten der Alpinkultur.

Die »ideale Zeiteinteilung des GTA-Wanderers«.
Ausschnitt aus dem bunten Prospekt, der für diesen neuen Wanderweg werben soll: »Ein anderer Urlaub. Wandern im Gebirge auf Wegen und Maultierpfaden, von Tal zu Tal, jeden Tag in einer anderen Umgebung, mit herrlichen Ausblicken, Wäldern und Wiesen, Almen und Dörfern... Wandern in Freiheit und ohne Probleme.«

Der Verlauf der GTA: vom Lago Maggiore und am Monte Rosa vorbei in das Bergland links und rechts vom Aostatal, vom Gran Paradiso weiter nach Susa, zum Monviso und durch die Seealpen zum Mittelmeer.

Diese etwas ausgefallene Wegführung schuf allerdings Probleme. In vielen der Bergorte gab es keine Nächtigungsmöglichkeiten, sie mußten erst geschaffen werden. So entstanden die sogenannten »Rifugio di tappa« oder auch »Posto tappa«, also kleine oder größere Räume mit sauberen Betten und Matratzen, sehr oft auch mit Gasherden und Warmwasserduschen ausgestattet. Dafür zahlt man bei dem Kustoden eine eher bescheidene Gebühr. Höchst originell ist, wo diese »Posto tappa« manchmal untergebracht sind... zum Beispiel in einer Almhütte oder in einem alten Bauernhaus, in einem Rathaus oder in einem Museum, ja sogar in den Räumen eines uralten Heiligtums.

Den Unfug mit den Kontrollstempeln gibt es auf der GTA Gott sei Dank nicht und keinen Menschen interessiert es, ob man auf ihr drei Wochen oder nur drei Tage unterwegs ist. Es war ja von Anfang an nicht geplant gewesen, eine »Weitrennerpiste« zu schaffen, sondern nur einen schönen Weg durchs italienische Bergland, von dem sich jeder Wanderer – je nach Zeit und Laune – ein Stückchen zu Gemüt führen kann.

Die Organisatoren der »GTA« haben auch einen sehr informativen Prospekt über diese Route herausgebracht, in dem ein Comic die ideale Tageszeiteinteilung zeigt:

Um sechs Uhr steht der Wanderer auf, frühstückt und
um sieben Uhr geht er weg.
Um neun Uhr rastet er,
um zwölf Uhr schwelgt er im Gipfelglück, und
um drei Uhr rastet er wieder ganz kurz.
Um vier Uhr hat er den »Posto tappa« erreicht, und
um sieben Uhr ruft er den nächsten »Posto tappa« an, damit sein Quartier gesichert ist.

Diese telefonische Voranmeldung ist ein Scherzchen. Die Italiener sind keine großen Wanderer, und die »Posto tappa« daher fast immer leer. Als wir im September 1984 die »GTA« von Susa an begingen, fanden wir in den Nächtigungsformularen immer nur vier oder fünf Besucher eingetragen, die während des ganzen Sommers einen »Posto tappa« aufgesucht hatten.

Felsbilder der Alpen.
Oben: *Der sogenannte »Altar« bei der Alpe Lauson im Val Germanasca, an dem die Gravuren von Kreis und Kreuzl Felsbilder von »stärkster erotischer Ausstrahlung« darstellen sollen.*
Unten: *Wirklich eindrucksvoll ist hingegen das weltberühmte Felsbild des »Zauberers« am Monte Bego in den Seealpen.*

Von Susa stiegen wir auf zur Alpe Toglie (1534 m), wo sich der »Posto tappa« im ersten Stock des Wirtschaftsgebäudes befindet. Dort machten wir die Erfahrung, daß es mit Käse genauso ist wie mit dem Wein. Trinkt man den Wein in einem Weinkeller des Weinbauern, dann schmeckt er viel besser, als wenn man den gleichen Wein zu Hause trinkt. Auf der Alpe, mit dem Glockengebimmel der Kühe als kleine Nachtmusik, speisten wir also den besten Käse unseres Lebens.

Später kamen noch zwei Genuesen. Einer der beiden war zum erstenmal im Gebirge, aber »con calma« (das heißt »mit Ruhe«) würde er morgen den Weg nach Usseaux schon bezwingen, sagte sein Freund. Und jetzt wird noch ein wenig gegessen – »con calma« – und dann geschlafen »con calma«...

Am nächsten Morgen standen die zwei wohl schon kurz nach vier Uhr auf, aber dann werkten sie noch eine Ewigkeit lang herum. Sie rasierten sich sorgfältig, putzten die Schuhe auf Hochglanz, und nach dem Frühstück (natürlich »con calma«) machten sie noch eine Marschskizze von dem bevorstehenden Weg. Jeder hatte eine Landkarte wie auch einen großen Kompaß um den Hals hängen, und vor dem endgültigen Start wurde noch ein Uhrenvergleich durchgeführt... es war genau sechs Uhr und drei Minuten.

Am Colle dell'Orsiera (2595 m) hatten wir die zwei wieder eingeholt. Das letzte Stück zum Paß hinauf war der alpine Neuling schon auf dem Zahnfleisch dahingekrochen, und als ihn oben sein Freund fragte, ob er einen Wunsch habe, nickte er nur stumm.

Welchen? Ein Bett!!!

Das konnte ihm Signore »con calma« natürlich nicht bieten, dafür erklärte er sehr präzise die Aussicht. Hätte er gesagt, daß der Berg dort im Hintergrund der Mount Everest sei – sein Freund hätte das ebenfalls apathisch nickend zur Kenntnis genommen.

Ich kochte für uns alle eine Suppe. Nachher verkündete Signore »con calma« seinen »Operationsplan« (wie er es formulierte) für den Nachmittag: Abstieg nach Usseaux – Duschen im »Posto tappa« – eine Kleinigkeit in der Trattoria essen – Abfahrt mit dem Bus um ½5 Uhr nach Genua. Natürlich alles »con calma«. Ich bekam allmählich das Gefühl, daß unser Signore sogar den Jüngsten Tag »con calma« erleben würde.

Wir kochten uns noch einen Kaffee, faulenzten eine kleine Weile, dann brachen wir ebenfalls auf.

Der Abstieg war ein endloser Bandwurm... hinunter nach Puy, dann

Der Rocciamelone (3538 m) über der Alpenstadt Susa.
Seine Gipfelkapelle ist der höchste Wallfahrtsort Europas.

wieder steil hinauf nach Pequerel, zuletzt eine Hangquerung bergab und bergauf und wieder bergab bis Usseaux. Von unseren beiden Genuesen war nichts zu sehen. Unsere Suppe konnte den Anfänger bestimmt nicht so gedopt haben, daß er jetzt wie ein Wiesel dahinlief.

Der »Posto tappa« von Usseaux befindet sich in einem uralten Bauernhaus. Der Kustode erwartete uns bereits, richtete die herzlichsten Grüße der Genuesen aus. Bis Puy waren sie noch gekommen, dann wollte/konnte der Anfänger nicht mehr weiter. So waren sie per Autostop nach Usseaux gefahren und hatten den Bus gerade noch in allerletzter Minute erreicht. Kein Duschen und kein Essen in der Trattoria...

Am Vorabend hatte der perfekte Wanderer noch gesagt: »Eine Wanderung kann nur dann zu einem Erlebnis werden, wenn alles ganz genau vorbedacht und fixiert ist!«

Usseaux – Colle dell'Albergian (2713 m) – Balsiglia.

Balsiglia besteht aus etwa 20 Häusern und einer kleinen Bar. Dort bekamen wir von der Padrona den Schlüssel vom »Posto tappa«; der zweite Schlüssel – sagte sie – sei der zum Museum und wir sollten nicht versäumen, es zu besichtigen. Wir waren über den Colle in eine ganz andere Welt gekommen, in die der Waldenser.

Den »Posto tappa« fanden wir im ersten Stock eines bald nach dem Jahre 1690 erbauten Schulgebäudes der Waldenser. Nachdem wir geduscht, gekocht und gegessen hatten, gingen wir hinunter ins Museum. Die Fensterläden waren zu, wir machten Licht. An den Wänden hingen Gemälde von ernst dreinblickenden Männern und alte Stiche, Dokumentationen einer Schlacht in vergangenen Zeiten zwischen Waldensern und ihren Verfolgern. Es tat uns leid, daß wir von dieser Glaubensgemeinschaft so gut wie nichts wußten.

Am nächsten Tag gingen wir von Balsiglia nach Villa di Rodoretto. Dort war der »Posto tappa« die ehemalige Garage des Dorfwirtshauses. Es war ein früher Sonntagnachmittag, als wir ankamen, und wiederum wurden wir in ein Museum geschickt. So lernten wir Signor Enzo Tron kennen, den ehemaligen Schullehrer des Ortes. Das von ihm errichtete Heimatmuseum enthält hauptsächlich bäuerliches Gebrauchsgut aus vergangenen Zeiten.

»Wollen Sie auch unseren Tempel sehen?« fragte Maestro Tron, ein Angehöriger der Waldensergemeinde. Natürlich wollten wir.

Mild schien die Sonne auf den etwas nüchternen Bau. Sein Inneres: ebenfalls sehr nüchtern, nur einige Bibelsprüche an den Wänden; Zentrum ist die Predigerkanzel und eine aufgelegte Bibel aus dem 18. Jahrhundert. Wir setzten uns auf eine der Bänke und Maestro Tron erzählte von den Waldensern.

Diese haben ihren Namen von Petrus Waldus (um 1160–1217), einem reichen Bürger aus Lyon, der seinen Besitz verschenkte und freiwillige Armut predigte. Das tat Franz von Assisi auch – und wurde heiliggesprochen. Petrus Waldus hatte außerdem noch ein wenig mehr verlangt – und wurde deswegen verdammt. Waldus wollte nämlich auch noch die Rückkehr zum Evangelium – und das war für das bereits festgefügte römische Kirchenwesen abscheuliche Ketzerei. Mit Feuer und Schwert wurden dann auch die Anhänger des Waldus verfolgt. Jedoch in den weltabgeschiedenen Gebirgstälern Piemonts an der Grenze Italiens und Frankreichs, in diesem armen Land, das auch heute noch als ein »verarmtes Gebiet« gilt, konnten die Waldensergemeinden – wenn auch mit Verfolgungen zwischendurch – bestehen bleiben. Ab 1848 gab es dann zwar keine blutigen Verfolgungen mehr, aber zu leiden haben die Waldenser noch immer unter dem staatlich privilegierten Katholizismus.

Von Maestro Tron erfuhren wir auch Näheres über die Schlacht von Balsiglia. König Ludwig XIV. von Frankreich hatte den Herzog von Piemont zur Ausrottung der Ketzer in seinem Land gezwungen: 4000 Waldenser starben, weil sie sich wehrten, 8000 kamen in den Gefängnissen um, und nur 3000 konnten sich in die Schweiz retten. Das war im Jahre 1686.

Drei Jahre später waren die Beziehungen Piemont–Frankreich etwas abgekühlt. Ein Teil der im Exil lebenden Waldenser beschloß unter der Führung des Pfarrers Henri Arnaud in die Heimat zurückzukehren. Dabei hatten sie viele Kämpfe mit den Franzosen zu bestehen, und von den neunhundert Rückwanderern, die am Genfer See aufgebrochen waren, erreichten nur sechshundert wieder das erste Waldenserdorf: Balsiglia. Dort verschanzten sie sich auf einer Felskuppe gegen die sie hartnäckig verfolgenden Franzosen.

Im Mai 1690 versuchte eine Streitmacht von 5500 Mann mit Hilfe von Kanonen die von kaum 400 Waldensern verteidigte Bastion zu stürmen. Das gelang ihnen erst nach Tagen – aber da hatten inzwischen die Eingeschlossenen diesen Berg schon heimlich verlassen und eine neue Verteidigungsstellung bezogen. Und dort erreichte sie die Nachricht, daß inzwischen der Herzog von Piemont einem Bündnis gegen die Franzosen beigetreten war. Das erschien ihnen als ein Wunder und eine Bestätigung ihres Wahlspruches aus dem Johannesevangelium »Lux lucet in tenebris!« – »Das Licht leuchtet in der Finsternis«!

Seit Petrus Waldus hat auch die Waldenserreligion einige Wandlungen erfahren. Zu allen Zeiten mußte man aber den Waldensern zugute halten, daß sie sehr fleißig und hilfsbereit sind und wahrhaftig christliche Nächstenliebe praktizieren. Sie leben in Anstand und Würde – und auch das wahrhaftig! Kriminelle Delikte sind bei den Waldensern so gut wie unbekannt (was den Behörden des heutigen Italien fast als unerklärliches Wunder erscheint). Und bereits im frühen 19. Jahrhundert gab es unter den Waldensern – im Unterschied zur anderen Alpenbevölkerung – keine Analphabeten (in Österreichs Alpenländern waren es um 1900 noch 20%!).

Die Waldenser glauben nicht, daß sie die einzig wahre Religion praktizieren, und sie wollen auch nicht die ganze Welt zu ihrem Glauben bekehren; sie wollen sich nur ihre Religion bewahren, von der sie glauben, daß es eine gute ist.

Von der katholischen Kirche wurden und werden sie als Ketzer verdammt...

...weil sie nicht daran glauben, daß der Papst in Rom der Stellvertreter Gottes auf Erden sei.

...weil sie den »Marienkult mit seinen abergläubischen Formen der Frömmigkeit« ablehnen und auch nicht an eine »Unbefleckte Empfängnis« glauben.

...weil sie nicht an ein Fegefeuer glauben, aus dem man sich hier auf Erden durch Ablässe freikaufen kann.

...weil sie im Abendmahl nicht das Fleisch und das Blut Christi zu sich zu nehmen glauben, sondern darin nur ein Liebesmahl der Gemeinde mit Gesang und Gebet feiern.

Das und noch mehr erzählte uns Maestro Tron in dem stillen Tempel. »Wir sind eine Minderheit«, sagte er. »Aber das ganze Christentum war ursprünglich Religion einer Minderheit!« In Villa di Rodoretto gibt es heute gleichviel Waldenser wie Katholiken. Beide Gemeinschaften kommen gut miteinander aus, und das muß man wohl auch in diesem Gebirgsdorf am Steilhang, in dem die abgeschwemmte Erde vom unteren Ende der Äcker noch immer nach oben getragen werden muß, in dem im Winter oft bis zu neun (!) Meter Schnee liegen und der ganze Ort um diese Jahreszeit nur von zwei Familien bewohnt wird.

Es war schon dämmrig, als wir den Tempel verließen. In den Gassen zogen Leute mit Gepäckstücken beladen zum Parkplatz am Ortsausgang. An diesem Sonntag (es war der 2. September) hatte bis zum Sommer des nächsten Jahres der letzte Gottesdienst im Tempel stattgefunden. Jetzt fuhren die Arbeiter aus ihrem Elternhaus wieder in die Industriestädte Oberitaliens zurück.

Ich sah eine junge Frau, die liebevoll noch einmal mit der Hand das Holz der Haustür streichelte, nachdem ihr Mann diese zugesperrt hatte. Der Abschied von diesem Dorf, von diesen Häusern war für die Leute mehr als nur ein Abschied von einem Urlaubsort.

Und jeder der Abfahrenden hupte noch kräftig einen Abschiedsgruß, bevor er die Kurve nahm, von der aus Villa di Rodoretto zum letztenmal zu sehen war.

Später saßen wir auf der Holzbank vor unserem »Posto tappa«. Die Padrona der Trattoria setzte sich zu uns (ihre Familie ist eine von den zweien, die auch im Winter in dem Ort bleiben). Etwas wehmütig sagte die Frau: »Wie still es heute ist... und vor einer Woche sind hier am Abend noch so viele Leute gesessen und die Kinder haben gespielt und gelacht. Das alles ist jetzt wieder vorbei!«

In dem kleinen Landgasthof von Ghigo di Prali hatte ein junger Mann Schwierigkeiten, dem Wirt verständlich zu machen, daß er nicht ein komplettes Abendessen mit Vorspeise, Hauptspeise und Nachspeise wünsche, sondern nur ein Wurstbrot und eine Limonade.

Es war ein Deutscher aus dem »Agape«, wie das ökumenische Zentrum oberhalb des Ortes heißt. 1947 wurde mit dessen Erbauung begonnen, und eine Schrift der Waldenser berichtet darüber: »Der Bau des Dorfes war ein großes und phantastisches Abenteuer. Es wurde ohne Geld und ohne Erfahrung begonnen von ca. 20 jungen Waldensern, dann aus dem Interesse und der hervorgerufenen Liebe von Jugendlichen aus 35 verschiedenen Nationen der ganzen Welt weitergeführt. Im ersten Jahr mußte das geschafft werden, was ohne Geldmittel als unmöglich betrachtet werden konnte, wie der Bau einer großen Seilschwebebahn, die zum Transport des Materials am Abhang des Hügels diente, wie die Herstellung des Kalkes mit dem System der Antike, und vielem anderen, das selbst erstellt wurde, weil die Mittel zur Anschaffung fehlten... Es schien, als ob man, in den geschichtlichen Umständen des 20. Jahrhunderts, das Wunder der Vermehrung der Brote wiedererleben würde.«

Der junge Deutsche war nach Ghigo di Prali gekommen, um seinen Gott zu suchen. Er nehme den Glauben an Gott sehr ernst, erzählte er uns, aber die katholische Kirche mit ihren starren Dogmen mache es ihm nicht leicht, ein Gläubiger zu sein. So benütze er seinen Urlaub dazu, sich einmal bei den Waldensern »umzusehen«.

Übrigens: Von uns zwei Wienern, die durch die Alpen wandern, habe er schon gehört. Gestern seien wir im Tempel von Rodoretto gewesen. Wir hatten auch schon viel davon gehört, wie schnell sich im Busch und Urwald die Nachrichten von der Ankunft Fremder weiterverbreiten. Aber... so weit waren wir ja doch noch nicht gegangen?

In Ghigo di Prali ging ich in die Gemeindebibliothek und holte uns heimatkundliche Literatur über dieses Gebiet. Wir lasen, daß beim Ponte Raut im Valle Germanasca interessante prähistorische Felsbilder sein sollten. Wir fuhren per Autostop hin.

Die Gravuren waren wirklich interessant, weil sie schon bei ihrer Entstehung mit einer weißen Kalkmasse ausgegossen worden waren – ein Unikum unter den Felsbildern der Alpen.

Der nächste Tag hätte eigentlich ein Rasttag werden sollen. Aber da lasen wir in dem 1980 erschienenen Buch von Cesare Borgna »L'arte rupestre preistorica nell' Europa occidentale« etwas über erotische Felsbilder auf einem Fruchtbarkeitsaltar bei der Alpe Lauson. Die Bilder sollen aus dem 4. Jahrtausend v. Chr. stammen, und der »Künstler« (so heißt es wörtlich im Text) hatte damit ein Werk von stärkster erotischer Ausstrahlung hinterlassen. Diese Gravuren interessierten mich.

Der Tag fing gleich lausig an. Ich hatte in Ghigo auf einer Tafel des Fremdenverkehrsamtes gelesen, daß die Gehzeit auf die Rocca Bianca eine Stunde betrage. Woraus ich schloß: »Nach der Landkarte ist das der halbe Weg. Zwei Stunden also bis zum erotischen Felsen. Ein Nachmittagsspaziergang!«

Ich hatte nur das Kleingeschriebene nicht gelesen. Eine Stunde auf die

Rocca Bianca sind es vom Colle Sellar – und bis zu diesem Colle geht man von Ghigo volle zwei Stunden.

Der Weiterweg hatte auf unserer Wanderkarte wohl eine Nummer (202) – aber war das wirklich noch ein Weg? Dichtes Erlengebüsch hatte die Wegtrasse überwuchert und sehr oft hingen wir hoffnungslos verstrickt in der Flora. Ganz schlimm war aber der Abstieg zur Alpe Cialancia. Da überdeckte das rechts wachsende Gesträuch vollkommen die Wegtrasse, während links ein steiler, felsiger Abbruch war. Durchs Gebüsch konnten wir uns nicht durchkämpfen, weil es zu dicht war, also mußten wir uns am äußersten Wegrand von Erlenzweig zu Erlenzweig weiterhanteln. Reserve-tarzan über dem Abgrund.

»Geht's?« rief ich zu Fritzerl.

»Da geht nix! Ich häng'!«

Endlich erreichten wir die Alpe Lauson. Wir fragten nach dem Altar. Der Senner zeigte uns die Richtung und schaute uns etwas verwundert an.

Fünf Minuten später wußten wir, warum uns der Senner so angeschaut hatte. Der »Altar« war nur ein gewöhnlicher Felsblock, wie sie zu Tausenden in der Gegend herumliegen. Und die erotische Darstellung bestand aus einem kleinen senkrechten Stricherl, einem Kreis, einem Strichmanderl und zwei Kreuzln (welche nach Signor Borgnas phantasievoller Deutung schon die Kinder waren, welche aus dieser Vereinigung von Mann und Frau hervorgegangen sind). Das war alles. Und uns stand auf dem Rückweg noch einmal die Tarzanquerung bevor!

An diesem Rasttag sind wir zehneinhalb Stunden unterwegs gewesen. Wir waren hungrig, durstig, und in unsere Arme und Wadln hatte das Strauchwerk blutige Risse geschnitten. Leicht ergrimmt sagte Fritzerl: »Wenn ich gewußt hätte, daß du so scharf bist auf erotische Darstellungen, hätte ich dir lieber ein Pornoheftl gekauft!«

Über den Colle Giulan (2451 m) erreichten wir das um eine riesige Granit-kuppe erbaute uralte Villanova. Es gibt noch immer kein elektrisches Licht in dem Ort, der im Winter verlassen ist und nur im Sommer von fünf oder sechs Menschen bewohnt wird. Die Füchse sagen sich hier »Gute Nacht!«

Der »Posto tappa« ist in einem uralten Haus eingerichtet worden. Das Klosett ist 100 Meter weit entfernt in der auch nur zur Sommerzeit bewirt-schafteten Trattoria des Ortes; als Waschgelegenheit dient der Dorfbrunnen. Fritzerl schrieb bei Kerzenlicht ihr Tagebuch. Ich ging noch einmal hinaus auf die Gasse. Kein Licht und kein Laut drangen aus den mit Läden verschlossenen Fenstern und den Türen der leeren Viehställe. Nur eine Fledermaus schwebte über mir durch die Nacht. Ein Geisterdorf!

Und da sah ich in der dunklen Gasse plötzlich eine Gestalt, die sich an die Wand drückte, als ich langsam näher kam. Sich verbergen wollende Gestalten sind immer verdächtig. Noch etwas langsamer ging ich auf sie zu...

»Buona sera!« grüßte ich betont forsch und laut.

»Buona sera!« krächzte die Stimme eines uralten Mannes. Er war einer der fünf oder sechs Bewohner von Villanova und hatte auch mich – wie er dann sagte – »sospetto« (also verdächtig) gehalten.

Schon Johann Nestroy hatte gesagt: »Zwei Wölfe können sich begegnen, ohne sich zu fürchten, aber zwei Menschen, im Walde sich begegnend, denken immer voneinander: Das ist ein Räuber!«

Die Schöpfer der »Grande Traversata delle Alpi« haben den Ehrgeiz entwickelt, bei ihrer Route möglichst alle Straßen zu meiden. Oberhalb von Villanova haben sie allerdings dabei etwas stark übertrieben...

Zum Greifen nahe sahen wir schon das Dörfchen unter uns, in das eine schmale Straße hineinführte. Kaum 300 Meter trennten uns noch von dieser Straße. Doch die rote Markierung führte nach rechts in einen Steilhang, in dem sich eine dürftige Steigspur bald verlor. Dann gab es nur noch Farne, Disteln und meterhohes Stechgras. Aber immer wieder entdeckten wir unter der Flora Steine mit roten Farbpatzen; man mußte sie in dem wirren Dickicht nur suchen wie Ostereier.

Als ich wieder so einen roten Fleck ansteuerte, entpuppte er sich beim Näherkommen als ein Buschen roter Blümchen. Zurück zur letzten Markierung?

»Ich pfeif darauf! Jetzt steigen wir gerade hinunter zu dem Bauernkaff!« knurrte ich.

So gerieten wir in eine derart steile Rasenwand, daß wir nur mit dem Gesicht zum Berg absteigen konnten, wobei uns die Butterblumen ins Maul wuchsen.

»Pfeifst noch immer?« fragte Fritzerl.

Zerschunden und zerkratzt und mit Spinnweben in den Haaren erreichten wir endlich das Dorf. Fast eine Stunde waren wir in dem Steilhang unterwegs gewesen. Dafür hatten wir uns einen 300 Meter langen Fußmarsch auf einer schönen, nur sanft ansteigenden Straße erspart!

Sehr oft haben wir auf unserem Alpenspaziergang viele der Wegmarkierer in das wildeste Labyrinth des Minotaurus verwünscht. Zum Beispiel, wenn sie einen Weg in Richtung von Süden nach Norden markiert haben und dabei nicht bedachten, daß Leute den Weg auch in umgekehrter Richtung gehen könnten. So standen wir oft an Kreuzungen, bei denen von einem Weg aus zwei, drei andere abzweigten und wo nicht das allerkleinste Farbtupferl verriet, welcher der richtige ist.

Verwünscht haben wir auch das neue Markierungssystem mit Nummern... E 605 oder 007. Früher war alles so einfach. Da waren die Wege *rot, gelb, grün* oder *blau* markiert und führten von einem Ausgangsort zu einem Ziel. Wenn man also von Dingshausen zur Zapfenkogelhütte loszog, dann mußte man nur den betreffenden Farbtupfern folgen; und wenn einer nicht farbenblind war, dann kam er auch an sein gewünschtes Ziel. Außerdem gab es unterwegs und bei Wegkreuzungen immer wieder Tafeln mit der Aufschrift »Zur Zapfenkogelhütte« – was dem Wanderer das wonnigliche Gefühl vermittelte, auf dem richtigen Weg zu sein.

133

Heute gleichen manche Markierungspfähle mit den vielen Nummerntafeln einem Totempfahl der Wilden, bei dem nur die Zauberer die Bedeutung der Symbole kennen.

Mißtrauisch waren wir auch immer, wenn eine Markierung vom Talort weg gleich allzu üppig war. Da sind die Markierer (von einem guten Frühstück gestärkt) dynamisch und voll Tatendrang losgezogen und haben fleißig wie Rubens alle 50 Meter ihre Kleckse gemalt – aber nach zwei Stunden ist ihnen dann die Farbe knapp geworden, und die Markierung wurde schottisch.

Wegmarkierer sind auch nur Menschen. Ich weiß das, weil ich selber ebenfalls schon Wege markiert habe. Dabei ist mir einmal etwas Saudummes passiert...

Mein Spezl Ernstl und ich sollten die schon etwas verblichene Markierung eines Weges nachziehen. Außerdem, so meinte der Wegewart unseres Vereines, könnten wir die Markierung noch durch einige zusätzliche Farbpatzen verbessern.

Wir malten nach und wir verbesserten. Und dabei begann ich Ernstl von der Fleischbank-Ostwand zu erzählen. Das Zünftigste an der Ostwand sind die Ausstiegsrisse. Daß bei dieser Schilderung unser Weg auch immer steiler und steiler wurde, kam uns ganz natürlich vor. Weniger natürlich schien es uns nur, daß nirgends mehr ein Farbpatzen unserer Vormarkierer zu sehen war...

Wir schimpften auf unsere Vormarkierer und pinselten weiter.

Als ich mit meiner Schilderung auf dem Gipfel der Fleischbank angekommen war, waren auch wir zu der Erkenntnis gekommen, daß mit unserem Weg etwas nicht stimmen konnte.

Wir hatten von einer Abzweigung an einen falschen Weg markiert!

Wir werkten dann stundenlang, bis wir mit unseren Taschenmessern die falschen Markierungen wieder abgekratzt hatten. An den Händen bekamen wir Schwielen, und die Knöchel stießen wir uns an der rauhen Rinde wund und weh. Mit Müh und Not erreichten wir den letzten Zug zurück nach Wien. Als wir dem Wegewart berichteten, daß wir nicht den ganzen Weg nachmarkiert hätten, murmelte er etwas von der heutigen Jugend, der für dieses Geschäft noch die nötige Härte fehle.

Rifugio Willy Jervis 1740 m	Rifugio Barbara Lowrie 1753 m

Welche von den zwei Schutzhütten ist die schönere?

Rifugio Willy Jervis steht in einem weiten freundlichen Wiesengrund, ist ein modernes Haus mit allem möglichen Komfort. »Wenn schon dieses Haus so schön ist, wie schön muß dann erst das Rifugio Barbara Lowrie sein!« – sagten wir und zogen weiter.

Namen sind nicht bloß Schall und Rauch. Ein Frauenname ist gleichbedeutend mit Schönheit und Lieblichkeit, Geborgenheit und Wärme. Oder?

Rifugio Barbara Lowrie steht am Ende einer Autostraße und am Rande eines Parkplatzes. Es ist eine wahrscheinlich schon kurz nach Hannibals Alpenübergang erbaute Bruchbude, in der man sich mit einer Kerze über knarrende Holzstiegen den Weg zu dem eiskalten Matratzenlager mit den vergammelten Decken suchen muß.

Die Werbemaxln wissen schon, warum sie dem von ihnen angepriesenen Glumpert so oft wohlklingende Frauennamen geben.

Einige Turiner, welche den Weg vom Parkplatz bis zum Rifugio geschafft hatten, riefen entsetzt: »Terribile, terribile!«, als wir sagten, daß wir von Wien bis daher zu Fuß gekommen seien. Einer fragte sogar, ob wir schon im Vorjahr von Vienna weggegangen wären. Da wurde uns bewußt, wie weit wir uns jetzt schon von zu Hause entfernt befanden.

Daß wir bereits einige Zeit unterwegs waren, merkten wir auch an den Murmeltieren. Die ersten Tiere, die wir im Frühsommer gesehen hatten, waren dünn, flink und scheu gewesen. Jetzt mußten wir oft schon aufpassen, daß wir nicht über die trägen, fettgefressenen, pelzigen Viecher stolperten.

Seit wir Susa verlassen hatten, waren wir an Bergen vorbeigekommen, von denen wir noch nie ein Bild gesehen und deren fast exotisch klingende Namen wir auch noch nie gehört oder gelesen haben... an einem Gran Queyron oder einem Bric Bucie, alles Dreitausender. Und obwohl wir in Luftlinie nur 50, 60 Kilometer von der Großstadt Turin entfernt dahinwanderten, hatten wir das Gefühl, in einem fernen und unbekannten Land unterwegs zu sein.

In diesem Teil der Alpen ist es noch üblich, daß Menschen bei einer Begegnung sich nicht nur grüßen, sondern außerdem einige Worte miteinander wechseln. Über der Zweitausendergrenze konnten wir uns manchmal nur sehr schwer von Hirten losreißen, die selig waren, wieder einmal mit einem Menschen reden zu können, die – so könnte man fast sagen – »sprechsüchtig« waren. Unsere Gehzeiten wurden daher oft durch Sprechstunden verlängert – und wieder einmal waren wir froh darüber, daß wir nicht nach einem »Zeitplan« gingen.

Daß diese »Grande Traversata delle Alpi« kein beschaulicher Höhenwegbummel ist, haben wir bald erkannt. Daß wir bei dem ständigen Bergauf- und Bergabsteigen über Hochpässe hinweg von einem Tal ins andere wohl sehr viele Serpentinenkilometer, aber nur wenige Luftlinienkilometer hinter uns brachten, war uns ebenfalls bald klar. Wir sind deswegen nicht schneller gegangen.

Wenn wir von einem Tal ins andere wechselten, waren wir immer schon voll Neugierde, wie dieses wohl aussehen würde. Jedes war anders.

Als wir zum Colle di Gianna (2525 m) aufstiegen, war eine besondere Spannung in uns. Schon seit Tagen hatten wir von den Paßhöhen die Riesenpyramide des Monviso vor uns gesehen. Immer näher waren wir ihr gekommen. Da oben am Paß mußten wir diesem Berg direkt gegenüberstehen. So war es auch.

Der schönste Aussichtsberg der Alpen

Im Sommer 1959 waren wir in der Bernina. Neuschnee lag bis hinunter nach Pontresina, und wir konnten nichts tun als auf unserem Matratzenlager im »Hotel Roseg« herumlungern.

»Fahren wir zum Monviso!« schlug ich den Freunden vor.

»Mohnwiese? Was ist das für ein Grasmugel?« fragte Hansl.

Ich begann den Monviso zu schildern: Ein fast 4000 Meter hoher Berg südwestlich von Turin, also in einer Zone, wo es jetzt bestimmt keinen Neuschnee gäbe. Ein Berg, kühn wie das Matterhorn. Ein Berg mit Wänden wie die Nordwand der Großen Zinne.

Jetzt hatte ich meine Freunde aus der Lethargie erweckt. Am liebsten wären sie sofort zu diesem Wunderberg losgebraust. Auf jeden Fall wollten sie ganz zeitig schlafen gehen, um am nächsten Morgen ganz zeitig aufstehen zu können. Ich schlief in dieser Nacht sehr schlecht. »Du lieber Himmel!« bat ich immer wieder, »laß den Monviso einen halbwegs annehmbaren Berg sein, denn wenn er nur eine harmlose Wurzel ist, auf deren Gipfel einige Kühe oder Schafe ihre Gräslein rupfen – dann erschlagen mich die Freunde!« In Wahrheit wußte ich nämlich nichts, überhaupt nichts vom Monviso. Ich hatte nur irgendwo einmal gelesen, daß es bei Turin einen recht schönen Berg geben soll, der Monviso heißt.

Unsere Fahrt zum Monviso war voll erregender Kontraste! Als wir durch St. Moritz fuhren, schneite es noch immer. Doch am Comersee sahen wir schon neidvoll die Leute im Wasser schwimmen, und in der glühendheißen Poebene hätten wir uns am liebsten in die Eislade eines Kühlschranks verkrochen.

Nach Turin wurde ich allmählich unruhig... wo ist der Monviso?

Aber die Berge über der Poebene steckten alle in wild aufeinandergetürmten Sommerwolken. Und das dunkle Dreieck oberhalb dieser Wolken?

»Ich werd verrückt: das ist ja ein Berg!« rief Christian. Ein Berg, der wie eine Vision über die Wolken hinausragte. Der Monviso!

Der Monviso (3841 m) wurde im Jahre 1861 von den Engländern Mathews und Jacombs mit den Führern J. B. und Michel Croz erstmals erstiegen, mit jenem Michel Croz, der vier Jahre später mit Whymper den Gipfel des Matterhorns erreichte und dann beim Abstieg zu Tode stürzte.

Zum zweitenmal wurde der Monviso im Jahre 1863 von Quintino Sella und Gefährten erstiegen, von jenem Quintino Sella, der nach diesem Gipfelsieg den Plan faßte, einen italienischen Alpenklub zu gründen und dann auch der Initiator der Angriffe aufs Matterhorn von der italienischen Seite aus wurde.

Das Aufregende einer Besteigung des Monviso ist nicht die Kletterei, sondern sind die Tief- und Ausblicke. Man klettert in einer Höhe von fast 4000 Metern und schaut hinunter in die nur 20 Kilometer Luftlinie entfernte Poebene, die dort eine Seehöhe von etwas mehr als 300 Meter hat. Am

Monviso hat man das Gefühl, in einem Flugzeug zu sitzen oder auf eine riesige Landkarte zu schauen. Wir sind bis heute in den Alpen noch auf keinem eindrucksvolleren Aussichtsberg gestanden.

Lange Zeit galt der Rigi in der Schweiz als der Inbegriff eines Aussichtsberges. Schon lange vor Eröffnung der Rigibahn (im Jahre 1871 – es war die erste Gipfelbahn der Welt) war seine Ersteigung Pflicht für jeden Alpenreisenden, so wie für einen Rompilger ein Besuch der Peterskirche. In seinem Reisehandbuch rühmt Baedeker die »Rundsicht, die sich an 100 Stunden Umkreis ausdehnt« (das waren Mitte des vorigen Jahrhunderts natürlich noch Gehstunden!). Und er schildert auch den Betrieb auf dem Rigi... »alle europäischen Zungen hört man durcheinander schwirren«, ...»man muß sich glücklich schätzen, ein Bett gefunden zu haben«, ...»ein heiserer Alphornkünstler bläst die Retraite der Sonne und bittet sich seine Belohnung aus«.

Damals konnte der Mensch noch nicht im Flugzeug über Land und Meer schweben, und es gab noch keine Satellitenfotos von der Erde. Nur wer einen Berg erstieg, konnte das herrliche Gefühl erleben, über den Wolken zu stehen. Und nur von einem Berg aus war auch soviel von dieser Welt zu sehen wie sonst von nirgendwo.

Dieser »Höhenrausch« erklärt auch die recht langweiligen, aber sehr ausführlichen Panoramaschilderungen in den Berichten der Gipfelstürmer von einst. Das Erleben der Aussicht von oben war seinerzeit – neben anderem – ein Beweggrund für das Bergsteigen.

Auch die Beweggründe für das Bergsteigen wandelten sich, und es kam die Zeit, in der man sich wohl noch an einer schönen Aussicht erfreute, aber nicht mehr allein ihretwegen auf einen Gipfel stieg. Und sehr oft ist dann auch nicht mehr der Gipfel, sondern der Weg das Ziel geworden.

Mein Lieblingsberg ist die Rax, unser Wiener Hausberg. Dort bin ich im Großen Höllental auf dem versicherten »Teufelsbadstubensteig« (welche Poesie doch in diesem Namen steckt!) zum erstenmal in steilerem Fels unterwegs gewesen und dort habe ich auch noch einige der alten Raxerschließer kennengelernt. Als Bergrettungsmann habe ich später von der Rax Verunglückte ins Tal getragen, für den Verein Steiganlagen ausgebessert und fürs Habsburghaus Trägerdienste geleistet. Ich kenne fast alle Kletterrouten der Rax und habe auch etliche Erstbegehungen gemacht, von denen wir eine damals (1947) »Weg der Jugend« nannten.

Die Rax ist ein Plateauberg, in deren Felsabstürzen (Loswand und Klobenwand, Preinerwand, Lechnermäuern und Kahlmäuern) geklettert wird. Die höchste Erhebung dieses Plateauberges ist die 2009 Meter hohe Heukuppe, und weil diese wirklich nur eine Heukuppe ist, hat sie mich jahrzehntelang nicht zu einem Besuch verleiten können.

Erst als ich an meinem 1978 erschienenen Buch »Schneeberg und Rax« arbeitete, wurde mir klar, daß der Autor eines Raxbuches eigentlich auch die höchste Erhebung dieses Berges erstiegen haben sollte.

An einem klaren Spätherbsttag taten wir dies. Wir hatten sogar ein

Mini-Fläschchen Sekt mitgenommen, um diesen Gipfel zu feiern. Und feierlich reichten wir uns die Hände...

Es waren noch einige Leute auf dem Gipfel, und irgendwen hörte ich sagen: »Schau dir das an, was diese Krabbler für ein Trara veranstalten, wenn sie einmal in ihrem Leben auf einen Berg hinaufkommen!«

Nach 25 Jahren kamen wir auf unserem Alpenspaziergang wieder zum Monviso.

Im Rifugio auf dem Pian del Re lernten wir den Bergführer Quintino Perotti kennen, der im Jahre 1906 in der Quintino-Sella-Hütte am Monviso geboren wurde (daher sein Vorname Quintino). Schon sein Vater war ein bekannter und beliebter Bergführer, der oft von seinen Herren als besondere Anerkennung ein neues Seil geschenkt bekam. Perotti senior gab aber diese neuen Seile stets seiner Frau zum Wäscheaufhängen oder schenkte sie seinen Freunden zum Heuziehen – und führte weiterhin die Leute mit seinem »guten alten und daher erprobt verläßlichen Seil« auf den Monviso. Perotti junior zeigte uns ein Stück von diesem Seil – uns gruselte!

Der junge Quintino hatte seine ersten Monvisoersteigungen noch in mit Eisennägeln beschlagenen Holzschuhen gemacht und sich in diesen Schlapfen – so paradox es klingen mag – absolut sicher gefühlt. Mit 15 Jahren war der junge Quintino bereits Träger und als Zweiundzwanzigjähriger bekam er das Bergführerabzeichen. Er ist mit seinen Herren auch auf viele andere Westalpenberge und sogar Dolomitenberge gestiegen, war also mehr als nur ein Lokalführer. Den Monviso hatte er 749mal in seinem Leben erstiegen.

Und warum nicht 750mal? Das wäre nicht nur eine schöne runde, sondern sogar eine Jubiläumszahl gewesen!

Signor Perotti lächelte und sagte, daß diese Frage noch jeder an ihn gestellt habe...

Er war 749mal auf seinem Berg und er hat alle von ihm Geführten gut hinauf und auch wieder gut hinunter gebracht. Er hat aber auch über 350mal die Tour unterwegs abgebrochen, weil entweder die Verhältnisse oder das Wetter oder die von ihm geführten Leute nicht gut waren. Er hat am Berg jedes Risiko vermieden... man bedenke: Mehr als 350 Rückzüge bei 749 Ersteigungen! Er war von Beruf Bergführer, aber das Bergsteigen hat ihm auch Freude gemacht, und den Monviso liebte er und liebt ihn noch immer. Er brauchte keine runde und keine Jubiläumszahl, um von seinem Berg Abschied zu nehmen. Er ist am Berg alt geworden, weil er schon immer jene innere Gelassenheit hatte, die sehr notwendig ist, wenn man am Berg auch alt werden möchte.

Bis 1978 hatte Signor Perotti noch die Quintino-Sella-Hütte – sein Geburtshaus – bewirtschaftet. Jetzt lebt er bei seiner Tochter auf Pian del Re (in 2000 Meter Höhe) an seinem Monviso. »Ich danke Gott, daß er mich an diesem Berg auf die Welt kommen ließ und daß ich an ihm auch sterben kann«, sagte er.

Auf Pian del Re ist auch der Ursprung des Po. Aus einem Felsspalt sprudelt eine starke Quelle und 300 Meter weiter betreibt deren Wasser schon das E-Werk des Rifugio. Am Monviso hat der Po seine Kindheit, und sein Wasser ist noch rein und klar. Im Lauf nach Saluzzo erlebt er seine kurze Jugend. Bei Saluzzo beginnt die Ebene, der Po wird zum Mann, und als müder Greis endet er an der Adriaküste.

Zum erstenmal waren wir an der Pomündung, kurz nachdem dort im Jahre 1956 die einst im Meer versunkene Etruskerstadt Spina wiederentdeckt worden ist.

Die von den Griechen gegründete Stadt im Podelta wurde im 6. Jahrhundert v. Chr. etruskisch und war dann der bedeutendste Hafen im oberitalienischen Raum. Durch eine Landsenkung und durch die Verlagerung der Pomündung nach Norden (im 12. Jahrhundert n. Chr.) versumpfte das Land, verwandelte sich in eine Lagunenlandschaft. Und die Stadt Spina wurde in der Phantasie der Menschen zum Inbegriff »der vom Meer verschlungenen Stadt«.

Nach dem Ersten Weltkrieg wurde diese Lagunenlandschaft trockengelegt, und nach dem Zweiten Weltkrieg die Stadt Spina bei Luftaufnahmen wiederentdeckt. Das war eine archäologische Sensation.

Besonders ergiebig waren für die Ausgräber die Nekropolen Spinas, weil die mehr als 3000 Gräber sehr kostbare Beigaben (vor allem viele griechische Vasen aus dem 5. Jahrhundert v. Chr.) enthielten. An diesen Beigaben waren aber nicht nur die Ausgräber interessiert, sondern auch die »tombaroli«, wie man in Italien die Grabräuber nennt. So wurde zum Verhindern von Raubgrabungen die »Guardia di Finanza« eingesetzt.

In der Einsamkeit einer weiten Ebene lag ihr Stützpunkt. Wir zwei Fremde waren für die Zöllner eine willkommene Abwechslung, sie kochten uns sofort Kaffee.

Fritzerl war vor allem begeistert von den Hunden der »Guardia«. So liebe Tiere! Einer der Hunde rieb seine Schnauze zärtlich an Fritzerls Schenkel.

Der Commandante lud uns zu einem Spaziergang durch die Gräberzone ein. Eine tiefe Stille lag über den aufgerissenen und nunmehr leeren Grabstätten, und wir konnten kaum glauben, daß man darin die schönsten Tonvasen dieser Zeit, kostbare Bronzen und Goldschmiedearbeiten, Glasvasen und Elfenbeinschnitzereien gefunden hatte.

Der Commandante sagte: »In diesem Grab wurden fünf Holzsärge gefunden!«

Fritzerl hüpfte in die Grabgrube. Im gleichen Augenblick sprang auch ihr zärtlicher Lieblingshund auf sie – ein zähnefletschendes Untier, ein mörderischer »Hund von Baskerville«.

»Verzeihen Sie, bitte!« sagte der Commandante. »Wir haben unsere Hunde darauf dressiert, jeden Menschen in einer Grube anzuspringen! Die tombaroli fürchten unsere Hunde!«

Auf dem Rückweg trottete dann Fritzerls Hund wieder brav und anhänglich hinter ihr her. Fritzerl machte allerdings jetzt um jede Grube einen großen Bogen.

Nachdem die Archäologen einige Jahre lang dieses Ausgrabungsfeld bearbeitet hatten, nahmen die Bauern Besitz von dem Boden. Als wir Spina 1972 wieder aufsuchten, war es unter fruchtbaren Feldern – und so wird es wohl für alle Zeiten bleiben – versunken.

Am Abend nach der Wanderung im Lande an der Pomündung kamen wir in das malerische Fischerstädtchen Comacchio. Auf einem handgeschriebenen Plakat lasen wir, daß die Kommunistische Partei abends eine Vorführung von Rosselinis Film »Roma – città aperta« veranstaltet. Den Film hätten wir gerne wieder gesehen. Ob uns aber die italienischen Kommunisten bei der Vorführung eines Partisanenfilms auch gerne sehen würden?

Um acht Uhr abends sollte der Film beginnen. Das Lokal war geschlossen, kein Mensch in der Umgebung zu sehen. Um ½9 Uhr kam ein älterer Herr mit zwei Koffern in der Hand. Selbstverständlich wäre es ihm und seinen Freunden eine Ehre, wenn wir uns als Gäste den Film ansehen würden, sagte er. Wir mögen aber noch einen kleinen Spaziergang machen, er müsse das »Cinema« erst aufbauen.

Nach neun Uhr begann die Vorstellung. Mit uns und dem Capo (der zugleich der Filmvorführer war) befanden sich insgesamt zwölf Personen in dem Lokal. Die Kinoleinwand bestand aus einigen mit Nadeln zusammengehefteten Leintüchern. Aber der Film ist so großartig, daß er uns sofort in seinen Bann zog. Erst als wieder das Licht anging, sahen wir, daß das Lokal inzwischen bummvoll geworden war. Die Leute waren so nach und nach still und leise gekommen.

Wenn Menschen der Antike ein Treffen um die sechste Stunde (die Mittagszeit) vereinbarten, so konnte das (nach unserer Zeit) um elf Uhr sein, aber auch um ein Uhr. Dort, wo der Po langsam ins Meer mündet, lebt man auch heute noch geruhsamer im Ignorieren der rasch dahinfließenden Zeit.

Im Rifugio Quintino Sella (2640 m) trafen wir sechs Berliner, die gemeinsam die Schule besucht hatten, jetzt in verschiedenen Städten Deutschlands leben und sich jedes Jahr eine Woche lang bei einer gemeinsamen Wanderung treffen. Vergnügte, fröhliche Leute. Sie waren auf dem Wanderweg rund um den Monviso unterwegs.

Wir waren dann sehr überrascht, als wir sie am nächsten Abend in Maddalena schon wieder trafen. Da waren die sechs Schulfreunde auch etwas weniger vergnügt und fröhlich. Dumme Geschichte! Bei ihren gemeinsamen Wanderungen haben sie auch immer eine gemeinsame Kasse, die jedesmal ein anderer Schatzmeister verwaltet.

Diesmal mußten sie wahrscheinlich zu vergnügt und fröhlich gelebt haben, denn bei einem Kassasturz nach dem Bezahlen der Rechnung im Rifugio Sella konnte der Schatzmeister nur noch erstaunt feststellen, daß die gemeinsame Kasse so ziemlich leer war. Rundwanderweg finito! Das noch vorhandene Geld reichte gerade noch für einen geordneten Rückzug bis zu den geparkten Autos. Der Schatzmeister war leicht deprimiert... er war doch der Klassenbeste in Latein gewesen!

Im Rifugio hatte ich den Berlinern begeistert geschildert, was für ein großes Erlebnis es sei, von hier den Sonnenaufgang über der Poebene anzuschauen. Einmal die Sonne tief unter sich und über einem unendlich weiten Land aufgehen zu sehen...

Das wäre natürlich großartig – fanden die Berliner –, aber wer ist um diese Zeit schon wach, wer weckt?

»Ich!« versprach ich.

In dieser Nacht schlief ich recht schlecht. Immer wieder schaute ich auf die Uhr. Der Sonnenaufgang!

Um 6 Uhr weckte ich Fritzerl. Es ist noch Mitternacht, sagte sie. Jeder sagt das, der früh geweckt wird. Nach einer Weile brachte ich sie doch aus dem Schlafsack. Ich hatte sie zwar nicht bei den Füßen, dafür beim Ehrgeiz gepackt. Ob sie nicht ihre Sonnenaufgangsfotos von seinerzeit übertreffen wolle?

Auch die Berliner standen auf und außerdem noch die Italiener und die Franzosen – die ganze Hüttenbelegschaft war von uns animiert worden, den Sonnenaufgang zu erleben oder zu fotografieren.

Draußen vor der Hütte war es noch stockfinster und nur im Osten konnte man einen ganz schwachen Schimmer sehen. Und kalt war es, bitterkalt. Man zitterte und schnatterte in der Kälte.

»Wann kommt endlich die Sonne?« fragte mich einer der Berliner.

»Sofort!« sagte ich. »Jeden Augenblick muß sie kommen!«

Und da meldete einer der Italiener die genaue Uhrzeit: 6 Uhr 10 Minuten. Auf meiner Uhr war es fast schon 7 Uhr!

Schon seit Tagen war meine Uhr anscheinend verrückt geworden. Oben am Berg ging sie immer weit voraus, unten im Tal blieb sie oft einfach stehen. Am Monviso war diese verdammte Uhr wieder weit vorausgelaufen. Aber das konnte ich den frierenden und immer ungeduldiger werdenden Leuten nicht gut sagen.

So um 7 Uhr erschien dann gemächlich Frau Sonne. Knapp vorher waren schon einige Fotografen nahe daran gewesen, mir ihre Sonnenblenden an den Kopf zu werfen. Und das ausgerechnet am Morgen meines 61. Geburtstages!

Es wurde ein strahlend schöner Tag. Vom Passo Gallarino (2751 m) hatten wir eine Fernsicht bis zum Monte Rosa, an dem wir vor eineinhalb Monaten vorbeigekommen waren. Mir war es, als ob das erst vor einer Woche gewesen wäre. Aber dann dachte ich an meine 61 Lebensjahre und wußte auch nicht, wohin diese Zeit entschwunden war...

Alpines Niemandsland

Nach dem »Rummel« am Monviso (immerhin hatten in der Sellahütte etwa 30 Personen genächtigt, und unterwegs waren wir auch noch einigen Leuten begegnet) brachte uns die »Grande Traversata delle Alpi« wieder in stilles, einsames und urtümliches Bergland.

Wir hatten in einem Führer gelesen, daß im Valle Bellino an manchen Bauernhäusern noch Steinköpfe eingemauert seien, welche alles Böse abwehren sollten. Tatsächlich sahen wir dort solche Köpfe in den Dörfern Chiesa und Celle.

Dämonenköpfe an Kirchen sind keine Seltenheit. Untersuchungen in den letzten Jahrzehnten ergaben, daß sich solche Steinköpfe vor allem an Kirchen in Gebieten befinden, in denen einst Keltensiedlungen bestanden. Solche Steinköpfe an den Außenwänden der Kirchen lassen an den keltischen Brauch denken, die Köpfe getöteter Feinde an die Außenwände der Häuser zu nageln. In seinem Buch »Keltisches Erbe« schreibt Alfred Weitnauer: »Der Kopf, ganz gleich ob Menschen- oder Tierkopf, galt nicht nur bei den Kelten als eigentlicher Sitz der Lebenskraft. Die im Kopf konzentrierte Kraft vermochte durch ihre Ausstrahlung Böses abzuwehren, das heißt Dämonen und Feinde abzuschrecken, sie konnte aber auch Gutes bewirken, Glück anzuziehen. Der keltische Hausbesitzer, der einen erbeuteten Menschenkopf über seine Haustür nagelte, wollte also sicherlich nicht nur eine Trophäe zur Schau stellen; er verband damit wohl auch die Erwartung, daß dieser Kopf dem Hause Glück bringen und Unheil von ihm abhalten werde.«

Und über die Steinköpfe an Fassaden schreibt Weitnauer: »Als allgemeines Wesensmerkmal all dieser Köpfchen und Gesichter fällt das Primitive, das Maskenhafte, das nahezu Dämonische auf. Dazu ist grundsätzlich vom Künstlerischen her zu sagen, daß die Kelten auf dem Gebiet der bildenden Kunst wesentlich geringere Begabung gezeigt haben als etwa ihre römischen und griechischen Zeitgenossen. Die Kunst der Kelten war mehr dekorativer Art; sie neigte zum Stilisieren und Schematisieren. So sind auch die Götterbilder der Kelten von allem Anfang an mehr oder weniger schematisch, vielleicht darf man sogar sagen abstrahiert. Genau dieses Geistesabwesende, Maskenhafte, Dämonisch-Primitive ist aber auch das gemeinsame Charakteristikum der Steinköpfchen und Steingesichter an unseren mittelalterlichen romanischen Kirchen.«

Die Cottischen Alpen waren im ersten Jahrtausend v. Chr. ein Lebensraum für die ligurisch-keltischen Stämme, und so sahen wir an vielen alten Kirchen solche Steinfratzen. An Bauernhäusern hatten wir auf unseren Al-

Vom Montblanc bergab, aber oft auch wieder bergauf, dem Meeresspiegel entgegen:
Auf der »GR 5« vor Utelle, kurz vor Nizza.

G.R. 1909
PASERO CATERINA

penwanderungen in die Vorzeit bisher noch keine gesehen. Die Datierung dieser Steinköpfe ist schwierig, sie können schon im Mittelalter entstanden sein oder auch (nach älteren Vorbildern) viel später. Eines ist aber sicher: Sie sind ein »keltisches Erbe«.

In den Cottischen Alpen fiel uns auch auf, daß die Fassaden fast jeden Bauernhauses mit bunten Fresken geschmückt sind. In diesem Land gab es niemals reiche Leute, und es waren auch keine großen Künstler, welche diese Bilder an die Wände pinselten. Aber der Maler verlangte ganz bestimmt sein (bescheidenes) Honorar, und den Hausbesitzern fiel es ganz bestimmt recht schwer, dieses zu bezahlen…

Ein alter Mann saß vor einem der Häuser auf der Sonnenbank. Ob wir Kunstfreunde seien? Ja, das seien wir. Darauf begann uns der Mann sein Hausbild zu erklären.

Es zeigte die im 19. Jahrhundert sehr beliebte Szene »Christus geht mit seinen Jüngern durch die Felder« (oder wie man später auch spöttisch sagte: »Christus betreibt Flurschaden«). Hoch steht das Getreide auf dem Fresko und die Ähren sind groß und goldgelb – ein Traumgetreide, wie es auf diesem kargen Berglandboden niemals gedeihen kann.

Dieses Bild, so sagte der Mann, hat ein guter Freund seines Großvaters gemalt. Als Kunstfreunde würden wir sicherlich seinen Namen kennen… Giuseppe Martini. Wir kannten den Namen leider nicht.

»Giuseppe Mar-ti-ni!«

Nachdem wir noch einmal Nein sagen mußten, schaute uns der Mann nunmehr etwas prüfender an. Unser Weg hatte an diesem Tag schon durch ein wirres Gestrüpp geführt. Und schwarze Beeren hatten wir gegessen, und heiß war es auch. Nein – für Kunstfreunde hielt er uns jetzt nicht mehr!

Der »Posto tappa« von Chiesa-Bellino befindet sich in einem kleinen Haus, dessen Erdgeschoß der Lebensnerv des kleinen Ortes ist: Bar, Trattoria, Tabakladen und »Comestibile« (so heißen in dieser Zone Lebensmittelgeschäfte).

Nachdem wir monatelang hauptsächlich von Suppen und Salat, Nudeln und Polenta lebten, hatten wir ein unbändiges Verlangen bekommen, wieder einmal Erdäpfel zu essen… gekochte Erdäpfel mit Butter.

Wir baten die Padrona, uns zwei Kilo Erdäpfel zu kochen. Im letzten Augenblick konnten wir noch verhindern, daß sie diese schälte und in eine Pfanne voll Öl hineinwarf. Und als wir dann unsere Erdäpfel (Fritzerl aß sie sogar ungeschält) mit Butter genüßlich speisten, waren wir für die Padrona

Oben: *Romanische Abwehrköpfe am Portal der Kirche von Elva.*
Darunter: *Mars oder San Magno, der Schützer der Tiere.*
Votivbilder in der Kirche des Bergheiligtums San Magno (1761 m).
Unten: *Auch der Monte Bego (2873 m) in den Meeralpen*
war schon vor 4000 Jahren ein Wallfahrtsziel.

wie für die weinnuckelnden Bauern zu Horrorgestalten geworden... »Solo patate con burro?« sagten sie kopfschüttelnd.

An einer alten Scheune in Chiesa hatten wir einen Steinkopf mit zwei Gesichtern entdeckt. Ein Übervorsichtiger oder Überschlauer hat diesen Abwehrdämon geschaffen, der links und rechts schauen kann und dem nichts entgeht. Er schaut auch recht unheimlich aus und wir wollten ihn mit Kerzenlicht und Taschenlampenlicht ausgeleuchtet fotografieren. Vielleicht wird's auch ein dämonisches Bild? (Es wurde keines!)

Finstere Nacht war es also, als wir bei dem Steinkopf unsere Lichtspiele inszenierten. Unter einem Torbogen unterhielten sich zwei dunkel gekleidete Frauen ganz still und leise. Welche Geheimnisse sie sich wohl zuraunten? Ich spitzte die Ohren und hörte, wie eine über uns Fremde flüsterte: »...Stranieri... solo patate con burro!...«

Auf der »Grande Traversata« ist uns bald aufgefallen, daß die Bevölkerung miteinander in einer Sprache redet, von der wir kein Wort verstanden. Und diese ist mehr als nur ein Dialekt.

Maestro Tron in Rodoretto hatte uns dann aufgeklärt. Wir seien hier in einem zweisprachigen Gebiet unterwegs. Italienisch ist die Amtssprache, miteinander reden die Leute in Piemontesisch oder auch in der Lingua occitana – uralte Sprachen, die mit dem Italienischen so gut wie nichts gemein haben. Auf den zweisprachigen Ortstafeln ist unter dem italienischen Namen des Ortes auch immer der in der Umgangssprache angeführt – und da hatten wir beim Lesen oft das Gefühl, in der Türkei unterwegs zu sein. Zwei Beispiele:

SERREMORELLO SAMAWRÈL	CHIATIGNANO KYATINHÀN

Als wir beim Abstieg vom Colle Bicocca (2285 m) einmal kurz die Wegmarkierung verloren hatten, fragten wir bei einer kleinen Häusergruppe eine alte Frau nach dem Weg nach Elva. Worauf die Frau zu reden und reden begann... leider in ihrer Sprache, die wir nicht verstanden. Das wiederum konnte die Frau nicht verstehen und glaubte, wenn sie noch lauter redete, dann würden wir sie verstehen. Zuletzt schrie sie dann schon so laut, daß die aus ihrem Mittagsschlaf aufgeschreckten Hendl heftig zu gakkern begannen, der Hund wie wildgeworden bellte und dann auch noch ein Esel mit einem jämmerlichen Jaulkonzert einsetzte.

Leider half uns dieses »Bremer-Stadtmusikanten-Konzert« überhaupt nicht, die verlorene Markierung wiederzufinden, und so stiefelten wir dann weiter mit der stillen Hoffnung, in diesem Stück Italiens doch noch jemand zu treffen, der italienisch spricht.

Wir hatten Glück! Der junge Schafhirte, den wir auf einer Wiese trafen, war ein Globetrotter. Er war – wie er uns immer wieder stolz erzählte – schon zweimal in Turin und einmal sogar schon in Mailand gewesen.

146

In Elva ist der »Posto tappa« in der Schule untergebracht. Wir kamen am 14. September an, am 13. September hatte die Schule wieder begonnen und der »Posto tappa« sich in Luft aufgelöst. Überhaupt war der Ort wie ausgestorben. In zwei Häusern fragten wir nach einem Heulager. Man sagte uns, daß die Scheunen bis zum Dachboden mit Heu vollgestopft seien.

Ich hatte mir gerade eine »Problemlöserzigarette« angesteckt, als in die kleine Piazza ein Auto mit deutschem Kennzeichen einfuhr...

»Buon giorno!« sagte der Mann.

»Grüß Gott!« sagten wir.

Das Ehepaar aus Oberhausen nahm uns in seinem Auto bis in den nächsten Ort mit, wo wir auch Unterkunft fanden. Dort lud es uns noch auf eine Flasche Wein ein.

»Prego, Signore, una bott-i-glia di vino rosso con quatt-ro bic-chieri!« bestellte der Mann in wohlakzentuiertem Italienisch.

Das Ehepaar aus Oberhausen machte »Sprachferien« in Acceglia im Valle Maira. Es war begeistert von der Landschaft und den Menschen, vor allem aber von dem neuen Urlaubserlebnis: vormittags Italienischkurs, nachmittags Exkursionen zu Kunstdenkmälern oder Wanderungen.

In der Trattoria parlierten die Männer neben uns in ihrem Occitano. Wir empfanden es als Kuriosität, daß ausgerechnet in jenem Fleckchen Italiens »Sprachferien« organisiert werden, in dem die Italiener in einer vollkommen unverständlichen Sprache reden.

In Colletto (1410 m) sahen wir in den Steinplatten der Balustrade des St.-Anna-Kirchleins zu unserer größten Überraschung 17 sauber ausgeriebene Schälchen. Die Kirche stammt aus dem 18. Jahrhundert – diese Schalen sind also eindeutig nicht prähistorisch. Sie beweisen nur, daß sich in diesem Hinterwinkel der Alpen der Kult des Schalenausreibens auch noch in christlicher Zeit lange erhalten hat.

Fritzerl wollte die Schalen fotografieren. Ich hatte andere Sorgen: Unser Proviant war aus, und es war Samstag. Wenn es in den nächsten Dörfern kein Lebensmittelgeschäft gab, dann würden wir einen traurigen Sonntag erleben. In Serremorello sollte es eine »Alimentari« geben. »Ich renn voraus, bevor die Bude vielleicht schon zu Mittag zusperrt!« sagte ich.

Etwas außer Atem kam ich nach Serremorello. Den kleinen Ort hatte ich schnell durchquert. Keine »Alimentari«. Also zurück. Vor einem uralten Haus stand ein alter zahnloser Mann. Die »Alimentari«...

»Hier ist sie!« sagte er und führte mich hinunter zu den Stallungen des Hauses, wo einige Schweine faul im Schatten eines Baumes lagen und eine Schar Hendl gackernd auseinanderstob. Eine der Türen führte in das Gewölbe der »Alimentari«. Einige Konserven standen auf dem Tisch, einige Würste und eine Speckseite hingen an der Wand, Brot, Spaghetti, Polenta und Mehl gab es auch noch – und der Käse lag im Kühlschrank. Der Kühlschrank war nur ein gewöhnliches Nachtkästchen mit Fliegengitter, das aber im Hintergrund der Grotte stand, weil es dort kühler ist. Der Kaufmann hob ein Museumsstück von Waage (mit einer riesigen Messingschale) vom Boden auf; mein Großeinkauf konnte beginnen.

Inzwischen war Fritzerl nachgekommen und die Frau des Kaufmanns dazugekommen, und der Einkauf wurde immer mehr zum Plauderstündchen. Die Kaufleute erzählten, wir mußten erzählen, und dann holte die Frau noch Wein und Gläser. Es war alles ein bisserl anders als so ein Einkauf in einem Wiener Supermarkt.

Auf dem Weiterweg kamen wir in das vollkommen menschenleere Sagna. Im Krieg war ich öfter in verlassene oder zerschossene Dörfer gekommen – aber so, wie jeder Krieg ein Ende findet, so kommen dann auch wieder die Menschen und bauen das Zerstörte neu auf. In ein freiwillig verlassenes Dorf kommen nie wieder Menschen. In den Gassen wuchsen meterhohe Brennesseln und auf manchen Türschwellen schon Moos. Die einzigen Lebenszeichen waren die roten Farbtupfen unserer Markierung. Ein verlassenes Dorf ist so trostlos.

In Celle di Macra (1270 m) befindet sich der »Posto tappa« im obersten Stock des Rathauses. Und weil es jetzt am Abend immer schon recht kühl wurde und weil ein schöner Eisenofen in dem Eßraum stand, zog ich auf Holzsuche los. Gleich neben dem Municipio traf ich zwei Bauern beim Holzmachen. Holz könne ich haben, soviel ich wolle, sagten sie, und legten ein Scheit nach dem anderen in meine Arme. Tja, und als ich dann so schwer beladen da stand, wollten sie wissen, von woher wir kämen und wohin wir gingen und wie es uns in Celle di Macra gefalle und und und... und da stand ich mit dem Holz in den Händen und konnte meinen Gönnern gegenüber nicht unhöflich sein, obwohl ich glaubte, jetzt und jetzt reißen mir die Holzscheitln die Arme aus den Schultergelenken.

Nachdem ich mich dann endlich verabschieden konnte, prasselte bald ein schönes Feuer in unserem Öfchen. Dusche gab es keine in diesem »Posto tappa«, aber in der Ecke stand eine kleine Zinkwanne. Wir beschlossen, eine warme Waschung darin zu nehmen... ein Bad am Samstagabend.

Nach dem Bad fühlten wir uns herrlich entspannt. Und so friedlich war es in unserem Raum hoch über dem stillen Dorf. Doch dann hörten wir laute Stimmen unter uns, immer erregter wurden sie und bald waren sie zu einem wilden Brüllen geworden. »Hast du die Tür gut zugesperrt?« fragte Fritzerl.

Am nächsten Tag erfuhren wir, daß unter uns eine Gemeinderatsitzung stattgefunden hatte.

Es war Sonntag, und wir glaubten im Wilden Westen zu sein...

Überall knallten Schüsse, und verwegene Gestalten tauchten aus dem Gebüsch auf... Männer mit Flinten in der Hand und mit zwei kreuzweise um die Brust geschlungenen Patronengurten, jeder ein Buffalo Bill auf der Jagd nach Spatzen.

»Haben Sie heute schon etwas geschossen?« fragte Fritzerl freundlich einen der »cacciatori«. Worauf der Mann so grimmig sein Gesicht verzog wie Mecenario der Gefürchtete. No! Auch er hatte nur Löcher in die Luft geschossen.

Als wir die Hochfläche um den Monte Bastia erreicht hatten, waren wir wieder allein in der Bergeinsamkeit. Blasses Sonnenlicht über unendlich weiten Wiesen. Ich bin ein Wiesenfan.

Genau gesagt: An diesem Tag war ich es bis zur Bocca della Mende (2230 m), dann nicht mehr. Der Himmel war tief dunkel geworden, die ersten Blitze zuckten durch die Luft, und auf unseren unendlich weiten Wiesen fühlten wir uns den Blitzen zum Abschuß ausgeliefert wie die Spatzen unten im Busch von Celle di Macra den Sonntagsjägern.

Bevor noch der Hagel voll einsetzte, erreichten wir eine uralte steinerne Almhütte. »Da sind wir in Sicherheit!« sagte Fritzerl.

»Wenn der Blitz bis heute nicht eingeschlagen hat, dann wird er auch jetzt nicht einschlagen!«

So sicher war ich da nicht. Blitze im Hochgebirge habe ich schon immer gefürchtet, und seit meinem letzten Besuch der Hofpürglhütte am Dachstein hat sich diese Furcht noch verstärkt...

An diesem Tag waren zwei junge Menschen am Vorderen Gosausee aufgebrochen, um über den Steiglpaß zur Hofpürglhütte zu wandern. Für einen der beiden war es die erste Bergfahrt seines Lebens. Er war beeindruckt von den Zacken des Gosaukammes, von der ganzen Landschaft, war aber dann bei der Hofpürglhütte doch schon recht müde.

Die beiden bekamen noch ein Notlager im Winterhaus, einem kleinen, an den Hang geduckten Hütterl etwa 50 Meter unterhalb vom Hauptgebäude. Nach einer kleinen Jause legte sich der müde Wanderer auf sein Lager, um ein wenig zu schlafen.

Das Gewitter kam blitzschnell am Abend...

Plötzlich krachte es hart und durchdringend und in rascher Folge hintereinander. Aus den Wasserhähnen in der Hütte fuhr Feuer heraus, kleine feurige Kugeln zuckten am Boden des Vorraumes hin und her... Panik in dem überfüllten Haus!

»Die Hütte hat drei Blitzableiter!« schrie jemand. Aber niemand glaubte mehr an die Wirksamkeit von Blitzableitern.

Und noch immer zuckte ein Feuerstrahl nach dem anderen nieder und kreuz und quer. Und bald trommelten die ersten Regentropfen an die Hüttenfenster.

Eine Schreckensmeldung: »Im Winterhaus hat's eingeschlagen, es gibt Tote und Verletzte!«

Etwas Unfaßbares war geschehen! Nicht das große Haus mit den drei Blitzableitern, auch nicht das danebenstehende Eisengerüst der Materialseilbahn hatte ein Blitz als Ziel gewählt, sondern ausgerechnet das kleine, an den Hang geduckte Hütterl. Er war durch den Schornstein gefahren, hatte den daneben auf dem Matratzenlager schlafenden Wanderer getötet und war dann zum Fenster, das die Tochter der Hüttenwirtin gerade schließen wollte, wieder aus dem Raum hinausgezuckt. Dabei hatte er das Mädel gestreift und schwer verletzt. Für den jungen Bergsteiger aber war seine erste Bergfahrt auch zu seiner letzten geworden.

Ja, ich fürchte mich vor dem Blitz im Hochgebirge. Und als sich dieses Gewitter um die Bocca delle Mende verzogen hatte, war ich heilfroh. Dünner Regen fiel zwar noch immer vom Himmel, und das kniehohe Gras um unseren schmalen Wiesenpfad war triefend naß, aber nasses Zeug kann man trocknen und nässer als bis auf die Haut kann man nicht werden.

Der Nebel riß auf... unter uns sahen wir den »Posto tappa« für diesen Tag, das Santuario di San Magno.

Das Santuario di San Magno in 1761 Meter Höhe ist ein seltsames Heiligtum. An diesem Platz, an dem jetzt die im 15. Jahrhundert erbaute (und später umgebaute) große Wallfahrtskirche steht, befand sich einst ein Marsheiligtum.

Es ändern sich nicht nur die Menschen, es wandeln sich auch die Götter. Bei den keltischen Ligurern war Mars noch ein Fruchtbarkeitsgott und ein Schützer der Viehherden. Erst die Römer sahen auch im Krieg eine Möglichkeit, Wohlstand zu erlangen – und so wandelte sich bei ihnen Mars zum Kriegsgott. Doch da hoch oben am Berg blieb er auch noch in der Römerzeit der alte Mars, was ein im Jahre 1953 im Mauerwerk des Santuario freigelegtes römisches Weihealtärchen beweist, das nach der Inschrift Mars, dem allerbesten Gott und Vater der Berglandbewohner, geweiht war.

Ihrem Mars blieben die Berglandbewohner auch treu, nachdem sie längst Christen geworden waren. Der Gott bekam nur einen anderen Namen... San Magno.

Man versuchte zwar bis heute, einen wirklichen San Magno mit diesem Heiligtum in Verbindung zu bringen, aber keiner dieser Versuche ist überzeugend.

Magnus heißt lateinisch »der Große«, und es gibt einige Heilige mit diesem Namen. Einen Bischof von Avignon, einen von Mailand, einen von Eraclea und einen von Trani; einen Märtyrer aus Cäsarea, einen aus Schottland und einen aus Piemont; außerdem noch einen Schüler St. Kolumbans, der hauptsächlich im Allgäu als Missionar tätig war. Wahrscheinlich ist es aber doch nur Mars, der bei der Christianisierung zum San Magno wurde. Und so wie Mars auf allen antiken Darstellungen – als Krieger mit Helm, Panzer und Lanze – so zeigt sich auch San Magno.

Als wir das Santuario erreicht hatten, stellte sich ein zarter, stiller Mann als der das Heiligtum betreuende Priester vor. Don Bruno zeigte uns dann auch unsere Kammer in dem Pilgerhaus. »Ich hoffe, Sie werden keine Angst haben. Wir drei sind heute nacht die einzigen Menschen im Santuario!« sagte er.

Don Bruno, Sohn armer Bauern, war aus innerer Berufung Priester geworden und durch Privatstudium ein Gelehrter. Lange diskutierten wir noch am Abend über das Weiterleben heidnischer Vorstellungen in der christlichen Religion. Als wir dann unser Zimmerchen aufsuchten, warf der

Schein unserer Taschenlampe gespenstische Schatten an die Wände der langen Gänge.

Nach dem Frühstück – zu dem uns Don Bruno eingeladen hatte – breiteten wir unsere noch immer nassen Sachen vor dem Santuario zum Trocknen aus. Und dann begannen wir mit dem Fotografieren.

Die Wände der Wallfahrtskirche sind voll mit alten und auch neueren Votivbildern, die alle Bauern und Bäuerinnen mit ihrem kranken Vieh zeigen. Und in den Wolken schwebend erscheint San Magno – immer als ein römischer Krieger dargestellt. Mit einer Leiter holte ich die schönsten und interessantesten Votivbilder von den Wänden und trug sie ins Freie, wo sie Fritzerl fotografierte. Voll Besitzerstolz war dann Don Bruno dafür, daß wir dieses und dieses und dieses Votivbild auch noch fotografieren müßten, und das bedeutete für mich immer wieder Leiter hinauf, Leiter hinunter, Leiter hinauf... so wie man sich einen gemütlichen Rasttag vorstellt.

Zur Sommerszeit wird das Santuario von Tausenden und Abertausenden Menschen aufgesucht, und die Wallfahrer singen in ihrer piemontesischen Sprache das San-Magno-Lied:

Mi a sun muntà si nsima	Ich bin hier heraufgestiegen,
Sun muntà per feje unùr	bin heraufgestiegen zur Ehre
E v'lu disu anche prima	(und das sage ich auch vorher)
A san Magn nost' protetùr	von San Magno, unserem Beschützer:
Chiel a s'giüta n'ti sagrìn	Er hilft bei allem Übel
E dle vache e di bucin.	den Kühen und Kälbern.

Don Bruno übersetzte uns den piemontesischen Text ins Italienische, davon stammt unsere Übertragung ins Deutsche.

Dieses Lied wird von den Bauern gesungen, für die noch Kühe und Kälber so ziemlich alles sind, was sie besitzen. Dieses Lied wird aber auch von Großstädtern aus Turin und Mailand gesungen, die weder Kühe noch Kälber haben – und trotzdem dieses Bergheiligtum aufsuchen, um irgendwelche Hilfe zu erlangen.

An diesem Ort wird offenbar, welche Bedeutung der Bergkult schon immer hatte und noch immer hat. Und daß noch immer gültig ist, was bereits von Freiherrn von Andrian in seinem 1891 erschienenen und grundlegenden Werk »Der Höhencultus asiatischer und europäischer Völker« festgehalten wurde: »Die an den Berggipfeln hervortretenden Lichterscheinungen, das wechselvolle Spiel der Wolken an den Höhen bezeugen gleichsam das innige Verhältnis der Berge zu dem Himmel. Dieser überirdische Charakter wird durch die Schwierigkeit der Annäherung, durch die über hohen Bergspitzen ausgegossene erhabene Ruhe noch verstärkt. Als Symbol der Unendlichkeit und Ewigkeit, als bevorzugte Manifestationspunkte der das organische Leben beherrschenden Kräfte werden die Berge zum Ausgangspunkt einer Weltanschauung, welche die unendliche Mannigfaltigkeit des Kosmos unter dem Bilde eines Himmel und Erde umfassenden Berges versinnlicht.«

An diesem Montag im September gab es nur wenige Besucher. Als Don Bruno um drei Uhr nachmittags seine Messe las, waren nur noch wir zwei in der großen Kirche. Nachher schauten wir uns gemeinsam die spätgotischen Fresken in der Cappella Allemandi an. Kein Mensch würde in dieser Bergwildnis solche qualitätvollen Bilder vermuten. Der Platz, auf dem das Santuario steht, galt wirklich durch die Zeiten hinweg stets als ein besonderer Ort.

Auf Kunstfahrten in Italien ist es immer wieder ein Schockerlebnis, aus der stillen Welt der alten Kirchen wieder hinauszutreten in die Gassen, wo einem die Autos fast über die Zehen fahren. Als wir wieder vor das Santuario traten, verschwand gerade die Sonne hinter einem der Zacken, und auf den Wiesen grasten friedlich die Kühe.

Am nächsten Morgen mußte Don Bruno zeitig weg, und auch wir wollten wieder weiter. Diesmal sollte Don Bruno unser Frühstücksgast sein. »Wenn ich um sechs Uhr die Morgenglocke läute, dann werde ich das recht kräftig tun, damit Sie wach werden!« versprach er uns am Abend. Don Bruno läutete so kräftig, als würde das Santuario in Flammen stehen.

Der Abschied von diesem Priester und seinem Heiligtum fiel uns nicht leicht. Die Stunden, die wir in dem Santuario verbracht hatten, waren wie eine Verzauberung gewesen. »San Magno möge Sie beschützen!« sagte Don Bruno, als wir auseinandergingen.

Dunkle Wolken überdeckten den Himmel, und oben auf dem Colle del Vallonetto (2447 m) setzte ein schauriger Schneesturm ein.

»Mir scheint, San Magno hat den Wunsch von Don Bruno für uns nicht erhört!« sagte Fritzerl.

»Wie sollte er auch!« knurrte ich. »Sein Ressort sind ja die Viecher!«

Sambuco ist ein kleines Bergdorf im Valle Stura. Ein Sambuca ist ein beliebter italienischer Likör. In Sambuco tranken wir einen Sambuca. Diese originelle Idee scheinen aber schon viele Fremde gehabt zu haben... dem Wirt an der Bar entlockte unsere Bestellung nicht das leiseste Lächeln.

»Toeletta!« sagte der Mann, der uns in das »Rifugio di tappa« brachte, vor einer Tür. Die übernächste Tür führte ebenfalls in eine Toilette, und auch oben im ersten Stock gab es noch einige davon. Der Erbauer dieses Rifugiums (30 Schlafplätze) dürfte anscheinend vorher ein Seuchenhospital errichtet haben. Ich hatte an diesem Tag und auf dem Weg von San Magno nach Sambuco noch sehr oft an Don Bruno denken müssen. Ein gütiger Mensch. Man muß heute schon weit gehen (das waren wir auch!), um noch einen solchen zu finden.

Domprälat Dr. Alois Wildenauer (1877–1967) von St. Stephan zu Wien ist ebenfalls ein gütiger Mensch gewesen. Als er noch Pfarrer von Grünbach am Schneeberg war, hat er nicht nur die Schlüssel zum Himmelreich bewahrt, sondern bei seinen vielen Erstbegehungen an seinem Hausberg – der Hohen Wand – auch ganz bolzige Schlüsselstellen bezwungen. Er hat den ersten Hohe-Wand-Kletterführer verfaßt, hat auch viele zünftige Bergtou-

Das Santuario di San Magno wurde über einem vorchristlichen Bergheiligtum errichtet. Urkundlich wird im Jahre 1428 eine bereits bestehende Kirche erwähnt, die man später immer weiter ausbaute, aber auch oft restaurieren mußte, weil ein Bauwerk in 1761 m Höhe wesentlich stärker unter der Witterung leidet. 1704 begann man mit einem Neubau der Kirche, in den die noch intakten Teile der Vorbauten einbezogen wurden. Später baute man auch noch Pilgerunterkünfte dazu, die bei einem Wallfahrtsort in dieser Höhenlage schon längst notwendig geworden waren.
Natürlich wäre es jetzt interessant festzustellen, wie das vorchristliche Bergheiligtum ausgesehen hat, das unter dem Mauerwerk der heutigen Anlage liegt. Aber das würde sehr komplizierte und auch langwierige Grabungen (wie beim Petrusgrab in der Peterskirche zu Rom) erfordern – und für solche fehlt das Geld.

ren in den Hochalpen gemacht, war ein Idol der Bergsteigerjugend und niemand, wirklich niemand hörte jemals von ihm ein böses Wort.

Natürlich gibt es am Berg manchmal himmelherrgottnocheinmalkreuzkruzifixverdammte Situationen. Aber ein Pfarrer darf ja nicht fluchen – auch wenn er manchmal ein erlösendes Kraftwort bitter notwendig bräuchte. So hat sich Dr. Wildenauer eine kleine Privatsammlung von – wie er sagte – »unschuldigen Kraftworten« geschaffen. Wenn ein Überhang nicht sofort zu derpacken war, dann schimpfte der Herr Pfarrer: »Ei Potzblitz!« oder »Donnerwetter!«…

Am nächsten Morgen waren alle Hänge um Sambuco mit Neuschnee bedeckt. »Ei Potzblitz!« fluchte ich laut, als ich diese Bescherung sah. Fritzerl schaute mich etwas verdutzt an.

Die Meeralpen sind der Anfang oder – wie man will – das Ende des 1200 Kilometer langen Alpenbogens. Es ist noch immer recht still in ihnen. Die Bergsteiger Mitteleuropas haben sie noch nicht als Tourenziel erkannt, und so sind diese Berge nur Haus- und Wochenendberge für die Bergsteiger der Städte in ihrer näheren Umgebung.

Im Herbst 1944 – nach der Landung der Amerikaner bei St. Tropez – habe ich diese Berge als Hochgebirgsjäger kennengelernt. Auf dem Colle Fremamorta an der französisch-italienischen Grenze bezogen wir in ca. 2600 Meter Höhe in einem italienischen Bunker Quartier, und damit begann für uns ein Faulenzerdasein. Weit und breit war kein Gegner zu sehen, kein Kanonendonner zu hören, und die Flugzeuge flogen hoch über uns hinweg. Wir bekamen wieder eine Vorstellung, was Friede sein kann. Nach dem Rückzug aus Monte Cassino fühlten wir uns wie in einem Sanatorium.

Nur alle drei oder vier Tage wurde ein Aufklärungsspähtrupp in das Tal unter uns geschickt, und das war für uns eher ein harmloser Spaziergang. Aber eines Tages kam ein solcher Spähtrupp nicht zur üblichen Zeit zurück. Na ja, die Burschen werden sich bei dem herrlichen Wetter wahrscheinlich irgendwo ein wenig ins Gras gehaut haben...

Jedoch das Wetter war bald gar nicht mehr so herrlich, vom Westen her zog eine Gewitterwand näher. Mit dem Fernglas suchten wir die Hänge unter uns ab – kein Mensch war zu sehen. Da zuckten auch schon die ersten Blitze durch die Gegend, und es begann zu regnen.

Acht Uhr: Der Spähtrupp war noch immer nicht zurück. Wir wurden immer unruhiger, ich noch mehr, weil mein Freund und Kletterpartner Hansl bei dem Spähtrupp dabei war.

Um ½9 Uhr hielt ich es nicht länger aus. Mit drei Mann zog ich hinaus in die Gewitternacht. Jetzt war es nimmer ein harmloser Spaziergang. Die Blitze zuckten noch immer wild durch die Gegend, und wir mit unseren Maschinenpistolen und Handgranaten waren sehr »eisenreich«. Außerdem wußten wir nicht, was mit unserem Spähtrupp geschehen war. Hatten ihn französische Partisanen kassiert?

So leise wie möglich schlichen wir dahin (unsere Bergschuhe waren noch mit Eisennägeln beschlagen). Immer wieder blieben wir stehen und lauschten. Damals waren durch den ständigen Fronteinsatz unsere Sinne besonders ausgeprägt... wir spürten plötzlich, daß Menschen in der Nähe sein mußten, bevor wir noch leises Schlagen von Eisen gegen den Stein hörten. Wir gingen in Deckung.

Bald sahen wir einige Gestalten näherkommen. Es war unser Spähtrupp, und zwei Mann stützten Hansl, der verwundet war. Französische Partisanen hatten die Tür einer Almhütte mit einer Mine gekoppelt. Als Hansl die Tür aufgestoßen hatte, war die ganze Hütte in die Luft geflogen.

Erst in unserer Stellung konnten wir Hansl auf eine Tragbahre legen, um ihn zum Verbandsplatz in Terme di Valdieri zu transportieren. Es regnete noch immer, also wickelten wir ihn in Zeltplanen. Wir hatten einen langen Weg vor uns, 1300 Höhenmeter im Abstieg auf einem von den Alpini angelegten Maultierpfad.

Nach einer halben Stunde fragte ich Hansl, wie es ihm ginge. Keine Antwort...

»Hansl!« Wieder keine Antwort.

Heißer Schreck durchfuhr mich. Ich zog die Zeltplane in die Höhe und sah Hansls Füße. Wir hatten ihn schon das ganze Steilstück mit dem Kopf nach unten getragen...

Auf unserem Alpenspaziergang ging ich nach vierzig Jahren wieder diesen Alpini-Mulattiero. Es war eine kleine Wanderung in die Vergangenheit.

So wie damals im Herbst 1944 war auch im Herbst 1984 der herrliche Monte Argentera (3286 m, der höchste Berg der Meeralpen) schon mit Neuschnee bedeckt. Und der Monte Matto (3088 m) sah noch immer eher etwas matt aus. Nur der Alpiniweg hatte sich verändert. Er ist stellenweise von dichtem Gestrüpp überwachsen oder von Lawinen abgetragen worden. Und unten in der Waldregion wachsen jetzt mitten auf dem Weg schon Bäume aus dem Boden mit schenkeldicken Stämmen. Vierzig Jahre sind doch eine recht lange Zeit.

»Gegen diesen alten Mulattiero schaust du aber noch immer aus wie eine fast neue Autobahn!« tröstete mich Fritzerl.

Damals im Jahre 1944 erzählte man mir, daß es unten am Verbandsplatz in Terme di Valdieri (ein berühmtes oberitalienisches Schwefelbad) einen Sanitäter gäbe, der ebenfalls verrückt nach den Bergen sei.

Ich fragte den Oberarzt nach dem kletternden Sanitäter. »Du lieber Himmel, wenn der als Kletterer auch so ist wie als Sanitäter, dann müßte er schon längst abgestürzt sein!« sagte er.

Der Kletterer war ein Tiroler. Wir plauderten ein wenig, und dann meinten wir, daß wir beim Plaudern auch auf den Granitblöcken in der Umgebung »ein bisserl herumklettern« könnten. Das taten wir.

Wir kletterten nachher noch einige Male auf den Granitblöcken herum und hetzten uns dabei gegenseitig in ganz bolzige Sachen hinein. Denn der Tiroler kletterte für Tirol, und ich kletterte für Wien. Nur ein Wandl wollten wir ohne Seilsicherung nicht riskieren, das heißt: wir wollten nicht riskieren, daß einer von uns vielleicht stürzt, sich dabei verletzt und dann wegen Selbstverstümmelung vor ein Kriegsgericht gestellt wird. So streng waren damals die Bräuche.

Heute sind die kleinen Granitblöcke im Val Gesso und Valle della Valletta ein Treffpunkt der italienischen Sportkletterer, und was wir seinerzeit »ein bisserl Herumklettern« genannt haben, das heißt jetzt »bouldern« und wird weltweit und sehr ernsthaft betrieben. Damals und seinerzeit hat man uns oft mitleidig belächelt, wenn wir sagten, daß an einem vier Meter hohen Felsen das gleiche Abenteuer zu finden wäre wie auf einem 4000 Meter hohen Berg.

Als ich nun wieder unter diesem Wandl von seinerzeit stand – »s'Bluatwandl« haben wir es genannt –, versuchte ich, wenigstens ein Stückerl daran hochzukommen…

»Das ist eine schwere Route!« warnte mich ein junger Sportkletterer. Aber da war mein Armschmalz ohnedies schon zerronnen, und ich mußte wieder hinunter.

»Ich kenne die Route!« sagte ich zu dem Jungen. Der schaute mich etwas skeptisch an.

Ich wollte sein Mißtrauen beseitigen und sagte: »Vor genau vierzig Jahren hab ich sie gemacht!« – Da schaute mich der Junge noch skeptischer an.

Wir kamen ins Plaudern. Nicola Ivaldo – so hieß der junge Sportkletterer – aus Finale Ligure zählte sich mit seinen 25 Jahren schon zum alten Eisen. Durch das harte Krafttraining und die Überbeanspruchung der Muskeln spüre er jetzt schon recht oft starke Schmerzen in den Handgelenken. »Alpinismo brutale«, sagte er mit einem leisen Lächeln.

Als ich damals mit dem Tiroler auf diesen Felsen herumkletterte, erzählte er mir von seinem Wunschtraum: Einmal im Leben etwas ganz Großes in den Bergen vollbringen. Jeder von uns hatte in dem Krieg seinen Wunschtraum, obwohl keiner wußte, wie lange er noch am Leben bleiben würde.

Der Wunschtraum des Tirolers ging in Erfüllung. Im Jahre 1953 bezwang er im Alleingang den Nanga Parbat. Sein Name war Hermann Buhl.

In den Meeralpen ist die Zeit zwar nicht stehengeblieben, aber die Uhren gehen dort ein wenig langsamer...

Auch in den Meeralpen gibt es Wanderwege – aber bei manchen ist die Markierung schon sehr verblaßt. Man begegnet auch Wanderern – aber selten. Es gibt Schutzhütten – aber sie sind noch klein und bescheiden.

In den Meeralpen hätten wir uns nicht gewundert, wenn wir plötzlich einem ums Eck kommenden Bergwanderer in Nagelschuhen und mit einer Alpenstange in der Hand begegnet wären.

Uns erschienen die Meeralpen fast als ein exotisches Gebirge... alles ist dort etwas anders. Andererseits: Der schneebedeckte Monte Argentera schaute richtig hochalpin aus.

Wir hätten ihn gerne erstiegen – wenn nicht der Neuschnee gewesen wäre. Also haben wir den Berg auf die berühmte »Alpine Wunschliste« gesetzt. Als ich noch jünger war, hatte ich geglaubt, daß diese Liste mit zunehmendem Alter immer kleiner werden wird. Aber das war anscheinend ein Irrtum.

Wir hatten drei gute Gründe für einen Abstecher nach der Stadt Cuneo...

Grund Nummero eins: Don Bruno hatte uns erzählt, daß vor einiger Zeit auf dem Platz vor dem Santuario di San Magno zwei bronzezeitliche Gräber freigelegt worden sind, deren Beigaben jetzt im Museo Civico von Cuneo aufbewahrt werden. Die wollten wir sehen.

Grund Nummero zwei: Ich wollte auch Cuneo wiedersehen, weil ich im Krieg einen Tag lang dort war.

Grund Nummero drei: Es regnete in Strömen, und ein Italiener, der mit seinem Auto nach Cuneo fuhr, wollte uns mitnehmen.

Es regnete auch in Cuneo in Strömen. Und die Stadt, die ich wiedersah, war nimmer die Stadt vom Jahre 1944. Damals – als wir Gebirgsjäger hoch oben in den Meeralpen in Stellung gelegen waren – hatte einmal von jeder Gruppe ein Mann in die große Stadt ziehen dürfen, um Einkäufe (Briefpapier, Nähzeug usw.) für alle zu machen. Für den Heimtransport des gekauften Zeugs haben wir uns ein Muli mitgenommen.

Mit diesem Muli sind wir bis ins Zentrum der Stadt Cuneo gezogen. Alle die Bauern aus der Umgebung sind damals noch mit Maultieren gekommen, und so wie sie haben auch wir unser Muli am Rande der großen Piazza an einem Pfosten festgebunden. Jeder hat dann das Tier nur tränken und füttern müssen; seinen Mist haben einige alte Männer weggeschafft, denen man ein Trinkgeld gab. Ich hatte die Piazza von Cuneo noch mit den vielen »geparkten« Eseln und Mulis in Erinnerung. Da hatte sich in der Zeit einiges geändert...

Das Museum war wegen Restaurierung geschlossen. Doch der Portier war sehr nett und brachte uns zum Direktor des Hauses. Der war ebenfalls sehr nett, erklärte sich aber für prähistorische Funde nicht kompetent. Der kompetente Dottore war sehr verlegen... die Funde von San Magno gibt es nicht mehr, die sind verschwunden, wahrscheinlich gestohlen worden. Es könnten höchstens im Archiv noch Fotos davon vorhanden sein. Auch die Dottoressa vom Archiv war sehr nett. Jedoch: lange, sehr lange mußte sie in unzähligen Mappen suchen, bis sie endlich ein kleines Kuvert mit der Aufschrift »S. Magno« fand.

Die Fotos waren klein, verblaßt und außerdem etwas unscharf. Sie zeigten Armreifen, Fibeln, Bronzeringe, zu datieren in den Anfang des 1. Jahrhunderts v. Chr., aber alles in allem eher etwas ärmliche Funde. Wegen dieser kümmerlichen Fotos haben wir also den Abstecher nach Cuneo gemacht?

Wir waren mit ganz falschen Vorstellungen losgefahren! Wir hatten (mit Recht) angenommen, daß die Gräber bei dem Heiligtum eines »Schützers der Berglandbewohner« nur für hervorragende Persönlichkeiten bestimmt gewesen sein können, für Stammesfürsten. Gräber von Stammesfürsten haben zumeist auch fürstliche Grabbeigaben. Wir waren auf kostbare Funde eingestellt gewesen.

Doch im Bergland war das Leben schon immer anders, rauher und ärmer. Ein Stammesfürst im Bergland mag zwar ein sehr mächtiger und großer Mann gewesen sein, doch gegenüber seinen Kollegen aus den fruchtbaren Gegenden war er nur ein Habenichts. Für ihn waren die bescheidenen Armreifen und Ringe das Kostbarste seines Lebens. Darum hatte man sie ihm auch ins Grab mitgegeben.

Cuneo, die Stadt im Südwesten der Poebene, hat eine für eine Ebene noch beachtliche Seehöhe von 534 Metern. Die Stadt hat keine große Geschichte, und es gibt in ihr auch keine besonderen Sehenswürdigkeiten. Das Museo Civico ist aber in einem sehr stimmungsvollen ehemaligen Franziskanerkloster untergebracht. Die Dottoressa vom Archiv hatte unsere anfängliche Enttäuschung über die Fotos bemerkt...

»Ich hoffe, daß Sie doch nicht ganz umsonst nach Cuneo gekommen sind!« sagte sie. »Ich könnte Ihnen noch einige hübsche alte Stadtansichten zeigen!«

Unsere Enttäuschung war schon wieder verflogen. Immerhin: Wir hatten zumindest Fotos von jenen Funden gesehen, welche das hohe Alter des Bergheiligtums San Magno beweisen.

Aber an die Fensterscheiben trommelte noch immer der Regen...

Der »Zauberer« vom Monte Bego

Bei den Vorarbeiten für mein 1965 erschienenes Buch »Alpenwanderungen in die Vorzeit« besuchten wir auch den Monte Bego in den Meeralpen. Die meisten Bergsteiger kennen diesen Berg nicht. Für die Prähistoriker allerdings ist er wesentlich bedeutender als etwa der Montblanc oder das Matterhorn. In die riesigen gelbroten Granitplatten unter dem Gipfelaufbau des Monte Bego (2873 m) sind nämlich Felsbilder – um die 100 000 will man bis heute bereits gezählt haben! – eingehauen, die zumeist aus dem zweiten Jahrtausend v. Chr. stammen.

Er galt einst als ein heiliger Berg, dieser Monte Bego, als der Sitz einer Gottheit. Der Mensch stieg hinauf in die Höhen, um der Gottheit seine Bitten vorzutragen. Er tat das sehr nachdrücklich, indem er diese – in eine Zeichensprache übersetzt – in den Fels schlug. Ein Rinderkopf bedeutete also wahrscheinlich, daß die Rinder sich vermehren oder gut gedeihen sollten. In manchen Zonen um den Monte Bego stößt man auf Schritt und Tritt auf solche in den Fels geschlagenen Bitten.

Wir wollten damals zum Monte Bego aufsteigen, die Felsbilder besichtigen und dann wieder ins Tal absteigen. Aber nachdem wir die ersten Felsbilder in dieser grandiosen Urgesteinslandschaft gesehen hatten, waren wir davon so begeistert, daß uns keine zehn Rösser gleich wieder hinunter ins Tal gebracht hätten. Nach einem und einem viertel Tag war jedoch unser Proviant restlos verspeist. Und im Refuge des Merveilles (2111 m) bekam man damals nur Teewasser.

Nach zwei und einem viertel Tag hielt ich den Freunden einen kleinen Vortrag: »Die vielen Rinderdarstellungen lassen auf eine bereits gut entwickelte Almwirtschaft zu dieser Zeit schließen...«

Rinder... Rindfleisch, Rindsuppe, Rindsbraten, Rindsgulasch, Rindsschnitzel... unser Freund Fritz dachte jedenfalls nicht mehr an prähistorische Almwirtschaft, sondern ans Essen. »Kinder, freu ich mich schon auf ein saftiges Stück Rindfleisch!« unterbrach er meinen Vortrag.

Wir saßen beim sogenannten »Zauberer«. Das ist das eindrucksvollste Felsbild am Monte Bego: Ein bärtiger Mann, der zwei Bronzedolche hoch über seinem Kopf hält, ein Mann zwischen Göttern und Menschen. Auch die katholischen Priester von heute heben beim Meßopfer die Hostie hoch empor. Der Zauberer vom Monte Bego ist ein primitives Werk... seine Hände scheinen unmittelbar aus dem Kopf zu wachsen, so wie auf Kinderzeichnungen bei Menschendarstellungen ebenfalls Hände und Beine aus einem Ganzen wachsen, das Kopf und Körper zugleich ist. Und doch fasziniert dieses fast 4000 Jahre alte Felsbild nicht weniger als das Abendmahl des Leonardo da Vinci.

Wir saßen neben dem Zauberer und warteten auf ein Wunder. Nämlich, daß endlich einer von uns sagen würde: »Ich habe einen Mordshunger, steigen wir ab ins Tal!« Keiner sagte etwas.

Ich dachte an ein Lied, das wir schon oft gesungen haben und das mit den

Worten endet: »...ich wäre so gerne noch geblieben, aber der Wagen, der rollt!« Dabei vollzog sich allerdings in meinen Gedanken eine kleine Textänderung ...»aber der Magen, der rollt!«

Da sprach ich die erlösenden Worte, auf die jeder wartete. Und zum Zauberer sagte ich: »Servus! Wir sehen uns bestimmt wieder!«

Auf unserem Alpenspaziergang sahen wir uns wieder...

»An diesem Höllenort sind die Hirten kummervoll so wie die Seelen im Hause des Teufels« – diese Worte hatte ein Hirte im Jahre 1882 in eine der Felsplatten geritzt. Wir hatten nach unserem ersten Besuch am Monte Bego das Gefühl gehabt, in einer der eindrucksvollsten Urgesteinslandschaften der Alpen unterwegs gewesen zu sein. Um diese Zeit war auch der berühmte deutsche Felsbilderforscher Herbert Kühn am Monte Bego und hatte dann in seinem 1966 erschienenen Buch »Wenn Steine reden« eine ganz schaurige Schilderung von ihm gegeben...

»Der Monte Bego ist einer der schwierigsten Berge...« – »Er ist ein Teufel. Es gibt alte Volkslieder, sie singen und sprechen von dem Teufel Bego...« – »Mehr als 100 Kilometer gibt es kein lebendes Wesen um den Monte Bego. Ganz selten führen Schafhirten ihre Herden in seine Nähe, auch sie meiden das Gebiet...«

Nun – so schlimm ist der Monte Bego nicht! Aber als wir nun wiederum in das Vallée des Merveilles, in das »Tal der Wunder«, kamen, waren wir davon noch immer so fasziniert wie damals und seinerzeit.

Viel ist seit damals über diese Felsbilder geschrieben worden, neue Hypothesen über die vielen, nicht leicht deutbaren Symbolzeichen sind entstanden. Ein Beispiel:

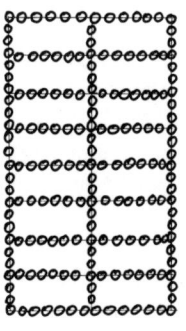

Eine solche Darstellung (bei der die Anzahl der Felder unterschiedlich ist) wurde seinerzeit als Fallensymbol gedeutet:
»Meine Tierfallen sollen reiche Beute bringen!«
Später sah man darin ein Symbol für die Ordnung (Abgrenzungen) auf dieser Welt. Man interpretierte es auch als Zeichen für ein Haus mit einzelnen Räumen.
Neueste Hypothese: Es sind die abgegrenzten Felder und Gehege, um deren Gedeihen gebeten wurde.

Vor 100 Jahren hatte man die Felsbilder am Monte Bego noch für Hieroglyphen, für Inschriften der Phönizier oder Geheimzeichen von Teufelsanbetern, aber auch für Kritzeleien der Truppen Hannibals oder – welch gewaltiger Zeitsprung! – der Soldaten Napoleons gehalten. Heute weiß man ein wenig mehr, aber viele noch offene Fragen werden wohl nie eine sichere Antwort finden.

Es war fast schon Nacht, als wir uns noch kurz auf die Bank vor dem

Refuge des Merveilles setzten. Da hörten wir Tritte und Stimmen; es kamen die zwei Franzosen, welche schon am frühen Morgen zu den Felsbildern losgezogen waren. Sie waren müde, verschwitzt, durstig, hungrig und vor allem stocksauer...

Fast in jedem Buch über prähistorische Kunst und Kultur ist auch der Zauberer vom Monte Bego abgebildet. Aus jedem Prospekt über die Côte d'Azur und ihr Hinterland grinst er einem entgegen, ja sogar in einem WC fand ich sein Konterfei.

Natürlich glaubt ein Besucher des Monte Bego, daß sich dieses berühmte Felsbild an einer ganz markanten Stelle befinden muß. Das hatten auch die zwei Franzosen geglaubt. Sie hatte alle großen Felsplatten abgesucht und auch alle großen Felsblöcke; sie waren am Arpetto herumgeklettert, und einer ist sogar dabei ins Rutschen gekommen und hatte jetzt zerschundene Arme und Beine. Den Zauberer haben sie nicht gefunden. Und am nächsten Tag war ihr Urlaub zu Ende. Merde!

Der Zauberer befindet sich nämlich keineswegs an einer markanten Stelle, sondern am untersten Abbruch von einer der Riesenplatten und nur etwa 30 Zentimeter über dem Erdboden.

Unzählige Felsbilder sind auch an der Ostseite des Monte Bego im Vallon de Fontanalba zu finden und unter diesen gibt es viele Darstellungen, die Ochsengespanne mit Pflug oder Egge zeigen, »um den Göttern zu verstehen zu geben, daß man zur Zeit da unten in den Ebenen das Seine getan habe, um die Erde zu bereiten, und daß die Saat erledigt sei; nunmehr stehe es bei den Göttern, die Saat wachsen zu lassen«, wie der schwedische Felsbilderforscher Oskar Almgren darüber schreibt. Und weil weit um den Monte Bego kein Ackerland ist, müssen die Menschen von weither aus der Poebene gekommen sein, um ihre Anliegen zu deponieren. Der Monte Bego war also schon eine richtige Wallfahrtsstätte.

Von weit her war auch das amerikanische Ehepaar gekommen, das wir am Lac Vert trafen. Es war ein wunderschöner Herbsttag, aber die beiden Amerikaner schauten drein wie sieben Tage Regenwetter. Man habe ihnen gesagt, daß hier prähistorische Gravuren zu besichtigen seien – und jetzt sahen sie weit und breit keine. Und dabei saßen sie auf einem Felsen, auf dem mehr als ein Dutzend Bilder eingeschlagen waren!

Alle Felsbilder wurden lange nicht gesehen, wurden dann lange mißverstanden und von vielen Wissenschaftlern auch lange nicht als alt anerkannt. Doch im Unterschied zu anderen Felsbilderfunden in den Alpen gab es um die Felsbilder vom Monte Bego von Anfang an keine wissenschaftlichen Diskussionen um ihre Datierung in prähistorische Zeit, weil vor allem die Darstellungen der typisch bronzezeitlichen Dolche jede Debatte ausschlossen. Wenn ich vor etwa 20 Jahren in Vorträgen Felsbilder vom Monte Bego zeigte, wußten die meisten Besucher nicht viel damit anzufangen. Heute findet man sie hochinteressant. In nur kurzer Zeit hat da eine Wandlung stattgefunden; der Mensch sieht heute diese primitiven und auch abstrakten Zeichen mit ganz anderen Augen.

160

Von den Schöpfern der Felsbilder trennen uns Jahrtausende. Ob wir uns wirklich so ganz in die Vorstellungen dieser Menschen zurückversetzen können? Ich bin etwas skeptisch gegen die heute fast schon unzählbar gewordenen Deutungen aller problematischen Felsbilder. Ich stelle mir oft vor, wie wohl die Menschen vom Jahr 3000 unsere Symbole – zum Beispiel unsere Straßenverkehrszeichen – deuten würden, wenn sie keinen Schlüssel dazu hätten? Außerdem: Muß immer alles formuliert sein? Ein Rest Schweigen hat doch auch seinen Reiz...

Diesmal wollten wir auch den Gipfel des Monte Bego ersteigen. Der Gipfel war der Sitz der Gottheit. Wir wissen nicht, welche Vorstellung die Menschen damals von einer Gottheit hatten. War es ein Geist? Oder schon ein menschengestaltiges Wesen (wie der spätere »liebe Gott« mit dem weißen Bart)? Auf jeden Fall erwartete man von ihr Hilfe, und war auch fest davon überzeugt, sie zu bekommen. Sonst gäbe es nicht diese vielen steinernen Bitten am Fuße seines Thrones.

So wie in den heutigen Wallfahrtskirchen die Votivtafeln mit Dank oder Bitte fast nie im Zentrum um den Altar angebracht werden, so haben sich auch am Monte Bego die Menschen von einst selber eine Grenze gesetzt. An dem dreieckigen Gipfelaufbau über einer Höhe von etwa 2600 Metern findet sich kein einziges Felsbild. Man nimmt daher an, daß der Gipfel von keinem Menschen betreten worden ist – er war tabu.

So ist es auch eine Bergfahrt ganz besonderer Art, diesen Götterberg, diesen heiligen Berg und einst auch verbotenen Berg unserer Alpen zu ersteigen. Sein Gipfel war mit frischem Neuschnee bedeckt, unsere Spuren gaben uns das Gefühl, die ersten Menschen auf diesem Berg zu sein.

Als wir begannen, vom Lac Long Supérieur den schmalen Serpentinenweg zum Gipfel aufzusteigen, war noch lange das Geschrei der Leute vor dem Refuge zu hören gewesen! Immer wieder riefen sie uns zu, daß wir den falschen Weg gingen. Nach links müßten wir, wenn wir zu den Felsbildern wollten... »à gauche... gauche...« – Es ist auch heute noch so, daß fast niemand auch nur auf die Idee kommt, den Gipfel des Monte Bego zu ersteigen.

Unterhalb des Gipfels mußten wir einen leichten Blockgrat erklettern. Ich griff nach einem Scherbenhenkel und zog mich höher. Und das war...

...wie ein Brausebad nach einem heißen Tag oder wie

...ein Schluck heißer Tee bei 50° minus im Schatten!

Wenn man seit dem siebzehnten Lebensjahr klettert, dann ist man süchtig nach Fels. Auf unserem Alpenspaziergang war ich zwar ein Fels-Abstinenzler geworden, aber die Sucht war noch immer da. Das spürte ich, als ich den Scherbenhenkel in der Hand hatte.

Dieser Tag am Monte Bego war ein besonderer Tag. Monatelang waren wir nun schon durch die Alpen gezogen, und eigentlich war diese Wanderung immer etwas Abstraktes gewesen. Den Wegverlauf hatten wir im Ganzen wohl so ungefähr im Kopf und die Details suchten wir uns auf den kleinmaßstäblichen Landkarten. Wir waren sozusagen nur von Planquadrat zu Planquadrat gegangen. Und da am Monte Bego bog ich um einen Felsrücken und sah plötzlich im Süden einen langen Streifen hell in der Sonne glitzern. Betont gleichgültig sagte ich zu Fritzerl: »Willst du das Meer sehen? Dort unten ist's!«

Im Selbstversorgerraum des Refuge des Merveilles kochte, nein, zelebrierte ein Engländer die Zubereitung einer Kanne Tee. Sehr interessiert sah ich ihm dabei zu.

Meine Methode, Tee zu kochen, war simpler: Ich brachte etwas Wasser zum Kochen, warf zwei Teebeutel hinein, ließ diesen Tee-Extrakt kurz ziehen und verdünnte ihn dann mit kaltem Wasser. Das war ein abgekürztes und brennstoffsparendes Verfahren. Sehr interessiert (und schon etwas schockiert) sah mir der Engländer dabei zu.

So lernten wir Norman und seine Frau Mabel kennen. Sie wollten am nächsten Tag die Felsbilder besichtigen. Doch da gab es nichts mehr zu besichtigen. In der Nacht waren bis zu zehn Zentimeter Neuschnee gefallen, ein weißer Vorhang war über die Felsbilder niedergegangen.

Wir beschlossen ins Tal abzusteigen, die Engländer ebenfalls. Und weil wir nach fast einer Woche Herumflanieren am Monte Bego schon die genaue Lage vieler Felsbilder kannten, wollten wir den Engländern wenigstens einige zeigen. Nachdem ich von den Felsen an gewissen Stellen mit bloßen Händen den Schnee und das Eis weggekratzt hatte und die ersten Felsbilder zum Vorschein kamen, waren die Engländer Feuer und Flamme – ich hatte kalte, klamme Finger.

Mein Kratzen an den weißen Felsplatten erinnerte mich an die »Magischen Blätter« meiner Jugend. Das waren weiße Blätter, über die man nur mit einem Bleistift hin- und herkritzeln mußte, um eine dunkle Strichzeichnung sichtbar werden zu lassen... einen Hasen oder ein Haus oder sonst etwas. Am Monte Bego machte ich Bilder von Rinderköpfen, Dolchen, Beilen, Schleudern wieder sichtbar. Ich war der große Zauberer.

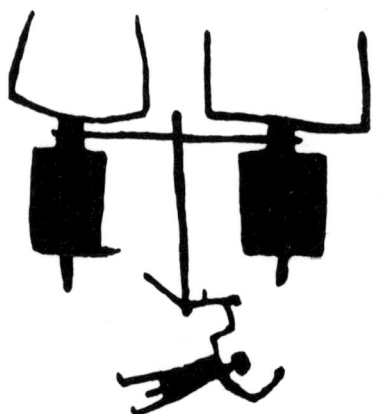

Bauer mit von zwei Ochsen gezogenem Pflug. Diese Pflugdarstellungen unter den Felsbildern am Monte Bego sind insofern interessant, weil es in weitem Umkreis um den Berg kein Ackerland gibt: Die Menschen, welche diese Bilder in den Stein schlugen, müssen von weither (wahrscheinlich aus der Poebene) gekommen sein.

Im Jahre 1881 war der englische Botaniker Clarence Bicknell in dieses Gebiet gekommen, hatte die geheimnisvollen Zeichen gesehen und ist davon so begeistert gewesen, daß er seine Blümchen vergaß und sich fortan nur noch mit der Erforschung dieser Felsbilder beschäftigte. Zunächst hauste er in einem Zelt, dann ließ er sich eine kleine Hütte bauen, und im Jahre 1913 konnte er in Fachzeitschriften berichten, insgesamt bereits 12 000 Felsbilder aufgefunden und auch gezeichnet zu haben. Und er schrieb: »Von Tag zu Tag wuchs in uns das Gefühl für das Faszinierende dieser Felsen, so wie man eben empfindet, wenn man die Spuren eines unbekannten Volkes trifft und unter all dem Denken und Überlegen über den prähistorischen Bildhauer beinahe erwartet, beim Umdrehen einen von ihnen in der Nähe damit beschäftigt zu sehen, seinen Pflug und Ochsen, seine Waffe, sein Rechteck und andere mythische Symbole in den Felsen einzuhauen, und von seinen Lippen zu hören, wer er sei und was sein Werk bedeuten solle.«

Dem Meer entgegen...

Wir sind auf unserem Alpenspaziergang keinem der Wanderwege lange »treu geblieben« – und dabei können wir gar nicht sagen, daß wir sie gewechselt haben wie die Hemden, weil wir ja nur jeder zwei Hemden mit hatten.

In Roquebillière wechselten wir wieder auf die französische »Grande Route 5«. Und in diesem Ort luden uns die zwei Engländer vom Monte Bego zum Tee ein.

Norman und Mabel sind ebenfalls Pensionisten. Sie haben einen Wohnwagen und mit dem kutschieren sie kreuz und quer durch Europa. Der Campingplatz von Roquebillière befindet sich neben einer romantischen alten Abtei, und nach dem Schnee und Eis am Monte Bego genossen wir es, in der warmen Sonne zu sitzen und die herbstliche Stille und den Tee zu genießen.

Da hallte ein harter metallischer Schlag durch die Luft! Uns wären vor Schreck fast die Teetassen aus der Hand gefallen. Und gleich darauf noch ein Schlag...

»Das ist unser Campanile!« sagte Mabel stolz.

»Und erst wenn unser Campanile fertig ist, dann läuten die Glocken vom Campanile der Pfarrkirche!« erklärte uns Norman.

Gegen die Lautstärke von Normans und Mabels Campanile müssen sogar die Posaunen von Jericho sanft wie ein Blockflötenkonzert geklungen haben. Und außerdem schlugen die hochaktiven Glocken dieses Campanile nicht nur die vollen Stunden, sondern auch alle Viertelstunden, und kaum war deren Dröhnen verklungen, begannen die Glocken der Pfarrkirche zu schlagen. Ein stilles Plätzchen?

»Ein Campanile ist doch dazu da, daß seine Glocken läuten!« sagte Mabel seelenruhig. Und da begriff ich, was die Engländer einst so groß gemacht hat – ihre Gelassenheit und Anpassungsfähigkeit an gegebene Verhältnisse.

Utelle hat wohl eine interessante Kirche aus dem 11. Jahrhundert, jedoch für uns wird in der Erinnerung Utelle jener Ort bleiben, in dem es geregnet, geregnet und geregnet hat...

Klatschnaß waren wir in den Ort eingezogen, der von den Menschen vollkommen verlassen zu sein schien. Die steilen Gassen waren kleine Bachbette, und aus den Dachröhren schoß das Wasser heraus wie aus einer Hochquellenleitung. Und die zwei Gasthöfe Utelles waren wegen Urlaub geschlossen! Unter dem Kirchenportal stellten wir zunächst einmal die Rucksäcke ab. »Es müßte ein Wunder geschehen, wenn wir da irgendwo unterkommen!« sagte Fritzerl leicht verzweifelt.

Das Wunder begann damit, daß ein fahrender Fleischer laut hupend auf dem Hauptplatz stehen blieb. Bald kam auch schon eine Kundin aus einem der Häuser, dann noch eine...

Für die unter dem Regendach des Fleischerautos versammelten Frauen wurde dann die Frage nach einer Unterkunftsmöglichkeit für uns zwei gebadete Mäuse wichtiger als alle Pasteten und Koteletts in dem Auto. Ergebnis der Debatte: Wenn uns wer helfen könne, dann nur der Vizebürgermeister. Voilà, da kam auch schon dessen Frau.

Von da an ging alles sehr schnell. Die Frau führte uns in ihr Haus, setzte uns an einen offenen Kamin, brachte uns einen Wermut, servierte uns ein Essen.

Und nach dem Essen wollte uns der Vizebürgermeister in unsere Unterkunft im Pfarrgemeindehaus führen – doch leider paßte keiner der mindestens zwanzig Schlüssel an seinem Bund in das Schloß. Und der Regen rauschte, und wir drei schnatterten in der Kälte.

Wütend sagte der Vizebürgermeister etwas, von dem ich nur den Namen »John Wayne« verstand. Und wie der alte Filmhaudegen warf sich dann auch Monsieur Vizebürgermeister gegen die Türe, und krachend sprang diese auf.

In dieser Ferienunterkunft gab es saubere Stockbetten, eine Elektroheizung, Dusche und einen Gasofen. Herz, was willst du noch mehr? Als wir uns bei dem Vizebürgermeister bedankten, sagte er, was er für uns getan hätte, das wäre »nur normal«.

Am nächsten Tag regnete es noch immer. Es regnete so stark, daß man meinen konnte, ein riesiger Wassermagnet am Himmel sauge alles Wasser aus dem Mittelmeer und lasse es dann – platsch! – aufs Land niederfallen.

»Herz, was willst du noch mehr?« hatten wir am Vortag gesagt. An diesem Regentag wollte das Herzerl noch mehr... Lesestoff! Wir fanden nur eine Festschrift der Air France und eine 14 Tage alte Zeitung. Zu Mittag wußte Fritzerl alles über den Flugverkehr auf dieser Erde und ich war bestens informiert (natürlich hatte ich auch alle Inserate gelesen) über die Grundstückspreise an der Côte d'Azur.

Es regnete noch immer. Wir tauschten den Lesestoff.

»Madone d'Utelle (1147 m, altes Sanktuarium). Hier genießen wir einen der schönsten Ausblicke der Alpes Maritimes. Orientierungstafel des C.A.F.« – so lasen wir im Führer. Doch die Namen auf der Orientierungstafel waren für uns nur Schall und Rauch, weil wir in dem Nebeltreiben rundum kaum zehn Meter weit sehen konnten.

Eine Gestalt erschien lautlos in dem Grau, wurde größer, immer größer – es war wie in einem im schottischen Hochmoor spielenden Horrorfilm –, kam langsam auf uns zu... und war dann nur ein kleines altes Weiberl, das uns stolz die soeben gesammelten Pilze in ihrem Körbchen zeigte.

Aber auch das schien uns irgendwie unwirklich. Wir waren doch schon nahe der Côte d'Azur, wo – zumindest nach den Prospekten – in einer lieblichen Landschaft und unter einem tiefblauen Himmel junge bildhübsche Mädchen nur vollsaftige Früchte oder bunte Blumen in ihrem Körbchen haben.

Später kamen wir zur Vésubie-Schlucht. Die Sonne hatte den Nebel zerrissen, und der Riesencañon lag tief und dunkel unter uns.

Vor Schluchten oder in Klammen muß ich immer an das Märchen von der Ewigkeit denken ... vom Vögelchen, das an einem Granitberg alljährlich einmal sein Schnäbelchen wetzt, und daß dies nur eine Sekunde der Ewigkeit ist, bis dieses Vögelchen zuletzt den ganzen Riesenberg vollkommen weggewetzt und zum Verschwinden gebracht hat.

Vor Schluchten oder in Klammen stelle ich mir immer die ganze Landschaft so vor, ehe »das Wasser seine Arbeit begonnen hat«. Im Hinblick auf die ganze Erdgeschichte soll das in gar nicht so weit zurückliegender Zeit gewesen sein; aber wenn ich dann sehe, was alles das Wasser in dieser Spanne Zeit herausgewaschen hat, dann ist für mich jeder Zeitbegriff dahin...

Auf den feuchten Steinen des schmalen Felsenpfades mußten wir höllisch aufpassen, um nicht ins Rutschen zu kommen. Vorsichtig, sehr vorsichtig stocherten wir uns mit den Skistöcken in den Cañon hinunter.

Eigentlich hatten wir uns das letzte Wegstück zum Meer etwas anders vorgestellt.

Wie?

Ein bisserl etwas von dem, was die Prospekte so vorschwindeln (siehe oben), bleibt ja doch in jedem Betrachter hängen...

Cros d'Utelle ... zwölf Uhr mittags. Ich suchte einen Lebensmittelladen.

»Hier gibt es keinen!« sagte ein älterer Herr. Und dann befehlend wie Napoleon: »Folgen Sie mir!« Gehorsam folgte ich ihm in sein Haus.

Dort holte er aus der Vorratskammer Brot, Pasteten, Käse und Feigen und ließ sich für dieses »Nichts« – wie er es nannte – nichts bezahlen.

»Wir haben Geld. Wir können bezahlen!« sagte ich.

»Und ich habe Lebensmittel!« sagte Napoleon. So einfach kann Gast-freundschaft sein.

Levens war dann für uns das erste Städtchen, in dem wir das Gefühl hatten, in Frankreich zu sein. Die Bergdörfer oder Sommer- und Winter-sportorte, durch die wir bis jetzt gekommen waren, haben ja nur wenig von dem gezeigt, was wir uns unter französischer Atmosphäre vorstellen. In Levens war alles da ... Platanen, alte Männer mit Baskenmützen beim Ku-gelspiel, bunte Häuser, hübsche Mädchen, Ziehharmonikamusik in einer Weinschenke.

Wer in Österreich in einem Gasthof ein Zimmer verlangt, muß zualler-erst einen Meldezettel ausfüllen. Und wenn er auch darauf als Geburtstag den 33. Dezember 1848 anführt, so macht das alles nix, Hauptsach' (»Vor-schrift ist Vorschrift!«), der Wisch ist ausgefüllt. In Italien wiederum ist der Reisepaß zur Heiligen Kuh geworden; manche Wirte würden diesen am liebsten dem Reisenden schon abverlangen, bevor er noch ihr Haus betreten hat. In Frankreich will der Wirt nur, daß der Gast vor der Abreise seine Rechnung bezahlt. Und das war in Levens nicht so einfach...

Als wir am nächsten Tag um acht Uhr früh aufbrechen wollten, war we-der in der Küche noch sonstwo im Haus der Patron zu sehen. Aufgestanden war er jedenfalls bereits, weil ich ihn schon im Hof herumtapsen gehört hatte.

»Vielleicht ist er auf dem Hauptplatz?« sagte die Gemüsehändlerin ge-genüber vom Hotel.

Auf dem Hauptplatz war er nicht. Ich traf ihn unterwegs zum Kirchen-platz. Lässig steckte er das Geld in die Rocktasche. Ich hätte großes Glück gehabt, sagte der Patron, denn fünf Minuten später wäre er in den Stadtpark spazieren gegangen, und dort hätte ich ihn dann nicht so leicht gefunden. Ja, jetzt waren wir wirklich in Frankreich!

Als wir in Levens unsere Rucksäcke schulterten, war uns etwas eigenartig zumute... der letzte Aufbruch.

»Wohin gehen Sie?« fragte die Gemüsehändlerin.

»Nach Nizza!« – Darauf sagte die Frau nur »Aha!« In Mooskirchen wie in Eibiswald, in Cortina d'Ampezzo und auch in Sulden am Ortler hatten die Leute noch gesagt »Oho!« Von Levens sind es allerdings nur noch etwa 20 Kilometer bis Nizza.

Ein Hund stand am Ortsende, als ob er uns erwartet hätte, und er lief dann mit uns, als ob er zu uns gehören würde. Es waren uns schon viele Hunde nachgelaufen – das war der anhänglichste. Jeder Versuch, ihn zu-rückzuschicken, ließ ihn nur noch übermütiger bellen.

»Jetzt sei ein braves Hunderl und geh wieder nach Hause!« Natürlich verstand das Vieh kein Wort Deutsch.

»Maison! Maison!« rief ich daher. Großes Schweifwedeln.

Wir konnten doch nicht mit dem Hund in Nizza einziehen!

»Verschwind endlich, Mistviech!« – Wau!

Wie beleidigt man einen Hund? Unser Hund aus Levens war erst dann beleidigt, als wir uns nach zwei Stunden zu einer kurzen Rast hinsetzten. Laut bellend wollte er uns zum Weitergehen animieren, lief immer ein Stück den Weg voraus, kam wieder zurück, winselte, jaulte, knurrte. Wir blieben sitzen, bis soviel Faulheit dem Hund zuviel war und er entschwand.

Das war unsere letzte »Nachgurterast«.

Wenn wir Gebirgsjäger im Zweiten Weltkrieg mit unseren Mulis durchs Bergland zogen, dann war nach zwei Stunden Marsch eine Rast befohlen – natürlich für die Mulis. Es mußten die Riemen der Traggestelle nachgezogen werden, damit die Tiere an ihren durchs Gehen geschrumpften Bäuchen keine Scheuerstellen bekamen. Diese sogenannten »Nachgurterasten« habe ich dann nach dem Krieg bei längerem Gehen mit großem Gepäck auch in mein ziviles Bergsteigerleben übernommen.

Die erste »Nachgurterast« auf unserem Alpenspaziergang hatten wir im Frühlingssonnenschein unter den grünenden Laubbäumen des Wienerwaldes gehalten, bei dieser letzten waren wir von Pinien und Zypressen, Lavendel und Ginster umgeben, und die Sonne hatte schon viel an Kraft verloren…

Mir war ein bisserl flau bei dem Gedanken, daß dieses wundervolle Leben der vergangenen Monate sich nun bald wieder in ein normales Dasein verwandeln würde. Diese letzte »Nachgurterast« war ein Tiefpunkt.

Natürlich haben wir damit gerechnet, daß es auf einem so langen Weg auch einen Tiefpunkt geben muß. Und wir hatten von einem solchen ganz konkrete Vorstellungen … Schlechtwetter, wie es schlechter nimmer sein kann … naß bis auf die Haut, zum Umfallen müde, hungrig und durstig … vom richtigen Weg abgekommen und in der Finsternis herumirrend … und dazu noch so ein Tropfen, der ein Faß zum Überlaufen bringen kann, wie etwa ein gerissenes Schuhband oder ein klemmender Reißverschluß.

Daß ein Tiefpunkt unserer Wanderung bei der letzten »Nachgurterast« im Sonnenschein und am Rande eines gutmarkierten Weges kurz vor Nizza kommen wird – das hatten wir eigentlich nicht erwartet.

Fritzerl sagte: »Wenigstens müssen wir jetzt nicht auch noch einen Esel verkaufen!«

Ursprünglich hatte ich geplant, diesen Alpenspaziergang mit einem Esel zu machen, mit einem Steinesel. Ein ziemlich anspruchsloses Tier, das aber zwei Rucksäcke ohne Mühe tragen kann. Bei den Gebirgsjägern hatte ich nicht nur mit solchen Viechern umzugehen gelernt, sondern sie auch liebgewonnen. Es hätte mir gar nichts ausgemacht, mit einem Steinesel an der Leine durch die Straßen von Stresa oder Susa zu ziehen. Aber dann hatte man mir gesagt, daß es bei Grenzübergängen höchstwahrscheinlich große Schwierigkeiten mit einem Tier geben würde.

In Nizza hätte ich den Esel verkaufen wollen. Und das war auch der Grund, warum Fritzerl von Anfang an gegen diesen Plan war. Sie stellte sich das so vor: Da zieht man mit einem Tier bergauf und bergab und durch

Nacht und Regen, ärgert sich, wenn es bockt, und freut sich mit ihm, wenn es nach einem langen Tag friedlich grast. Immer mehr wird es zum Partner. Und dann am Ende ... dann soll man es einfach verkaufen?

Ich nahm den Rucksack wieder auf und sagte: »Jetzt bin ich auch froh, daß wir in Nizza keinen Esel verkaufen müssen!«

Ich war schon einmal in Nizza. 1956 bin ich mit einem italienischen Fotografen unterwegs gewesen, um Fotos für ein Rivierabuch des Schrollverlages zu machen.

Mario war ein echtes Kind seines Volkes. Jeder Italiener bekommt schon mit der Muttermilch einen grenzenlosen Respekt vor einer »Zona militare« eingeflößt, in deren Umgebung man weder fotografieren noch zeichnen und (nach dem meterlangen Text auf den Verbotstafeln) wahrscheinlich nicht einmal laut husten darf.

An der italienischen Riviera gibt es viele alte Wachttürme aus jener Zeit, in der noch sarazenische Korsaren die Küste entlangsegelten. Als ich Mario bat, einen solchen halbzerfallenen, aber sehr romantisch aussehenden Sarazenenturm zu fotografieren, schaute er mich ganz entsetzt an und protestierte: »No, no, impossibile! Zona militare!«

Auch vor dem Fürstenpalast in Monaco hatte ich mit Mario mein Gfrett. Auch dort weigerte er sich zunächst, den Palast zu fotografieren, weil davor zur Zierde einige malerisch sortierte Kanonenkugeln aus uralten Zeiten lagen. »Zona militare!«

Aber Mario war sehr stolz auf seinen Auftrag, für ein Buch zu fotografieren und erzählte jedem, daß er in einer »commissione speciale« unterwegs sei.

Das mußte ein Hotelportier in Nizza falsch verstanden haben. Denn als wir am Abend in das von Mario schon zu Mittag bestellte Zimmer kamen, war das ein Gemach à la Pompadour ... rote Tapeten, schwellende Polster und über und neben dem Himmelbett Spiegel in allen Größen.

An diesem letzten Wandertag unseres Alpenspazierganges wurde alles für uns von besonderer Bedeutung ...

Der Aufstieg zum Col d'Aspremont war unser letzter Aufstieg. Oft, sehr oft haben wir uns vorgestellt, wie wir auf der letzten Höhe stehen werden und unter uns hell im Sonnenlicht die Stadt Nizza und das blaue Meer sehen.

Auch das war ganz anders ... grauer Dunst lag über der Stadt und dem Meer.

WIR SIND ANGEKOMMEN!

Die Promenade des Anglais in Nizza ist eine der berühmten Promenadestraßen der großen Welt. In Österreich und Italien hatten uns die Leute angestarrt, wenn wir mit den zwei Skistöcken in der Hand über Blumenwiesen oder durch die Gassen gezogen sind. Auf der noblen Promenade des Anglais verschwendete kein Mensch einen Blick auf uns.

Muttertag war der Tag unserer Ankunft nicht, Valentinstag auch nicht. Aber warum trugen in dieser Stadt so viele Leute einen Strauß Blumen in den Händen? Daß man in Nizza jeden Tag frische Blumen kauft, so wie bei uns Semmeln oder die Zeitung, das kapierten wir erst am nächsten und übernächsten Tag. Und es freute uns, daß wir diese Stadt als Endpunkt unseres Weges gewählt hatten.

Von der Promenade sind es nur wenige Schritte hinunter zum Meer, Seehöhe Null. Die Seehöhen haben auf unserem Alpenspaziergang immer eine große Bedeutung gehabt... Ausgangspunkt Seehöhe soundsoviel, hinauf auf eine Seehöhe, hinunter auf eine Seehöhe. Unser Ausgangsort Wien-Rodaun hat eine Seehöhe von 266 Metern; wir haben die Tatsache sehr genossen, daß es von Rodaun nach Nizza nur bergab geht. Als wir den Meeresstrand erreicht hatten, waren wir davon so hingerissen, daß wir eine Riesenwelle gar nicht merkten, und – schwapp! – standen wir dann sogar zehn Zentimeter unter dem Meeresspiegel.

Wir zogen die nassen Bergschuhe aus. Es waren noch immer dieselben, mit denen wir von Rodaun weggegangen waren. Vor unserem Aufbruch hatte man uns sehr oft gefragt, ob wir mit einem Paar Schuhe durchkommen würden. Wir wußten es nicht. Und man wollte wissen, ob wir keine Angst hätten, dann mit neu gekauften Bergschuhen sofort weiterzugehen. Wir haben uns darüber keine Gedanken gemacht. Für uns ist eigentlich nur eines wichtig gewesen... daß wir losziehen!

Und jetzt mußten wir uns zum letzten Mal ein Quartier suchen.

In der Rue Paradis fanden wir ein kleines, nettes Hotel. Und nach dem Duschen und Zähneputzen sind wir auf den Balkon hinausgegangen und haben hinuntergeschaut auf die Leute in der Fußgängerzone. Der Himmel war wieder klar, und wir sahen die Sterne. Fritzerl stand neben mir und zitterte innerlich wie in einem Schneesturm, drückte meine Hand und stammelte »Du... Charly... ich glaub's nicht, daß wir es derpackt haben... ich glaub's nicht, daß wir zu Fuß bis daher gekommen sind!«

»Trottelchen!« sagte ich zu ihr.

Vom österreichischen Kaiser Franz wird erzählt, daß er einen hartnäckigen Bittsteller wieder einmal abgewiesen hatte, nachher aber zu seinem Hofbeamten sagte: »Sie werden's sehen, der Trottel setzt es noch durch!« – Immer, wenn uns beiden etwas Besonderes geglückt ist, beschimpfen wir uns gegenseitig liebevoll als Trottelchen...

WIR SIND ANGEKOMMEN! schrieb Fritzerl am Abend des 6. Oktober in Großbuchstaben in unser Reisetagebuch.

»Jedes Erleben hat zwei Höhepunkte: den einen in der Erwartung, den andern im Glück des Gedenkens!« hatte der Bergsteiger und Skipionier Henry Hoek einmal geschrieben. Ohne dieses Reisetagebuch wäre für uns das »Glück des Gedenkens« allerdings etwas lückenhaft geblieben...

Denn unser Alpenspaziergang war wie eine Fahrt auf einem Ringelspiel (so sagen wir Wiener zu einem Karussell) im Wurstelprater. In jenem Augenblick, in dem wir in Wien-Rodaun die ersten Schritte getan hatten, war das Ringelspiel in Fahrt gekommen. Und dann hatte es sich immer schneller und schneller gedreht, und wir sind gegangen und gegangen, und dabei verloren wir immer mehr jede Beziehung zum Heute. Wie bei einer Ringelspielfahrt hatten wir aber das Gefühl, daß nicht wir in Bewegung waren, sondern daß die Dinge an uns vorüberglitten. Die erste Straßentafel, auf der auch bereits die Kilometer bis Nizza angezeigt waren, hatte uns dann ein bisserl traurig gestimmt. Auch beim Ringelspiel, das sich allmählich immer langsamer dreht, denkt man: »Schade, daß es nun bald aus sein wird!«

Unsere Ringelspielfahrt ist zu Ende gegangen, und jetzt fragt man uns oft, ob wir sie noch einmal wiederholen würden. Wir würden nicht. Alles Besondere auf dieser Welt kann man nur einmal intensiv erleben. Auch beim Ringelspiel zahlt man für jede weitere Fahrt nur die Hälfte, weil's dann nur noch halb so lustig ist.

Viele Leute sind von uns etwas enttäuscht, weil wir als nächstes keine Kaukasus- oder gar Himalaya-Durchquerung planen, sondern so wie vorher in unseren Alpen nur auf Gipfel steigen oder durch Wände klettern wollen. Wir haben unseren Alpenspaziergang als ein einmaliges Erlebnis genossen – und dabei soll es auch bleiben.

Bevor wir mit dem Flugzeug wieder nach Wien zurückflogen, sind wir noch einige Tage im Meer geschwommen und auch in der Umgebung von Nizza herumgebummelt. Und unter den Riesenkakteen im »Jardin exotique« von Monaco haben wir festgestellt: »Es ist eigentlich erstaunlich, wohin man von Rodaun aus zu Fuß überall hinkommt!«

Anhang

Zu unserem Weg durch die Alpen

Der Wegverlauf war von uns selber durch zwei wesentliche Be-Weggründe gegeben worden:

– Wir wollten (wenn alles gutging) in einem Zug von der Donau bis zum Mittelmeer wandern, um auch das Jahreszeitenerlebnis mitzubekommen. Wir konnten daher erst mit dem letzten Schnee weggehen und mußten vor dem ersten Schnee ankommen – wir mußten also eine Südroute wählen. Und weil wir möglichst unabhängig sein wollten, haben wir auch keine Materialdepots (Seil, Pickel, Steigeisen u. a.) eingeplant und schon von vornherein Besteigungen von Hochgipfeln ausgeschlossen.

– Diese Wanderung sollte auch zu uns noch Unbekanntem führen (wie die Erdpyramiden bei Bozen oder das Bergland zwischen den oberitalienischen Seen). Wir wollten aber auch gerne viele der Berge wiedersehen, auf denen wir schon oben gewesen sind. Auch ein bisserl Nostalgie zog mit uns...

Es war also eine ganz persönliche Route, die wir gewählt haben. Leider war das Wetter nicht gut genug dafür. Der vorangegangene Winter des Jahres 1984 war sehr schneereich und das Frühjahr recht kalt; auf den Bergen gab es um den 1. Mai an der 2000-Meter-Grenze noch eine geschlossene Schneedecke.

Ursprünglich wollten wir von Wien durch die Voralpen zum »Nord-Süd-Weitwanderweg« und über diesen bis Eibiswald und von dort über den »Südalpenweg« weiter bis Sillian wandern. Wandern – aber nicht spuren! So haben wir gleich bei unserem Weggehen umdisponiert und sind den »Mariazellerweg 06« gegangen (Wien–Mariazell–Graz–Steirisches Hügelland–Klagenfurt). Obwohl wir diesen Wallfahrerweg nur als »Ausweichweg« gewählt haben, hat er uns begeistert, weil er größtenteils durch ein noch naturbelassenes Stück Österreich führt.

Auch die Karawanken waren noch tief verschneit; wir mußten im Gail- und Lesachtal weiterziehen. Doch dank der modernen Fitneßwelle sind Talwanderungen heute zumeist nicht mehr öde Straßenwanderungen – es gibt abseits der Straßen recht reizvolle Fußwanderwege zwischen den Orten. Zuviel Schnee fanden wir auch noch in den Sextener Dolomiten: Von der Drei-Zinnen-Hütte wagten wir (am 5. Juni!) nicht den Übergang zum Paternsattel, weil infolge der auf dem Altschnee liegenden Neuschneemassen Lawinengefahr bestand.

Über den Falzaregopaß–Col di Lana–Grödner Joch–Seiser Alm erreichten wir Bozen, von dort zogen wir über das Rittner Horn und die Steinernen Mandln durch die Sarntaler Alpen nach Meran.

Durch den Vinschgau zum Ortler. Auch die von uns geplante Überschreitung Sulden–Tabarettahütte–Berglhütte–Trafoi ließen die noch immer nicht geschmolzenen Schneemassen nicht zu. Selbstverständlich drückten auch unsere schweren Rucksäcke den Unternehmungsgeist angesichts von ungespurtem Tiefschnee.

Von Trafoi über das Stilfser Joch ins Veltlin und zu den Felsbildern bei Grosio. Von Chiesa Aufstieg zum Rifugio Marinelli. Auch die bei guten Verhältnissen prachtvolle Kombination »Alta Via di Val Malenco« und »Sentiero Roma« am Südfuß von Bernina und Bergell war noch nicht zu machen (es war bereits der 1. Juli, an dem wir zur Marinellihütte aufgestiegen sind!). Vom »Sentiero Roma« konnten wir nur (mit etwas Risiko) das Teilstück Rifugio Gianetti–Val Codera–Comer See begehen.

Vom Comer See über den Monte Crocione und den Monte Tremezzo zum Luganer See; über den Monte Lema zum Lago Maggiore, über den Monte Mottarone ins Valstrana. Wir waren überrascht, wie urtümlich noch das Bergland zwischen den oberitalienischen Seen ist und welche Möglichkeiten sich dort für Wanderer ergeben, die nach der Landkarte gerne ihre eigenen Wege suchen.

Vom Lago Maggiore hätten wir auf der italienischen »Grande Traversata delle Alpi« (kurz »GTA«) bis zum Meer wandern können. Wir zogen jedoch unter den Viertausendern des Alpenhauptkammes nach Macugnaga und Alagna, von wo aus wir der »Alta Via della Valle d'Aosta« über Cervinia bis Aosta folgten.

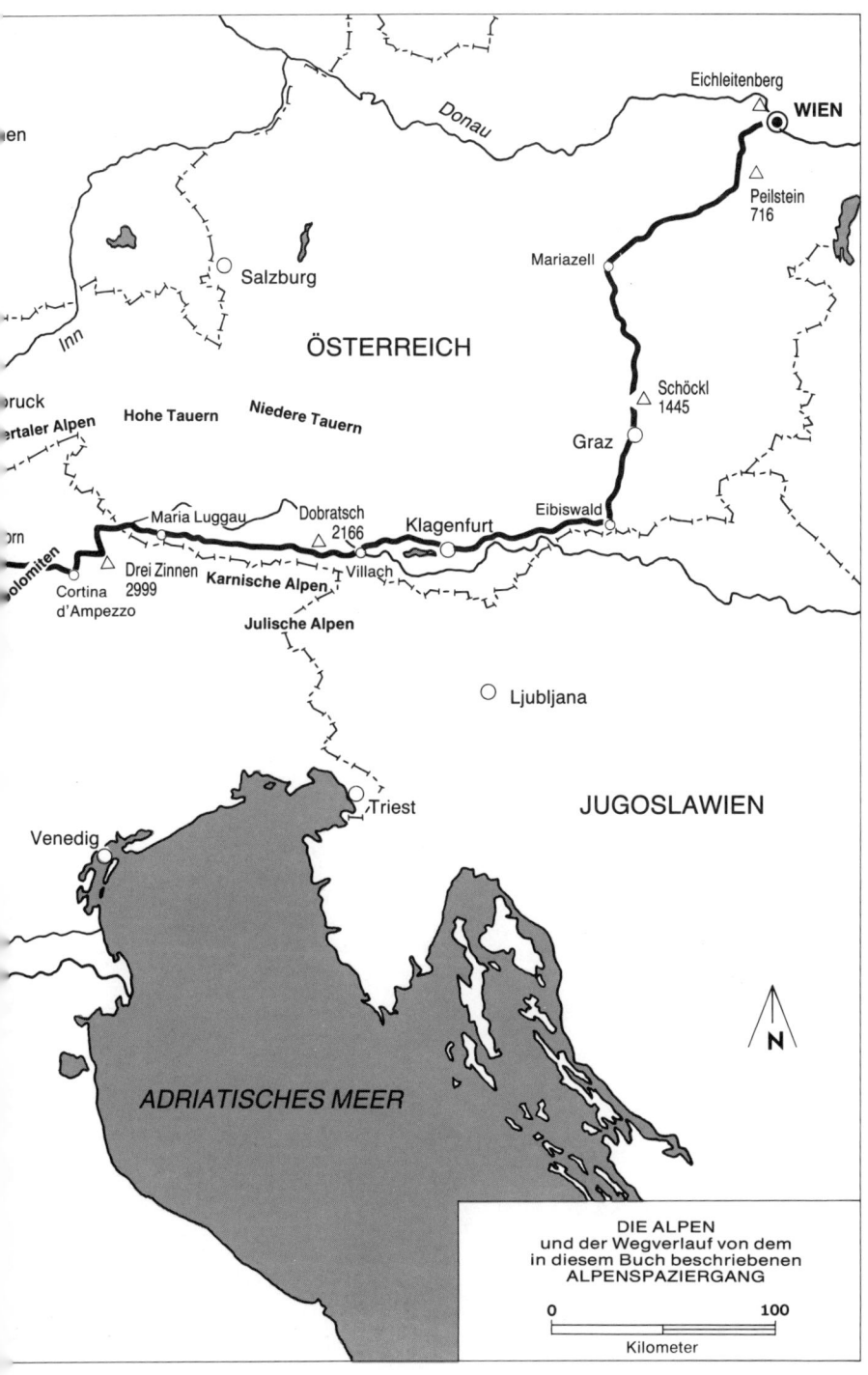

Eichleitenberg

WIEN

Peilstein
716

Donau

Salzburg

Mariazell

ÖSTERREICH

Inn

Schöckl
1445

Hohe Tauern   Niedere Tauern

Graz

ertaler Alpen

Eibiswald

Maria Luggau   Dobratsch   Klagenfurt

2166

orn

Drei Zinnen   **Karnische Alpen**   Villach

Cortina   2999
d'Ampezzo

Julische Alpen

Ljubljana

Triest   **JUGOSLAWIEN**

Venedig

N

ADRIATISCHES MEER

DIE ALPEN
und der Wegverlauf von dem
in diesem Buch beschriebenen
ALPENSPAZIERGANG

0   100

Kilometer

Abstecher ins Val di Rhêmes zum »falschen Montblanc« und weiter nach Courmayeur.

Über die »Tour du Montblanc« bis zum Refuge du Col de la Croix du Bonhomme; von da an folgten wir dann der »Grande Randonée 5« (oder »Grande Route« – einem Teil des Europäischen Fernwanderweges E 2 [Holland–Mittelmeer]) bis Lanslevillard. Diese französische »GR 5« hätte uns geradewegs nach Nizza geführt; wir zogen jedoch auf die italienische Seite des Alpenbogens, weil es dort einige Ziele gab, die wir auf unserem Alpenspaziergang unbedingt aufsuchen wollten.

Über den Mont Cenis nach Susa und Besteigung des Rocciamelone. Weiterweg über die »Grande Traversata delle Alpi« (am Monviso vorbei) bis in die Meeralpen um Terme di Valdieri. Abstecher nach Cuneo und dann zu den Felsbildern am Monte Bego. Abstieg nach Roquebillière, wo wir wieder auf die »GR 5« stießen, der wir bis Nizza folgten.

»GTA« wie »GR 5« sind beide wunderschöne Routen; uns hat die »GTA« besser gefallen, weil sie uns abwechslungsreicher erschien.

In unserer Zeit, in der Wandern wieder modern geworden ist und überall Wanderwege angepriesen werden, wird auch bereits angenommen, daß es einen durch die ganzen Alpen führenden Weitwanderweg gibt. Diesen gibt es nicht, kann es wahrscheinlich auch nicht geben, weil eine so lange Wegstrecke doch zu sehr von eigenen Wünschen und Vorstellungen, von der zur Verfügung stehenden Zeit wie auch von den gegebenen Verhältnissen am Berg abhängig ist.

Wir haben unterwegs etwas recht Merkwürdiges erlebt: Wenn wir einem der bestehenden Weitwanderwege längere Zeit gefolgt sind, dann entstand in uns bald das Gefühl, irgendwie festgenagelt und fixiert und wie auf einem Schienenweg oder einer Autobahn unterwegs zu sein. Wir haben dann jeden Abstecher wie auch Wechsel zu einem anderen Weg richtig genossen. Woraus wir schlossen, daß eigentlich das Wichtigste für jede größere Wanderung eine gewisse innere Freiheit und Zwanglosigkeit ist.

Literatur

Andrian, Ferdinand: Der Höhencultus asiatischer und europäischer Völker. Wien 1891

Balmer, Emil: Die Walser in Piemont. Bern 1949

Bonatti, Walter: Längsüberschreitung der Alpen auf Skiern. In: Berge – meine Berge. Rüschlikon–Zürich 1964

Borgna, Cesare: L'arte rupestre preistorica nell'Europa occidentale. Ivrea 1980

Brandt, Andreas: Die Bergstürze an der Villacher Alpe (Dobratsch). Hamburg 1981

Brunhuber, Sepp: Wände im Winter. München 1951

Decker, Heinrich: Oberitalienische Seen. Wien 1960

Haller, Franz: Die Welt der Felsbilder in Südtirol. München 1978

Hegenbarth, Hans: Peter Rosegger 1983. Graz 1983

Junker, Fritz: Die Waldenser. Zürich 1969

Kühn, Herbert: Wenn Steine reden. Stuttgart 1966

Moreau, Jacques: Die Welt der Kelten. Stuttgart 1961

Parco delle incisioni rupestri di Grosio. Grosio 1983

Piardi, Gian Piero: Il Rocciamelone ieri e oggi. Borgone di Susa 1979

Priuli, Ausilio: Le incisioni rupestri di Monte Bego. Ivrea 1984

San Magno e il suo Santuario in Castelmagno. Cuneo 1961

Weitnauer, Alfred: Keltisches Erbe. Kempten 1961

Whymper, Edward: Berg- und Gletscherfahrten. Braunschweig 1922

Wurzer, Bernhard: Die deutschen Sprachinseln in Oberitalien. Bozen 1969

Führerwerke

Carducci, Carlo: Guida di Susa. Mailand 1979

Dumler, Helmut: Kleiner Führer durch die Sarntaler Alpen. München 1976

Europäischer Fernwanderweg E 2. Stuttgart 1979

Grieben-Reiseführer: Französische Alpen. München

Gasparics, Franz: Mariazellerweg 06. Graz 1982

Grande Traversata delle Alpi. Ivrea 1982 und 1983 (zwei Bände)

Guida d'Italia del Touring Club italiano:
Die Bände Piemonte, Torino e la Valle
d'Aosta. Liguria
Kreutzer, Ernst: Südalpiner Weitwanderweg
03. Graz 1981
Rampold, Josef: Bozen und Umgebung.
Bozen 1970
Rampold, Josef: Vinschgau. Bozen 1971
Les Guides bleus: Savoie. Paris
Südtiroler Gebietsführer 22: Ortlergebiet.
Bozen 1979
Wurst, Robert: Auf Österreichs großen
Wegen. Die Weitwanderwege 01 bis 10.
Graz 1984

Bücher von Karl Lukan über Alpen und Alpinismus

Kleiner Mensch auf großen Bergen.
Salzburg 1952
Wilde Gesellen vom Sturmwind umweht.
Salzburg 1955 (1. Auflage)
Dolomitenland. Wien 1955 (1. Auflage)
Die Riviera von Portofino bis Marseille.
Wien 1957
Gelbe Wand am grünen See. Salzburg 1957
Schweizer Alpenstraßen. Wien 1958
Die Alpen vom Mont Ventoux bis zum
Kahlenberg. Wien 1959 (1. Auflage)
Tausend Gipfel und noch mehr.
Salzburg 1960
Unterwegs in Österreich.
Wien 1961 (1. Auflage)
Das Aostatal. Wien 1962
Von Salzburg ins Salzkammergut. Wien 1963
Bergzigeuner. Salzburg 1964
Das große Dolomitenbuch.
Wien 1965 (1. Auflage)
Alpenwanderungen in die Vorzeit, zu Dra-
chenhöhlen und Druidensteinen, Felsbil-
dern und Römerstraßen. Wien 1965
Alpinismus in Bildern. Wien 1967
Das große Ostalpenbuch. Wien 1969
Bergsteigen – richtig, sicher und mit Freude.
Wien 1970
Verrückt nach den Bergen. Salzburg 1970
Hauptsach', man weiß wo der Berg steht.
Alpinismus in Anekdoten.
Wien 1972 (1. Auflage)
Berge – das große Abenteuer.
Wien 1972 (1. Auflage)
Schneeberg und Rax. Wien 1978
Herrgottsitz und Teufelsbett. Wanderungen
in die Vorzeit. Wien 1979 (1. Auflage)

Das Wienerwaldbuch. Wien 1980
Quergänge. München 1985
Das Voralpenbuch. Wien 1986
Weißer Stein und rotes Türl. Unbekanntes
aus Niederösterreich. Wien 1988
Zusammen mit Gerhard Klammet: Faszinie-
rende Alpenwelt. Ostfildern 1988

Außer den angeführten Publikationen ver-
danken wir wertvolle Hinweise den Beiträ-
gen in Alpinzeitschriften. Sie haben unseren
Zettelkasten im Hirn (»Da ist etwas Interessantes! Darüber habe ich schon einmal etwas
gelesen!«) ausgiebig mit Informationen ver-
sorgt.

Karten

Freytag & Berndt Wanderkarten 1:100 000:
 1 Wiener Wald
 2 Schneeberg, Raxalpe, Semmering
13 Grazer Bergland, Hochlantsch
41 Graz, Koralpe, Eibiswald
23 Kärntner Seen, Saualpe
22 Drau- und Gailtal
17 Östliche Dolomiten
16 Westliche Dolomiten
46 Ortlergruppe
51 Bernina

Freytag & Berndt Wanderkarten 1:50 000:
181 Kals, Heiligenblut, Matrei
182 Lienzer Dolomiten, Lesachtal

Kompass-Karten 1:50 000:
53 Meran
92 Chiavenna
91 Lago di Como – Lago di Lugano
90 Lago Maggiore – Lago di Varese
97 Omegna – Varallo – Lago d'Orta
88 Monte Rosa
87 Breuil/Cervinia – Zermatt
86 Gran Paradiso
85 Montblanc

*Kompass-Karten, in Italien gekauft
(mit anderer Numerierung) 1:50 000:*
2 Valli di Lanzo – Moncenisio
1 Val Susa – Val Chisone
6 Monviso
7 Valle Maira – Grana – Stura
8 Alpi Marittime e Liguri

Institut Géographique National 1:100 000:
53 Grenoble – Mont Blanc
61 Nice